Elogios para *Criando a Su Niño con Orgullo Latino*

"*Criando a Su Niño con Orgullo Latino* es un bellísimo libro, esencial para los padres latinos. La Dra. Carmen Vázquez ha escrito una estupenda guía para los padres del siglo XXI. Combina todos sus conocimientos, su experiencia clínica y su historia personal para crear este sencillo y muy importante libro para las familias latinas."

—*Harold S. Koplewicz, M.D., Arnold and Debbie Simon Professor of Child and Adolescent Psychiatry; Founder and Director, New York University Child Study Center*

"*Criando a Su Niño con Orgullo Latino* es un libro cautivante que resalta los principios fundamentales a seguir para criar a un niño en la sociedad actual. La autora combina su experiencia personal, sus conocimientos y su sabiduría de madre y profesional. En este libro, aprenderá técnicas básicas que le ayudarán a encontrar un equilibrio armonioso entre el *modernismo* de hoy, y las costumbres tradicionales de crianza latina que son un reto diario en este mundo multicultural."

—*Rebeca Sosa, Miami-Dade County Commissioner, District 6*

"*Criando a Su Niño con Orgullo Latino* integra la importancia de la cultura, la crianza y el desarrollo del niño y es el libro de cabecera para educar niños en una sociedad bicultural."

—*Jose Szapocznik, Ph.D., Professor and Director, Center for Family Studies, University of Miami School of Medicine*

CARMEN INOA VÁZQUEZ, PH.D., una experta en asuntos multi-
culturales, es una de las psicólogas latinas más reconocidas de la ciudad de Nueva York, con más de 25 años de experiencia. Es una de las
fundadoras del Programa de Tratamiento Clínico del Hospital de Bellevue, y también la fundadora y directora del Instituto de la Salud
del Comportamiento Multicultural. Es profesora clínica en psiquia-
tría en la escuela de medicina de New York University y City University of New York. Ha publicado y dado varias conferencias sobre
temas de etnicidad e identidad cultural, y es la coautora de *La Paradoja de María: Cómo la Hispana Puede Fortalecer Su Autoestima Sin Abandonar Sus Tradiciones.* Ha aparecido en programas tan prestigiosos
como *Today, Good Day New York,* y se han escrito artículos sobre ella en
el *Miami Herald, Los Angeles Times, El Diario, Latina,* y muchos más. La
Dra. Vázquez emigró de República Dominicana a los Estados Unidos
cuando tenía 16 años, y es la madre de dos hijos adultos. Vive con su
esposo en Nueva York.

CRIANDO a Su NIÑO
con *Orgullo Latino*

Otros libros por CARMEN INOA VÁZQUEZ

La Paradoja de María: Cómo Pueden las Latinas Fortalecer
Su Autoestima, Sin Abandonar Sus Tradiciones con Rosa María Gil

CRIANDO a Su NIÑO con

Orgullo Latino

Cómo Ayudarle a Su Hijo a Valorar Su Cultura y a Triunfar en el Mundo de Hoy

CARMEN INOA VÁZQUEZ, PH.D.

TRADUCIDO DE INGLÉS POR
ANA DEL CORRAL

rayo

Una rama de HARPERCOLLINS*Publishers*

Los libros de HarperCollins pueden ser adquiridos para uso educacional, comercial o promocional. Para recibir más información, diríjase a: Special Markets Department, HarperCollins Publishers Inc., 10 East 53rd Street, New York, NY 10022.

Diseño del libro por Fearn Cutler de Vicq

PRIMERA EDICIÓN RAYO, 2004

Impreso en papel sin ácido

Library of Congress ha catalogado la edición en inglés como:

Vazquez, Carmen Inoa.
Parenting with pride, Latino style / Carmen Inoa Vazquez.
p.   cm.
Includes bibliographical references and index.
ISBN 0-06-054301-9
1. Child rearing—United States.   2. Hispanic American children.
3. Hispanic American parents.   4. Parenting—United States.   I. Title.
HQ769.V37   2004
649'.1—dc22   2003067575

ISBN 0-06-059346-6 (pbk.)
05 06 07 08 DIX/RRD 10 9 8 7 6 5 4 3

A todos los padres Latinos que me enseñaron a base
de contarme sus experiencias.
A mi esposo, Martin, quien me dio amor y me prestó apoyo durante
la elaboración de este proyecto, como siempre lo ha hecho.
A mis hijos, Jaime, Miguel y Oriana, los mejores maestros.

Agradecimientos

La ayuda para escribir este libro provino de muchas fuentes. Estoy agradecida de todos los padres Latinos que, en el transcurso de mi trabajo clínico, han confiado en mí cuando he tratado de ayudarles a educar a sus hijos de una forma culturalmente equilibrada.

Para mí, es un privilegio haber podido entrevistar a padres Latinos que a su vez eran psicólogos y que tenían una comprensión de primera mano de las complejidades, fortalezas y luchas inherentes a la crianza de un niño Latino en los Estados Unidos. Agradezco a estos padres y colegas por su generosidad y disponibilidad para concederme entrevistas.

Quiero mencionar especialmente a Carolyn Fireside, quien se convirtió de nuevo en una Latina cabal, y apoyó este proyecto con sensibilidad y sabiduría. El entusiasmo de Carolyn durante la preparación de este libro siempre será apreciado. Gracias por la dedicación, las ideas y los consejos, y por creer en mí. Me siento muy afortunada de contar con Carolyn en mi grupo de apoyo.

Agradezco profundamente el interés y el apoyo de los amigos y colegas que menciono a continuación, quienes, además de compartir sus enriquecedoras experiencias personales, ofrecieron ideas y fuentes de investigación:

Yvette Caro, Ph.D., mi entrañable amiga y colega, quien tanto le entregó a este libro con su apoyo permanente y generoso: gracias. Estoy muy agradecida también con: Josie Diaz, Ph.D., Alejandra Morales, Psy.D., Ilena Rodriguez, Ph.D., Joan Bello, Ph.D., Eduvijis Cruz-Arrieta, Ph.D., Dinelia Rosa, Ph.D., Myriam Velez, Ph.D.,

Cynthia de Jesus, Nereyda Brenner, Ph.D., Fran Melendez, Eugenia Mejias, Consuelo Melendez, Hepsy Caban, Marjorie Silverman, Elena Avila, Ema Genijovich, y Rosa Gil, D.S.W.

Agradezco inmensamente el amor y el apoyo de mi familia, inmediata y extensa, pues toleraron las largas horas de trabajo requeridas por este proyecto que me impedían compartir su amor.

Tuve también la buena fortuna de recibir apoyo, consejo, orientación y aportes de parte de muchos amigos—demasiados para mencionarlos, pero ellos saben quiénes son. Entre ellos se cuenta mi agente literaria, Barbara Lowenstein, quien cree en mí y en mi trabajo, y quien me ha orientado con su maravillosa experiencia. Mis agradecimientos también para su compañera de trabajo, Madeleine Morel. Gracias Jim Freund por el útil apoyo técnico y por estar disponible siempre que lo busqué.

Por último, un agradecimiento muy sincero a Toni Sciarra, mi editora, quien no solamente creyó en este libro, sino que dedicó una cantidad de horas para revisarlo concienzudamente y quien, gracias a su sobresaliente capacidad de edición, me ha orientado en todo momento con gran elegancia y una actitud siempre amable mientras me ayudaba a convertir este libro en una realidad. Toni, gracias por estar allí; por la ayuda invaluable. Ha sido un placer trabajar contigo.

Índice

~ PARTE II ~
Asuntos Generales de la Crianza

Entiendo Lo Que Usted Está Viviendo. Yo También Lo He Vivido.

Permítame presentarme. Soy una psicóloga Latina que ha pasado los últimos veinte años ayudando a las familias Latinas, tanto niños como adultos, a resolver los problemas que les presenta la vida en Norteamérica. Soy también fundadora de una clínica en el Hospital Bellevue de Manhattan cuya misión es ayudar a los Latinos y entrenar a los especialistas que trabajan con ellos, para que los primeros entiendan los efectos de la inmigración y la inmersión en otra cultura. Ampliar dicha comprensión se traduce en respeto y sensibilidad hacia las diferencias culturales. Soy también una Latina de primera generación, madre de dos magníficos jóvenes bilingües y biculturales.

Cuando tenía apenas dieciséis años, llegué a este país procedente de República Dominicana, con mi madre, exponente de los valores tradicionales Latinos. A mi padre y a mi hermano no se les permitió salir del país (en ese entonces las reglas del dictador Trujillo estipulaban que a los terratenientes y a los médicos los necesitaban en el país). Para adaptarme a mi nuevo país pasé por el proceso de ajuste cultural, y obtuve una comprensión de primera mano de los retos que éste entraña. No solamente tuve que aprender inglés, sino que tuve que crecer de prisa y dominar el sistema cultural y social norteamericano.

A los 23 años me enamoré en la ciudad de Nueva York—donde he vivido desde entonces—de un maravilloso hombre puertorriqueño, con quien me casé. Me convertí en una esposa dedicada y en una madre Latina, a la vez que trabajaba, asistía a la universidad y me graduaba en filosofía con una especialización en psicología clínica. Puedo decirle con toda sinceridad que durante esa época no fueron afectadas ni mi familia ni mi carrera profesional; desde luego que desempeñarse exitosamente en dos ámbitos constituía un reto permanente que requería flexibilidad, una evaluación constante de prioridades culturales y de la capacidad de administrar las innumerables dudas y dilemas culturales a los que se enfrenta una madre Latina norteamericana. Eduqué a mis dos hijos con la esperanza de que se convertirían en adultos biculturales. Me siento orgullosa de decir que lo son.

También enviudé, lo cual me convirtió repentinamente en cabeza de hogar al mismo tiempo que ejercía mi profesión. Años después conocí y me enamoré de un hombre norteamericano amoroso y encantador, hoy en día mi esposo. Esto también se tradujo en retos para la parte Latina tradicional de mi personalidad, lo cual catapultó a mi familia hacia una situación desconocida que requirió ajustes por parte de todos, y una integración de los valores nuevos con los viejos.

Desde luego que no soy única. Soy tan solo una de las muchas personas que se han tenido que adaptar a un mundo nuevo de valores diferentes y una lengua extraña. Quiero a mis dos países y a mis dos culturas. Al igual que muchos de ustedes, soy prueba viviente de que equilibrar culturas e idiomas no solamente es posible sino que puede ser una experiencia maravillosamente enriquecedora.

Mi propia historia me proporcionó una gran comprensión de lo que se requiere para poder funcionar en dos culturas con valores diferentes que a veces entran en conflicto. Mi experiencia como madre y como profesional todavía me permite comprender qué se siente al caminar en esos zapatos y qué se puede hacer para facilitar el proceso.

Yo sería la última persona en decirle que es fácil encontrar un equilibrio entre los valores del mundo viejo y los estándares del nuevo. Pero gracias a que entiendo lo que usted siente—ya que lo he sentido yo misma—estoy convencida de que sí es posible.

Espero que *Criando a su Hijo con Orgullo Latino*, escrito a partir de mi experiencia como psicóloga, madre y Latina, sirva de puente entre el mundo de nuestros abuelos y el de nuestros nietos.

Nuevas Tradiciones Para una Nueva Vida

No ha habido nunca un mejor momento para ser Latino en Norteamérica, donde constituimos ahora un grupo mayoritario—13 por ciento de la población. Y estamos creciendo no sólo en términos de población sino de estatus. Desde el mundo del entretenimiento (que incluye a iconos biculturales de la música pop, como Marc Anthony, y a superestrellas multimedia, como Jennifer López) hasta las oficinas principales de las grandes corporaciones (por ejemplo Univisión, el gran conglomerado de medios de habla hispana, y Goya, la mega corporación Latina de alimentos). ¡Aquí estamos! Ahora que en Norteamérica la tortilla frita ha reemplazado a la papa frita como alimento ligero preferido, y ahora que los anunciantes han comenzado a dirigir sus campañas activamente a nosotros, la cultura norteamericana ha empezado a reconocer que tenemos muchas cosas por las cuales podemos sentirnos orgullosos. Lo cual no quiere decir que el orgullo sea para nosotros un concepto nuevo: muy por el contrario.

El *orgullo* es uno de los valores más preciados entre los Latinos. El *orgullo* no tiene connotaciones de arrogancia sino de dignidad y de respeto hacia nosotros mismos, y se mantiene cuando nos comportamos según reglas sociales validadas por siglos de tradición. El *orgullo* es el medio por el cual le rendimos homenaje a nuestra herencia de nacimiento.

Puesto que para nosotros es primordial transmitir estas reglas a la siguiente generación, el *orgullo* desempeña un papel crucial en la crianza: para muchos Latinos, su *orgullo* queda afirmado al criar hijos *bien educados, simpáticos* (en el sentido de ser respetuosos de los demás), *amables* y *trabajadores,* con lo cual reflejan el buen trabajo que sus padres han hecho al asegurarse de que los valores de sus antepasados se perpetúen en sus descendientes.

Por otra parte, cuando el niño Latino no parece bien educado, respetuoso de los demás o trabajador, los padres se sienten obligados a preguntarse: "¿En qué nos equivocamos?" Ser considerados malos padres por los demás conlleva una enorme carga de culpa, incluso de vergüenza, lo cual, desde luego, corroe el *orgullo*. No obstante, los padres norteamericanos también se desvelan cuando están llenos de dudas acerca de si hicieron un buen trabajo con sus hijos. ¿Entonces, qué es lo que es tan diferente en nuestro caso?

El Meollo del Asunto

Hace poco un colega me hacía la misma pregunta, aunque él la formulaba de otra manera: Él quería saber, "¿Cuál es la diferencia entre educar hoy en día en los Estados Unidos a un niño Latino y a uno que no lo es?"

Mi respuesta es que las relaciones entre los padres y los hijos Latinos, que se consideran manejables en los países de origen debido a la autoridad absoluta de los padres, se ven magnificadas y llegan a salirse de control en el contexto norteamericano, que es diferente. El que existan dos culturas radicalmente diferentes a las cuales están expuestos los niños Latinos acá—y que los padres deben manejar— hace que aumente drásticamente la probabilidad de ser un "mal padre" o una "mala madre," al no lograr comunicar el mensaje cultural tradicional.

Ser padre Latino o madre Latina en este país es un trabajo duro; si uno es demasiado permisivo con el hijo, por ejemplo si lo deja ir a comer pizza con sus amigos al salir de la escuela aunque uno no se sienta cómodo con los amigos que ha elegido, uno está dejando que *él* imponga las reglas. Y permitir que el niño ejerza poder sobre los padres es, según la sabiduría tradicional, cortejar el desastre. Si uno yerra en la dirección contraria, e insiste en gobernar bajo los viejos parámetros de autoridad total, el niño recibirá señales culturales contradictorias—unas en la casa, otras en la escuela—lo cual puede causar problemas con su autoestima, su comunicación y su disciplina. Si están atrapados entre la espada y la pared, ¿qué deben hacer el padre Latino y la madre Latina?

Antes que nada, es esencial que los padres Latinos en los Estados Unidos—así como sus parientes y sus hijos—entiendan y acepten el hecho de que las reglas han cambiado. Si lo que se quiere es "un trozo del pastel americano" tanto para los padres como para los hijos, es *necesario* adaptarse.

Número de Equilibrista

La adaptación cultural—lo que los profesionales del ramo llamamos *aculturación*—es semejante a la sensación de pérdida de un ser querido, y se vive como una especie de duelo. De hecho, casi todas las investigaciones sobre la relación entre la adaptación cultural y la crianza indican que existe un carácter de "urgencia" o "afán" en la comunicación entre padres e hijos durante este período de transición. Esto se debe, generalmente, a la percepción que tienen los padres y los mayores de la familia de que adaptarse culturalmente equivale a perder la autoridad tradicional, lo cual desgarra el tejido social de sus vidas y conduce al caos moral. Enfrentados a esa posibilidad impensable, muchas madres, padres y abuelos revierten a los dictados autocráticos de la "vieja escuela": atacan la cultura nueva y hacen énfasis en comprobar a toda costa "nuestra superioridad." Son los hijos quienes pagan el precio.

Educar hijos Latinos modernos en Norteamérica no se reduce al asunto simple de imponer reglas absolutas e inflexibles del pasado. A pesar de las presiones que existen para preservar el pasado, ¿podemos hacer lo que se requiere para lograr que nuestros hijos sean culturalmente flexibles? ¡Desde luego que sí! Esa es la meta de este libro y ha sido la esencia de mi trabajo como psicoterapeuta con familias Latinas durante los últimos veinte años. Lo que he llegado a ver es que la adaptación cultural consiste en equilibrar las exigencias y los deseos de las diferentes generaciones dentro de la familia.

Satisfacer a varias generaciones no es tarea fácil. Como terapeuta experimentada, sé que para que una familia funcione armoniosamente, las corrientes y contracorrientes culturales deben ser manejadas en un contexto comunal. En mi trato profesional siempre tengo cuidado, a la hora de establecer parámetros de crianza, de ser sensible a la necesidad de incluir las voces de *todos* los miembros de la familia—los padres, la familia extensa y los hijos, desde luego.

Siempre me ha encantado ser terapeuta y me dedico de lleno a cada uno de mis clientes, teniendo siempre presente que la cantidad de personas a quienes puedo ayudar es limitada. Escribo este libro porque quiero llegar a ustedes, los padres Latinos que no pueden acudir a mi consulta. Quiero compartir con ustedes el hecho de que es posible encontrar un equilibrio entre las culturas, y ayudar a nuestros hijos a prosperar en la sociedad norteamericana sin que tengan que asimilarse por completo ni perder su herencia Latina. Pero solamente podemos hacerlo si no permitimos que el pasado nos domine inconscientemente.

Mi propia crianza, como ya lo mencioné, se llevó a cabo bajo los parámetros de antes: cuando íbamos de visita a casa de amigos y me ofrecían un *refresco,* era *mi madre* la que decidía si yo lo quería o no. Lo hacía con la mejor de las intenciones, y nunca tuve dudas acerca de su amor. No obstante, no era esa la forma en la que yo quería educar en Norteamérica a mis hijos, Jaime y Miguel. Sentía con claridad que imponer la *obediencia* absoluta—en la cual los niños ceden su individualidad a sus padres y abuelos—sencillamente no funcionaría en este país. No sentí ni por un instante que debería darles rienda suelta a mis muchachos para hacer lo que se les antojara. Si sus actos no eran constructivos, me parecía que era mi deber actuar. Pero estaba convencida—y aún lo estoy—de que exigir *obediencia* absoluta en el mundo de hoy puede acabar produciendo el efecto contrario al deseado: la rebeldía.

Criar con Orgullo: *El Nuevo Tradicionalismo*

Los niños harán lo que usted quiere, solamente si tiene en cuenta de verdad sus pensamientos y sentimientos; de esa forma aprenden a sentirse responsables de sus actos y saben que si de verdad cometen errores van a tener que encarar las consecuencias. Podemos educar niños Latinos norteamericanos bien adaptados si revisamos a través de *Criando a su niño con orgullo Latino*—el enfoque multicultural que propongo—la forma en que nos relacionamos con ellos.

La esencia de *Criando a su niño con orgullo Latino* es sencillamente la siguiente: aplicar al proceso de enseñanza de nuestros valores culturales un sistema más relajado, fresco y abierto, el cual he denominado *El Nuevo Tradicionalismo.* Ceñirse a sus preceptos le ayudará a inculcar valores tradicionales como la *simpatía* y el ser *bien educados* a través de un método actualizado de comunicación abierta entre padres e hijos.

A continuación presento algunos "puntos difíciles" que los padres pueden enfrentar en un día típico, y cómo *Criando a su niño con orgullo Latino* les ayuda a comprender que se trata de problemas *interculturales*—lo cual constituye el primer paso para resolverlos.

Su hija de once años quiere ir a la escuela con un suéter que en su opinión no es la prenda adecuada. En lugar de limitarse a prohibirle que se lo ponga, trate de comprender por qué quiere ponérselo. Esto fomentará el hábito de la buena comunicación, cosa que siempre resulta útil poner en práctica cuando no se trata de un asunto de vida o muerte. De lo contrario, se arriesga a embarcarse en batallas permanentes y a tener una hija muy infeliz. Es importante saber cuándo vale la pena exigir obediencia y cuándo se debe abandonar la idea.

El primer día de escuela, su hija de cinco años la observa pegada de la ventana de la escuela, incapaz de irse a casa—aun cuando todas las otras madres ya se han marchado y la profesora le dice: "Se puede marchar tranquila, señora García." Percibir su ansiedad fomenta temores poco realistas en su hija. Notará su angustia, sabrá que algo no marcha bien, y se sentirá responsable por ello.

Si siente que debe resolver todos los problemas de su hija sin permitirle que trate de hacerlo sola, la niña quizás reciba el mensaje de que la ama y quiere protegerla, pero también el que ella es incompetente o que usted no confía en su sentido común.

Construir un Puente entre el Pasado y el Futuro—Con *Orgullo*

Espero que al leer *Criando a su niño con orgullo Latino* tenga la sensación de estar conversando con una amiga con quien hay tanta confianza que ambas pueden dejar ver su alma. Este libro les ayudará a los padres y a quienes cuidan niños Latinos a sentir la satisfacción de estar haciendo lo mejor para sus hijos al integrar dos culturas. Les ayudará a ser más efectivos en su labor de educar, y a sentirse seguros de su orgullo y del lugar que les corresponde en la vida norteamericana.

Mediante pruebas para tomar conciencia, ejercicios de manejo de crisis y casos ilustrativos, le ayudaré a crear un equilibrio armonioso entre los mensajes culturales aparentemente conflictivos a los que se enfrenta a diario en la crianza de sus hijos. Estas técnicas le darán perspectiva para seleccionar aquellos aspectos de la cultura Latina que siempre honrará, como el *respeto,* el *orgullo,* el *familismo* y la *simpatía,* y a desprenderse de otros que se han vuelto contraproducentes.

Criando a su niño con orgullo al estilo Latino no garantiza éxito instantáneo en su labor. Lo que sí promete es que descubrirá lo que funcionó en mi propia experiencia como madre y como consejera profesional de padres Latinos. Los padres y las madres descubrirán que no existe una sola forma de educar los hijos; existen una serie de opciones positivas de las cuales seleccionar, las cuales serán analizadas exhaustivamente en el libro.

Criar con Orgullo: El Mapa de Carreteras

He dividido este libro en dos secciones:

En la parte I, brindaré orientación, redefiniendo los aspectos de la crianza dentro de la cultura Latina que queremos retener, pero de una forma moderna—empezando por el *orgullo,* y pasando luego a las prácticas culturales primarias que lo conforman: el *respeto,* el *familismo,* la *simpatía* y la *obediencia.* Se apreciarán las diferencias entre la antigua forma de educar a los hijos y la nueva forma. Comprender éstas diferencias le ayudará a escoger lo que funciona para educar a su hijo al estilo Latino.

La Parte II enfoca el desarrollo, y analiza problemas concretos cuya aparición se considera predecible a medida que el niño pasa de la etapa de bebé hasta la adolescencia, incluyendo el mundo del niño en el hogar, en la escuela y en la comunidad, con los amigos, los parientes y los vecinos. Los temas van desde el manejo de los dos idiomas hasta el asunto de las salidas románticas, desde el castigo corporal hasta la presión de los compañeros.

La Parte II termina con una mirada a los problemas que tienden a estar relacionados con la adaptación a la nueva cultura. Verá la relación entre la cultura y algunos de esos problemas, y recibirá orientación para saber cuándo debe buscar ayuda profesional. Estas advertencias le informarán por etapas de desarrollo sobre comportamientos en su hijo a los que debe estar atenta—así como para identificar cuando una crisis familiar indica que es necesaria la orientación de un profesional. También describiré exactamente cómo elegir la orientación más apropiada para resolver el dilema.

Cada uno de los cinco capítulos empieza con una serie de preguntas orientadas a ayudarle a descubrir su nivel de tradicionalismo, y a identificar áreas problemáticas en las cuales hay que trabajar. En la conclusión de cada uno de esos capítulos aparece una serie de pensamientos llamados "Reflexiones." Puede ser provechoso anotar las respuestas y utilizarlas como base para un diario: hacer una prueba escrita de vez en cuando le dará claridad en cuanto a su proceso de cambio y progreso.

Tomado como un todo, *Criando a su niño con orgullo al estilo Latino* es el mapa de carreteras hacia la superautopista de como educar dentro del *Nuevo Tradicionalismo*—porque le brinda el primer y único sistema de crianza bicultural diseñado para asegurar que el *orgullo* en la *Tradición Latina* sea transmitido a nuestros hijos y a los hijos de nuestros hijos—honrando la tradición de una forma completamente moderna.

Notará que utilizo indistintamente *él* o *ella* a lo largo del libro. Se trata de algo intencional con el objeto de no dar prioridad a ningún género sobre el otro.

PARTE UNO

El Nuevo Tradicionalismo

En la parte I orientaré a través del proceso de redefinir aspectos de la crianza dentro de la cultura Latina que es deseable retener en una versión moderna—empezando por el *orgullo* y luego pasando a las prácticas culturales primarias que lo conforman: el *respeto*, el *familismo*, la *simpatía* y la *obediencia*. Podrá ver las diferencias entre la forma antigua y la nueva de educar a los hijos. Comprender estas diferencias le ayudará a elegir qué funciona para criar a los hijos al estilo Latino.

Este libro está escrito únicamente a manera de fuente de información. Por ende, su contenido no debe considerarse en ningún caso un sustituto al consejo, decisiones o criterio del médico o del consejero profesional de los lectores. Se han hecho todos los esfuerzos posibles por garantizar la veracidad de la información que contiene el libro a la fecha de su publicación. La autora y el editor expresamente renuncian a cualquier responsabilidad proveniente de los efectos adversos que se deriven del uso y aplicación de la información que contiene el libro.

Los nombres y las características de identidad de los padres y los hijos que aparecen a lo largo del libro han sido cambiados para proteger sus identidades.

CAPÍTULO 1

Criar con Orgullo—al Estilo Latino: El Nuevo O.R.G.U.L.L.O.

Para responder a las preguntas, seleccione entre los números a continuación el que mejor describa su actitud personal; luego súmelos para calcular su puntaje total.

5=Siempre 4=A menudo 3=A veces 2=Rara vez 1=Nunca

1. ¿Se encuentran ustedes incómodos con la forma como su hijo se comunica con ustedes? _____

2. ¿Se encuentra diciéndole a su hija, "No lo harás porque yo digo que no"? _____

3. ¿Se siente atrapada/o entre sus padres—o sus suegros— y sus hijos en una situación en la que nadie gana? _____

4. ¿Siente que hace cosas por sus hijos que otros padres no Latinos no hacen, y se siente mal por ello (por ejemplo chaperonearia a *todas* las fiestas a las que asiste su hija)? _____

5. ¿Se descubre diciendo y haciendo automáticamente las mismas cosas que decían y hacían sus padres y abuelos, aunque siente que conoce una mejor forma de hacerlo? _____

6. ¿Sus hijos le dicen todo el tiempo, "¡No entienden! ¡Son demasiado anticuados!"? _____

(continuar)

---

7. ¿Sienten que son sus hijos los que deben entender su punto de vista, no al contrario? _____

8. ¿Otras personas le dicen con frecuencia que usted les exige demasiada obediencia a sus hijos? _____

Utilice la siguiente tabla de calificación para auto evaluarse, tanto en este capítulo como en los siguientes:

Si su puntaje total está entre 30 y 40, usted es un verdadero *tradicionalista* que podría enfrentar problemas considerables con sus hijos; es necesario que aumente sus habilidades de *Nuevo Tradicionalismo*.

Si su puntaje está entre 20 y 30, hay indicios de problemas potenciales y podría derivar gran beneficio de las técnicas de *Criando con orgullo*.

Si su puntaje está entre 10 y 20, usted ya está en buena forma, pero siga adelante y continúe leyendo para afinar todavía más sus habilidades.

~

Mercedes acaba de dar a luz a su primer bebé, un niño a quien puso por nombre Julio. Su suegra, Juana, ha venido desde su país para ayudar. Pero Mercedes, en lugar de sentir alivio, siente una presión adicional desde que Juana llegó. No quiere faltarle al respeto, pero Juana está poniendo seriamente a prueba su paciencia, pues cree, al igual que muchas mujeres de su generación, que al bebé hay que ponerle siempre camisetas y medias, incluso en agosto. Juana también siente que Mercedes comete una imprudencia al sacar a Julio cuando ya ha caído el sol, pues eso lo expone al sereno, el rocío de la tarde, lo cual lo predispone a pescar un resfriado.

Mercedes y Juana tampoco están de acuerdo sobre si deben ceñirse a un horario de alimentación como lo aconsejó el pediatra. Juana insiste en que ella crió a ocho niños saludables sin seguir ningún horario, aparte del que dictaba el bebé: es decir, cuando el bebé llora, el bebé sabe que tiene hambre. Juana considera que ceñirse a un horario estricto no es lo mejor para el bebé, independientemente de las recomendaciones del médico.

La única acción que se le ocurre a Mercedes para evitar una crisis familiar es contar las horas hasta que su suegra parta de regreso a casa.

~

¿Cómo puedes quitarle el biberón?", pregunta la madre de Nina, refiriéndose a Pedrito, de año y medio. Peor aún, la abuela piensa que se está llevando el punto dándole el biberón a Pedro a escondidas de Nina. Nina se siente atrapada entre lo que su madre considera correcto y lo que sus amigas hacen con sus bebés. Al confrontarla, la abuela defiende su posición asegurando que crió a cinco hijos, incluida Nina, y que nunca les quitó el biberón a tan temprana edad. En el mundo de la abuela, la madre Latina que le quite el biberón a un niño de dieciocho meses comete una crueldad contra el bebé.

La Costumbre vs. lo Nuevo

Estos ejemplos ilustran cómo los grupos Latinos en los Estados Unidos han traído consigo las tradiciones de sus países de origen. El desarrollo del niño Latino tiende a ser interpretado en términos de una historia y una cultura particular que se remonta varias generaciones. Estos valores tradicionales deben ser comprendidos y respetados—pero también deben serlo los ambientes contemporáneos en los cuales están creciendo hoy los niños Latinos. Ser Latino es realmente un estado de la mente, algo que no necesariamente depende del tiempo que esta persona, o su familia, hayan vivido en los Estados Unidos. Está el ser miembro del propio grupo, así como las experiencias que se asocian a esa pertenencia. Desde este punto de vista, ser Latino es una determinación consciente (y a veces inconsciente) sobre quién se quiere ser, qué cosas apreciamos y la importancia que asignamos a transmitirles estos valores a nuestros hijos.

Muchos padres y abuelos Latinos han tenido gran dificultad en prescindir de "las cosas como eran antes." Pero cuando vivimos en Norteamérica, aferrarnos rígidamente a las creencias de nuestros antepasados puede causar fricciones entre los padres y los hijos. La ausencia de un equilibrio cultural a veces da pie a problemas con la disciplina, la comunicación o la canalización adecuada del enfado y la tristeza, todo lo cual puede afectar el amor propio de su hijo. Los Latinos tienen muy claro que no quieren abandonar los innumerables y maravillosos valores tradicionales, ni que sus hijos lo hagan tampoco. Pero, dados los tiempos modernos y la necesidad de adaptarnos a la cultura de los Estados Unidos, la mejor forma de garantizar que estos valores sean aceptados por nuestros hijos es hacer ciertos ajustes en la forma como los implementamos en la vida diaria.

¿Cómo se pasa de la autoridad con mano de hierro que dictan las reglas tradicionales a una orientación que sea una mezcla más flexible entre lo nuevo y lo viejo, para que los hijos puedan disfrutar de lo mejor que ofrecen ambos mundos? Lo que sigue a continuación es mi redefinición de una tradición del Viejo Mundo, de los *consejos,* las palabras de sabiduría. A través de esto comparto con ustedes las técnicas que he aplicado con éxito para que mis clientes puedan ampliar sus horizontes culturales y educar a hijos equilibrados. Estos consejos ayudan a comprender cómo se puede cambiar con los tiempos; no solamente dan indicaciones precisas para brindarles a los hijos la orientación que necesitan, sino que demuestran el *Nuevo Tradicionalismo* en acción: conservar los valores, pero reconocer que hay que hacer adaptaciones.

Consejos para que los Padres Incrementen Su Capacidad de Resolver Problemas

Los consejos son un estilo de enseñanza altamente apreciado entre los Latinos. Mediante los consejos, las abuelas les enseñaban a nuestros padres a ser respetuosos, a sentirse orgullosos de su cultura, a tener siempre presente la importancia de la familia y a ser considerados con los demás—a ser buenos "machos" y buenas "marianistas"—lo cual tiene la connotación de ceñirse a ciertos comportamientos que determinan lo que significa en la cultura latina ser un buen hombre o una buena mujer, con énfasis en la valentía en el primero de los casos y la obediencia en el segundo. Pero eso era en el pasado. De hecho, una de las preguntas que con mayor frecuencia me hacen los padres es, "¿Cómo saber qué valores son tan buenos como para que valga la pena preservarlos?"

Queremos que nuestros hijos se sientan orgullosos de ser Latinos, lo cual requiere mantener las tradiciones; pero queremos que tengan éxito y puedan ser flexibles—que sean ciudadanos del mundo de hoy. El enfoque más efectivo para este dilema es aceptar que nuestros hijos, ya sea que nosotros lo elijamos así para ellos o no, son un híbrido entre la cultura latina y la norteamericana.

Mi primera técnica para ayudarles a sus hijos a adquirir un equilibrio cultural incluye el dominio de siete pasos que corresponden al acróstico O.R.G.U.L.L.O., palabra que para los Latinos tiene una clara connotación de lo que sienten por su cultura, pero que definiré de una forma diferente según los preceptos del *Nuevo Tradicionalismo*. Mientras más pronto empecemos a poner en práctica estos consejos, más pronto aprenderán nuestros hijos a funcionar cómodamente en su mundo. Cuando uno educa a sus hijos con O.R.G.U.L.L.O., los problemas de choque de culturas se pueden resolver dentro del ambiente de los valores familiares.

A continuación, entonces, los siete pasos, las reglas de oro de los *consejos:*

1. O   Organice sus sentimientos
2. R   Respete los sentimientos de sus hijos
3. G   Guíe y enseñe a su hijo; no le ordene
4. U   Utilice los medios de comunicación y manténgase al tanto de lo que aparece en ellos
5. L   La importancia de amar al niño o a la niña por ser quien es
6. L   La importancia de escuchar
7. O   Opere con canales de comunicación abiertos siempre

Consejo No. 1: Organice Sus Sentimientos

El primer *consejo* tiene que ver con discernir y enfrentar las emociones que a lo mejor usted ni siquiera sabe que tiene. Para poder comprender algo, uno debe identificar primero que es ese algo. Ese proceso es en realidad muy simple. Por ejemplo: si usted le prohíbe a su hija de seis años ir a casa de su mejor amiga a jugar, sencillamente porque usted no puede estar allí, ¿ha evaluado de veras sus razones para decir que no? Sea sincera y pregúntese si no se está excediendo en su reacción. Al fin de cuentas, jugar con una amiguita es radicalmente diferente de la acción de cruzar la calle sin mirar como está el tráfico en ambas direcciones. En el segundo caso, usted dice, "No hagas eso, mira primero para los dos lados," y luego explica las consecuencias. Se trata de una táctica de supervivencia que hay que inculcarle a la niña, y usted debe estar allí personalmente para vigilarla hasta que esté segura de que el hábito ha quedado bien inculcado. Darle permiso para ir a jugar con la amiguita, por otro lado, no es un asunto de vida o muerte, y quizás no requiera de su supervisión personal, una vez que haya establecido que habrá una supervisión adecuada por parte de un adulto de confianza.

Si su hijo le pide una explicación sobre su comportamiento, debe ser clara acerca de sus razones. A continuación encontrará algunas preguntas que facilitarán su habilidad para encarar sus sentimientos más profundos, teniendo siempre en mente la enorme influencia de los valores tradicionales sobre sus acciones:

- ¿Existe de veras un asunto de seguridad que justifique mi preocupación?
- ¿Se basa mi definición de ser buena madre en gran parte en lo que me enseñaron mis padres y mis abuelos?
- ¿Trato, a veces irracionalmente, de aferrarme al pasado?
- ¿Por qué tengo tanto miedo de aceptar la cultura norteamericana?
- ¿Siento a veces un conflicto frente a mi propia identidad Latina?

- ¿Tengo la necesidad de sentirme en control de todo, todo el tiempo?
- ¿Estoy trasladándole mis temores a mi hijo?
- ¿Qué es mas importante, hacer lo que le conviene a mi hija o darles gusto a mis padres?
- ¿Me da temor enfrentarme a la desaprobación o ira de mis padres?
- ¿Me estoy comunicando con mis padres o suegros como persona adulta, explicando las cosas con autoridad, pero sin enfado?

Después de responder a estas preguntas se dará cuenta de que existen dos caminos muy claramente diferenciados para manejar los asuntos de la crianza, los cuales se ilustran a continuación:

La Manera de Antes

Margarita, la hija de seis años de Bertilia, se rehúsa a pedirle a la abuelita la bendición. La bendición es una bella costumbre, una antigua forma de despedir a un miembro de la familia que sale de la casa, bendiciéndolo con la protección del amor familiar. Es como decirle, "Que Dios te acompañe," pero también comunica reverencia y respeto, puesto que les concede a los mayores de la familia la sensación de que protegen a un ser amado a través de Dios. Pero Margarita rehúsa pedir la bendición delante de sus amigas. La abuela se queja ante Bertilia del comportamiento de Margarita. Bertilia le explica a la abuela que Margarita se enfrenta a una serie de ajustes desde que su familia se mudó a una nueva casa, y que no quiere presionarla demasiado. Pero la abuela, convencida de su forma de hacer las cosas, no está dispuesta a tolerar lo que percibe como una falta de respeto por parte de Margarita. Cediendo a la voluntad de su madre, Bertilia le *exige* a Margarita que pida la bendición.

La Nueva Forma

Antes de actuar por instinto—sin pensar—como Bertilia, tome distancia y considere por qué Margarita no quiere pedir la bendición de su abuela. No tardará mucho en darse cuenta de que pedir la bendición es una costumbre que perdura del antiguo *tradicionalismo*. No tiene nada de malo, pero en el caso de una niña de seis años a quien le pueden preguntar sus amigos, "¿Por qué haces eso?" sería sensato explicarle por qué pedir la bendición es algo especial y por qué hace sentir bien a la abuela. Bertilia se divierte y se siente orgullosa cuando las madres norteamericanas de las amigas de Margarita le cuentan ¡que sus hijos han empezado a pedir en casa que les den la bendición!

Sus hijos y sus hijas no desean perder contacto con su herencia Latina. Pero recuerde siempre que la transmisión de valores tradicionales es más fluida cuando se comunican las cosas con una connotación positiva y de una forma colaboradora.

Por ejemplo, le pregunté a un hombre norteamericano cuya familia mexicana había migrado hacía seis generaciones, "¿Cómo pueden mantener tantos aspectos tradicionales de la cultura mexicana, aun cuando usted y su familia se han graduado ya de la adaptación cultural?" "Lo logramos a través del *orgullo de raza*," contestó. "A través de eventos especiales como celebraciones familiares, y a través de una identificación *positiva* con mi gente."

Yo sabía exactamente a qué se refería. Está científicamente comprobado que permanecer conectados a los que somos en términos de cultura y herencia es una poderosa fuente de apoyo. Estudios llevados a cabo con niños puertorriqueños en los Estados Unidos demuestran que los niños pequeños y los adolescentes que se encuentran mejor ajustados casi siempre se sienten muy orgullosos de su identidad y cultura Latina. También tienen mucho respeto por los valores familiares, así como por los aspectos biculturales y, a menudo, por el bilingüismo.

Consejo *No. 2: Respete Los Sentimientos de Su Hijo*

Los pequeños, al igual que los adultos, tienen que enfrentarse a la inseguridad, la ira, la envidia, la ansiedad, a toda la gama de emociones perturbadoras. De modo que cuando su hija le diga, "No quiero hacer eso," tenga en cuenta que el negarse a obedecer quizás no sea un capricho sino una forma de enviar un mensaje mucho más profundo de lo que la situación revela. Permítame ilustrar lo que quiero decir:

Marcos, de cuatro años: Hay un monstruo detrás del armario y me da miedo. Quiero dormir contigo y con Papá.

Madre: Marcos, sabes que los monstruos no son reales. Debes estar pensando en cosas miedosas. ¿Qué tal si jugamos a imaginar solamente cosas lindas y agradables? ¿Con qué quieres empezar?

Al terminar el juego, Mamá le dice: "No puedes dormir con nosotros esta noche, mi amor, debes quedarte en tu cama. Papi y Mami deben dormir solos y tú debes dormir solo—pero voy a quedarme contigo mientras te da sueño y te dejaré la luz encendida." Le da un beso a Marcos y le dice con una sonrisa, "Te quiero."

Muchos padres preguntan, "¿Qué tiene de malo que nuestro hijo duerma con nosotros?" Entraré en detalles sobre el tema en el Capítulo VI: El mundo del niño en edad preescolar, pero por el momento, mi respuesta sería: depende. Al igual que todo en la vida, ocasionalmente se presentan situaciones en las cuales se puede considerar acceder a esa petición, una sola noche si, por ejemplo, el niño está muy angustiado, o está enfermo, pero no se trata de una buena costumbre. Establecer ese tipo de límites inculca la existencia de fronteras: hay un espacio para cada uno, y el niño debe hacer ciertas cosas independientemente como parte del proceso de crecer. Permitirle al niño dormir con los padres no siempre obedece a un consenso de pareja, y puede convertirse en una fuente de fricción entre ambos.

~

Melania, de doce años: Mañana no quiero ir a la escuela. La detesto. Nadie quiere jugar conmigo.

Padre: Linda, parece que no estás nada feliz. ¿Te ocurrió algo en la escuela hoy?

Melania: Dicen que hablo y me veo rara.

Padre: ¿Rara? ¿Qué quieres decir con eso de 'rara'?

MELANIA (llorando): No lo sé . . . son crueles y se burlan de mí y todo el tiempo me preguntan qué soy.

PADRE: Ah, ya entiendo. Debes estar furiosa porque los otros niños no entienden que tú eres a la vez dominicana, como yo, y americana, como tu madre, y que eres en parte negra y en parte blanca. ¿Te das cuenta de que las rosas más hermosas del jardín son aquellas que llamamos híbridas?

MELANIA: ¿Qué es híbridas?

PADRE: Un híbrido es una mezcla, una combinación de cosas. En tu caso, es una combinación de las cosas más hermosas. ¿Recuerdas que te conté que en mi país tuvimos la primera catedral y la primera universidad de este lado del mundo, incluso primero que los Estados Unidos? ¿Recuerdas que te hablé sobre los maravillosos ritmos africanos que tiene la música merengue? ¿Recuerdas cuánto nos queremos en la familia? Mañana podemos hablar sobre tantas otras cosas maravillosas de nuestra familia y de nuestra herencia que tu madre y yo te hemos transmitido. Pero ahora debes irte a dormir para que mañana te despiertes descansada para la escuela.

MELANIA: Te quiero, Papi. Eres el mejor de todos.

En este caso, el padre animó a Melania a expresar sus sentimientos. Luego el padre le recordó algunos aspectos especiales de su cultura originaria, y la animó a pensar de manera igualmente positiva acerca de su madre. Imagine hasta qué punto este estilo de crianza es más efectivo que interrumpir la comunicación y decir: "Vamos, qué tontería. No le caes mal a nadie. Vas a la escuela mañana y punto." El segundo tipo de enfoque podría crear una distancia malsana entre los padres y los hijos, y reforzar las emociones negativas de la niña.

Consejo *No. 3: Guíe y Enseñe a Su Hijo, No le Ordene*

El tercer *consejo* requiere orientar suavemente a su hijo en la dirección correcta, en lugar de ordenarle cumplir con sus requerimientos. Se basa en algo denominado comunicación recíproca.

La obediencia es importante y va de la mano de la disciplina. Pero la disciplina no se puede enseñar exigiendo obediencia ciega.

Hay que comunicar mensajes poderosos que establezcan en su hijo un sentido de moralidad, empatía y sentido común. Lo que definitivamente no es deseable es un niño obediente y complaciente frente a los padres, y un diablito a sus espaldas. De hecho, si usted realmente exige obediencia absoluta, terminará por formar un niño que seguramente no quiere ir a ningún lado con usted ni confía en usted en medio de sus luchas con los problemas de la vida. A continuación, algunos ejemplos de este consejo en acción:

La Manera de Antes

Alfredo, de tres años, exige ponerse traje y corbata para ir al parque a jugar.

MADRE: Alfredo, no puedes ponerte traje y corbata para ir al parque.

ALFREDO (empezando a llorar): ¡Yo quiero, yo quiero!

MADRE: Alfredo, no irás al parque de traje y corbata; no es lo apropiado.

ALFREDO (sollozando): ¿Por qué no?

MADRE: ¡Porque yo dije que no!

La Nueva Forma

MADRE: Alfredo, si te pones saco y corbata para ir al parque, se te ensuciará tu ropa buena cuando juegues.

ALFREDO (empezando a llorar): ¡No me importa, yo quiero!

MADRE: Sé que eso es lo que quieres, pero quisiera saber por qué es tan importante ponerte traje y corbata para ir al parque.

ALFREDO (quien deja de llorar momentáneamente): Quiero ser como Papi. Él se viste de corbata para ir a la oficina.

MADRE (besando a Alfredo con ternura): ¡Ah, ya comprendo! Tesoro, hay diferentes formas de vestir según los distintos lugares. Los domingos, cuando vayamos a la iglesia, puedes ponerte tu traje y tu corbata, como Papá.

ALFREDO (empezando a sonreír): Está bien, Mami.

~

Rosa, de once años, le cuenta a su madre que pronto habrá un baile en la escuela. Rosa cambiará de escuela, al final del período escolar, de modo que este es su baile de despedida. Marta, su madre, le pide detalles para poder hacer los planes. Rosa responde, pero parece poco interesada en ir al baile. Tras una larga conversación, Marta queda con la impresión de que Rosa no quiere ir al baile y que debe olvidarlo. La semana siguiente, media hora antes del baile, Rosa le dice a su madre que en realidad sí quiere ir.

La Manera de Antes

Marta le dice a su hija: "Rosa, la semana pasada te pregunté por el baile y me dijiste que no te interesaba ir; por lo tanto, jovencita, es demasiado tarde." Rosa rompe a llorar, le dice a Marta que es una mala madre, y la acusa: "Nunca me escuchas, nunca me entiendes. Eso no fue lo que dije." Marta responde también a los gritos: "¡Bastaí ya! Quedas castigada. Soy tu madre. ¿Cómo te atreves a hablarme así? ¡Vete a tu cuarto de inmediato!"

La Nueva Forma

Marta le dice a Rosa, en un tono comprensivo: "¡Ya es demasiado tarde, corazón. Lo siento de veras, pero ya no puedes ir." Marta hace el esfuerzo de explicarle a Rosa la importancia de planear bien y de administrar el tiempo. Cuando Rosa se enoja en extremo y se agita, Marta le dice que ella entiende sus sentimientos, pero que igualmente no puede ir al baile esa noche. Le dice a Rosa con calma que la próxima vez que se aproxime un evento, hay que hacer los planes con tiempo.

Esta anécdota de "la nueva forma" ilustra que sí es posible establecer límites y reconocer los sentimientos al mismo tiempo, y ofrece ayuda para comprender las consecuencias de los actos. Marta sabe que su propia madre pensaría que está malcriando a Rosa y que, en su lugar, ella diría sencillamente, "¡Tú te lo buscaste! Te dije que me avisaras lo del baile. Ahora es demasiado tarde, ¡fin del tema!" o, "Tu problema es que nunca logras decidirte." Marta también sabe que este tipo de táctica tan solo logrará enojar más a Rosa y volverla más rebelde.

Consejo *No. 4: Utilice los Medios de Comunicación y Manténgase al Tanto de lo que Aparece en Ellos*

El cuarto *consejo* se relaciona con la necesidad de que usted, como madre, esté al día en lo que se refiere a medios tan influyentes como la televisión, la música y el Internet. Debe estar familiarizada con lo que se presenta en ambos mundos culturales, no solamente en el hispano. Si va a hablarle a su hijo sobre drogas y sexo—y debería hacerlo—es importante que tenga la información adecuada para poder comunicarse efectivamente. El mundo cultural al que me refiero incluye fuentes generales de información: deportes, juegos, programas de televisión, pornografía disponible en Internet, etcétera. Tenga presente que estos medios ofrecen temas tentadores sobre los cuales su hijo tiene conocimiento, y que incluyen el uso de drogas, el consumo de alcohol antes de la edad permitida, el suicidio como la solución extrema a los problemas, la violencia y la glorificación de la sexualidad. Usted puede desempeñar un papel fuerte si le enseña a su hijo actividades divertidas que abarquen las dos culturas, pero también necesita enterarse de las motivaciones de él antes de tratar de mantenerlo en el camino correcto.

Estar al tanto de la tecnología puede serle útil también a la hora de enseñarle a su hijo acerca de los diferentes valores culturales y el respeto por otras culturas. Muchas comunidades ofrecen programas maravillosos diseñados específicamente para niños, como títeres en el museo, ferias del arte y la ciencia y muchos otros eventos—algunos de interés especial para los Latinos—cuya información se encuentra en los periódicos y en Internet.

Algunos padres se enorgullecen de exponer a sus hijos exclusivamente a la cultura Latina, a pesar de que la naturaleza de la sociedad norteamericana contemporánea es la promulgación de la diversidad—empezando desde la guardería y el jardín infantil.

La primera experiencia preescolar de Miguel, mi hijo menor, se llevó a cabo en un programa realizado en una sinagoga, donde participó en Hanuca; al mismo tiempo, Miguel recibía instrucción en nuestra religión, y nosotros celebrábamos la navidad con nuestros vecinos, que no eran ni Latinos ni cristianos. Miguel también celebraba la pascua, y las festividades griegas en casa de sus amigos. Luego estuvo en una guardería de las Naciones Unidas, después en una escuela pública en Queens y más tarde en Brooklyn Tech High School, donde se relacionaba con muchas culturas diferentes. Si de algo sirvió esta amplia exposición a otras culturas fue para fortalecer su identidad con la cultura Latina mientras se sentía cabalmente norteamericano. Como resultado de su educación ecuménica, Miguel es a la vez muy Latino y muy internacional. La lengua materna de mi hijo mayor, Jaime es el español. No obstante, es muy abierto a otros valores culturales con los cuales se siente cómodo. Para él también es un orgullo ser Latino y norteamericano a la vez.

La flexibilidad es esencial, no solamente para facilitar la exposición a diferentes valores culturales sino para aprender a través de los medios acerca de nuevas formas de entendimiento, lo que ayuda a modificar prácticas culturales de crianza que a lo mejor ya no son ni aplicables ni útiles. Por ejemplo, usted debe aceptar el hecho de que su pequeño estará naturalmente expuesto a una cierta cantidad de gérmenes. Se considera científicamente poco realista mantener al niño en un ambiente totalmente antiséptico. En el pasado, especialmente en el trópico, los padres tenían que ser muy cuidadosos de no exponer a sus hijos a parásitos y gérmenes; a los niños no se les permitía salir de la casa sin zapatos. Hoy en día, evitar los gérmenes por completo es una misión imposible, como lo vemos en la siguiente anécdota:

Gladys, la niñera de Alicia, piensa que a sus cincuenta y dos años es una experta en crianza: ha criado seis hijos propios, y siente que eso le da el derecho de decirle a Julia cómo criar a Alicia, de ocho meses. Gladys le llama la atención a Julia por no ser buena madre cuando permite que Alicia salga de la casa descalza, diciéndole que de esa forma está exponiendo a su bebé a los gérmenes. Pero Julia sabe, gracias a sus lecturas, que estar expuesta a una cantidad moderada de gérmenes estimula el sistema inmune, y que para los bebés es más fácil aprender a caminar si están descalzos. También se da cuenta de que es muy importante comunicarle a Gladys esa información con delicadeza, para que Gladys haga caso de su forma de hacer las cosas cuando ella esté en la oficina. De modo que, con gran deferencia, Julia empieza por comunicarle su agradecimiento por la forma como Gladys cuida a Alicia y se preocupa por ella, y luego le dice que quiere compartir con ella la información que le ha dado el pediatra. Le lee en voz alta, y luego ambas charlan sobre los artículos que tratan de las tendencias contemporáneas de crianza. Finalmente, Gladys empieza a ver las cosas de la forma en que las ve Julia.

Consejo *No. 5*:
La Importancia de Amar al Niño o a la Niña por Ser Quien Es

El quinto *consejo* promueve la idea de amar a su hijo o a su hija tal como es, y trabajar como padres en el contexto de la individualidad del niño. A continuación, un ejemplo de cómo se puede tratar un comportamiento infantil excesivamente agresivo:

Juanito, de tres años, se pone furioso cuando Lilia, su madre, lo regaña y le da una palmada por partir un florero. Juanito responde dándole una palmada a su madre. No se trata de un incidente aislado. De hecho, Lilia me busca porque Juanito es generalmente insoportable e inmanejable. Ni siquiera se arriesga a llevarlo a hacer vueltas con ella, porque es imposible de controlar. A medida que voy explorando con Lilia los detalles de su situación, acabo por darme cuenta de que, aunque no lo hace conscientemente, ella tiene la costumbre de comparar a Juanito desfavorablemente con Anita, su hija mayor, quien es por naturaleza bien educada y obediente. Lilia tampoco le expresa su afecto a Juanito, ni verbal ni físicamente, y no lo acepta como un individuo único; ya lo ha calificado como "problemático," aunque solo tiene tres años.

Me agrada poder informar que, en el transcurso de nuestro trabajo conjunto, Lilia aprendió a superar ese mal paso en la crianza, preguntándose sinceramente si no estaba esperando demasiado de un niño de tres años. La respuesta, desde luego, era afirmativa. Le hizo frente al hecho de no ser infalible y de que la respuesta de rigor, "¡Juanito, no!" era contraproducente. Aprendió primero a no dejar objetos delicados al alcance de Juanito y a orientarlo, diciéndole,

"Esto no se debe tocar; puedes mirarlo, pero si lo tocas, se puede partir y hacerte daño." En otras palabras, le enseñó con explicaciones. Encontró pasatiempos apropiados para la edad de Juanito, como los rompecabezas que armaban juntos, con los cuales podía enseñarle, orientarlo y comunicarse con él. Lilia pudo ejercer control sobre el comportamiento de su hijo, manejándolo como la persona que es y no como el hombrecito perfecto que ella quería que fuera.

Al igual que Lilia, quizás a veces usted no esté consciente de la intensidad del lenguaje verbal y corporal que utiliza para expresar su desaprobación. Con demasiada frecuencia, lo que nosotros como padres deseamos para nuestros hijos se traduce en tratar de convertirlos en imitaciones de lo que *nosotros* somos. Usted lleva mucho terreno ganado si el niño ha heredado muchas de sus características positivas. Aun así, quizás usted albergue expectativas tradicionales basadas en la edad o en el género que a lo mejor su hijo no puede cumplir.

Debido a su temperamento innato, los niños a veces son tímidos, ansiosos u obstinados, hasta el punto de poner seriamente en prueba la paciencia de los padres. Todos sabemos que los hermanos de la misma familia pueden tener personalidades muy diversas, y que algunas de estas se basan en si el niño es *congénitamente* ansioso, bravo, temeroso, distante, dependiente o rebelde. De modo que usted siempre debe tener en mente que la noción de la imparcialidad de los padres es un mito—una costumbre que perdura del viejo *tradicionalismo,* en el que las madres se enorgullecían de decir, "Quiero a mis hijos todos por igual." La verdad del asunto es que, aunque los ame a todos por igual, uno se relaciona de distinta forma con cada uno de ellos, según el temperamento y la personalidad, y probablemente se relacione mejor con unos que con otros.

A lo mejor Ud. le comunica a su pequeña en mil formas que es especial—a través de su voz melodiosa o la ternura del contacto. Independientemente de cómo se comunique, la manifestación de amor al niño sienta las bases de su relación posterior con él—porque los bebés empiezan a comprender mucho más pronto de lo que la mayoría de la gente cree. Quizás el niño de ocho meses no capte una idea intelectualmente, pero sí reacciona instintivamente al tono de su voz (tranquilizándose, por ejemplo, si es un tono suave), o quizás se aísle o se ponga inquieto como respuesta a su ansiedad, su temor o su enfado.

Más o menos al año y medio, el niño empieza a desarrollar la capacidad de expresarse verbalmente, y empieza a articular emociones complejas como el orgullo, la vergüenza, la envidia, la empatía y el enfado. Por ejemplo, puede aplaudir de alegría cuando le ha dado gusto a Mami al utilizar la bacinilla, o reírse cuando le dicen que es un "niño bueno," o enfadarse si le ponen una determinada camisa o si le hacen compartir un juguete. Es de esperarse que Ud. encuentre desagradables algunas de estas emociones, especialmente si se comparan con el comportamiento de infancia o en lo que considera "normal" en los otros hijos.

Recuerde siempre que la crianza productiva no puede empezar hasta que usted no haya enfrentado sus propios sentimientos acerca de los actos de sus hijos. Con esta noción en mente, la invito a hacer los siguientes ejercicios y a considerar los resultados con detenimiento:

- Anote cualquier aspecto de su hijo que usted considere problemático

  _____

- Mi hijo actúa de esa forma cuando

  _____

- ¿Cómo se siente usted acerca de ese aspecto de su hija?

  _____

- Mi hijo es así porque

  _____

Luego pregúntese:

- ¿Cómo respondo yo a lo que considero un problema?

  _____

- ¿Cuál es mi responsabilidad en esta situación?

  _____

- Anote cinco características positivas de su hija

  1 _____

  2 _____

  3 _____

  4 _____

  5 _____

Aplique las siguientes sugerencias cuando se presente la ocasión apropiada:

- Respire profundo antes de reaccionar a una actitud de su hijo que parezca diseñada para provocarla—a menos, desde luego, que se trate de una emergencia.

- Ayúdele a su hija a desarrollar una rutina clara y organizada que incluya horas fijas para irse a la cama, para hacer las tareas y para jugar. No olvide que algunos niños pueden requerir más estructura, o que les recuerden las cosas más que a otros; es cuestión de la naturaleza individual de cada uno.

- Nunca compare a sus hijos. Quizás su segundo hijo se comporte de forma totalmente diferente al mayor—¡todas las personas somos diferentes por naturaleza!

- Nunca compare a sus hijos con los hijos de sus amigos.

- Enséñele al niño que es nervioso y excitable a mantener la calma mediante su propio ejemplo. Si el niño la ve a usted alterada, la imitará.

- Utilice tareas y ejercicios propios para la edad, como hacer carteleras o escribir en el tablero. Estas actividades divierten, enseñan a tener concentración y promueven en la niña la sensación de que es competente.

- Sugiérale al niño que haga una cartelera con sus metas para completar las tareas, en lugar de llamarlo perezoso y lento para forzarlo a estudiar.

- Déjele notas a su hija en la nevera, o cuando le empaca su almuerzo, diciéndole que la ama sin condiciones. Abrácela y elógiela cada vez que pueda; las muestras frecuentes de afecto ayudan a establecer confianza.

- Diseñe, de común acuerdo con su hijo, una definición de lo que significa ser respetuoso.
- Abrace a su hija cuando se equivoca, luego discuta con ella cómo hacer mejor la tarea—sin recurrir a acusaciones o a insultos.
- Ayude a su hijo a expresar las emociones, ya sea de felicidad, enfado, orgullo, envidia, ansiedad, decepción o temor. No piense que su hija de nueve años sufrirá daño de por vida si se le permite decir, "Mamá, estoy tan enfadada contigo," siempre y cuando se haga sin una pataleta. Usted puede proceder a preguntarle, "¿Por qué?" y sugerirle que tenga en cuenta lo que usted tiene para decir, no "porque es lo que yo digo" sino porque usted es mayor y tiene más experiencia en la vida.
- Es posible ayudar al niño a identificar la fuente de un problema si usted se comunica directamente con él, de modo que siempre saque tiempo para hablar. Antes de establecer un diálogo, asegúrese de estar calmada y de dominar su enfado. Puede esperar para hablar con su hija hasta el día siguiente, cuando usted se sienta mejor. Los resultados serán igualmente buenos y todos estarán en mejor capacidad de sostener una charla productiva.

Consejo *No. 6: La Importancia de Escuchar*

El sexto *consejo* hace énfasis en la importancia de oír de verdad lo que la niña le está diciendo. La capacidad de escuchar es uno de los grandes dones que podemos regalarles a los demás, y los niños necesitan saber que uno está emocionalmente "presente" para ellos.

Recuerde que el niño ideal que es representado en la televisión y en los libros es tan solo eso: un ideal. Los niños cambian, y cada etapa del desarrollo trae su propio comportamiento, pero para todos los niños, independientemente de su edad, la obediencia no se logra *al pie de la letra*. Muy pocos niños (muy pocos adultos, para el caso), se ciñen a todas las reglas. Muchos niños y niñas sufren con cosas que a los padres les parece un asunto simple; si uno escucha con atención, se da cuenta de que quizás no sea tan simple para el niño. Armada con este conocimiento, usted estará preparada para resolver efectivamente los problemas con su hijo.

Escuchar los sentimientos es una práctica que debería comenzar desde el momento en que nace el bebé. Los niños no se convierten en administradores competentes de sus sentimientos por sí mismos; necesitan que sus padres los orienten, les provean estructura y les enseñen. La mejor forma de hacer esto es escuchándolos. A veces los padres sienten que es su culpa si el niño se molesta o se comporta de una forma no adecuada. Nada podría estar más lejos de la realidad, porque nuestros hijos son individuos separados de nosotros. De la misma forma, a algunos padres les parece que no se debe ser tierno con los varoncitos, por peligro a que se vuelvan "blandizos." Los niños, independientemente de su sexo, necesitan comprensión y ternura de una forma apropiada para la edad. Observe la diferencia en comunicación con Máximo, de cuatro años, y con Roberto, de catorce:

Máximo entra corriendo y gritando del jardín porque una mariposa voló sobre su cara. El abuelo le dice, "Vamos, eres un varón, ¡sé valiente! Vuelve al jardín a jugar." La madre de Máximo, por otro lado, se concentra en lo que se necesita para tranquilizar a su hijo. Se da cuenta de que Máximo necesita un fuerte abrazo, y para tranquilizarlo le dice, "Esa mariposa te dio un buen susto, ¿verdad? ¿Prefieres jugar adentro con los rompecabezas?" Máximo asiente, y la mamá le seca las lágrimas y le da un beso. Rápidamente, Máximo se tranquiliza con un rompecabezas. Al escuchar a su hijo, la madre valida el hecho de que está asustado y eventualmente el hecho de que ya está bien.

~

Roberto, de catorce años, entra furioso a la casa, cerrando la puerta de un golpe, y se dirige directamente a su habitación. El abuelo lo llama, "¿Por qué no vienes para que podamos hablar?" Roberto responde con un grito, "¡Déjenme en paz!" El abuelo se queda callado, espera un rato y luego se dirige a la habitación de Roberto.

ABUELO: Me parece que no tuviste un buen día hoy.

ROBERTO: ¡Ay abuelo, por favor déjame en paz!

ABUELO: Está bien, lo haré. Pero antes quiero que recuerdes que si tienes deseos de hablar, siempre estoy disponible para ti.

Las diferentes edades, las necesidades diferentes, requieren de enfoques diferentes. A continuación, algunos ejemplos de diversas formas de escuchar a su hijo:

Tatiana, de cuatro años, y Carmen, su hermana de siete, van a un bazar de la iglesia con su padre. Tatiana está disfrutando de lo lindo en el carrusel, cuando Carmen anuncia que se siente mal. Cuando el padre le dice a Tatiana, "Tu hermana no se siente bien; tenemos que irnos," ella le ruega que la deje montar una última vez. El padre insiste que deben irse a casa, y entonces Tatiana hace un berrinche. El padre se siente mal de ver enojada a su hija de cuatro años, y entiende que está demasiado pequeña para comprender la situación de su hermana. Él se identifica con la frustración de Tatiana, pero está seguro de que está pensando en ella al actuar, pues está enseñándole a tener en cuenta los sentimientos de los demás. No le dice "niña mala," ni "niña malcriada." Más bien, le asegura que él comprende por qué está tan enojada, pero que llevar a Carmen a casa es su primera prioridad. También le ofrece a la pequeña una alternativa: "Tenemos que irnos, pero antes te compraré el helado que querías," y Tatiana se va tranquilizando de esta forma.

~

Martita, de seis años, regresa a casa después de su primer día en una escuela nueva, sintiéndose muy mal porque su familia se acaba de mudar y ella no conoce a ninguno de sus compañeros, quienes no la recibieron con calidez. Emilia, su madre, llama desde su nuevo trabajo en el banco para averiguar con la abuela cómo le fue a Martita, y para compartir su culpa por no haber llevado ella misma a la niña a la escuela. Juan, su esposo, estaba de viaje, y de todos modos él tampoco habría podido. Matilde, la abuela, tranquiliza a Emilia diciéndole que Martita estará bien tan pronto se adapte a su nuevo ambiente, y le repite a Emilia la conversación que sostuvieron ella y su nieta. Emilia siente que es una bendición que Martita cuente con una abuelita tan comprensiva y amorosa. A continuación el diálogo entre la abuela Matilde y su nieta:

MATILDE: Mi linda nietecita, comamos galletas con leche mientras me cuentas cómo te fue en tu primer día de escuela.

MARTITA: Me siento muy mal, abuelita; nadie jugó conmigo. No quiero volver a esa escuela. Quiero estar con Juanita y Alicia, que sí son mis amigas.

MATILDE: Ven acá te doy un abrazo y un beso. Eres una hermosa princesita, eres mi orgullo. ¿Cómo puedes pensar que nadie quería jugar contigo? A veces eso sucede en el primer día de escuela. A lo mejor todos los otros niños se sienten más cómodos con sus amigos de siempre. Yo sé que a mí me pasaría lo mismo, pero también sé que esa situación pasará.

MARTITA: Pero no conozco a nadie, abuelita.

MATILDE: Lo sé, preciosa, pero te aseguro que ya mañana conocerás mejor a tus compañeros y al día siguiente todavía más. Tengo una idea. Mañana, cuando vayas a clase, lleva el caleidoscopio tan bonito que te trajeron los reyes magos para que se lo enseñes a los otros niños. Verás que se divierten. Además, ¿recuerdas que te sentías muy sola los primeros días de jardín infantil?

MARTITA: Sí, abuelita, recuerdo, pero eso se me pasó.

MATILDE: Precisamente. Se te pasó. Y lo que sientes ahora también pasará. Ya verás.

MARTITA (abrazando a Matilde): Abuelita, abuelita, ¡Te quiero! ¿Me das por favor más galletas y más leche?

~

Víctor, de diez años, es mitad hispano y mitad chino. Un día regresa de la escuela muy angustiado porque sus amigos lo están presionando para que se declare Latino. Lo amenazan con golpearlo si no lo hace. La madre de Víctor insiste que él es Latino y asiático, y que debería sentirse orgulloso de ser ambas cosas. Le dice que ha decidido que mañana irá a hablar con esos niños y con sus padres para asegurarse de que no lo molesten más. Víctor no está de acuerdo. Cuando su madre procede a hacerlo, él siente que ha perdido aún más del respeto de sus compañeros. El resultado final es que Víctor deja de confiar en su madre—quien ni lo escuchó ni le hizo sentir que el conflicto que él estaba viviendo era algo que ella pudiera comprender—y deja de contarle lo que sucede en la escuela. La madre de Victor debería haber escuchado y analizado con su hijo soluciones aceptables para todos.

Para mejorar su capacidad de escuchar, siga los siguientes consejos:

- Evite las luchas de poder, reconociendo los sentimientos de su hijo.
- No resuelva todos los problemas de su hija como si hacerlo fuera una señal de amor.
- Si su hijo está muy angustiado, espere a que se haya tranquilizado para hablar con él. De otra forma pueden acabar discutiendo.
- Si el niño ha roto reglas, nunca lo amenace, diciéndole: "Te voy a cancelar las salidas durante meses." Más bien, aplíquele un castigo adecuado que corresponda al tipo de reglas que ha violado, y explíquele las consecuencias si no obedece. Por ejemplo: ya no se confiará en él para darle permiso de hacer algo que deser, puesto que no cumplió las reglas debidas.
- Establezca una rutina de pasar tiempo de calidad todos los días con su niña, bien sea que se trate de un bebé o de una adolescente. Si su niña es pequeña, pueden leer libros, escuchar música, hacer montajes de títeres, o jugar en el computador. Más adelante, el tiempo que comparten consistirá de hablar y escuchar. Recuerde que escuchar equivale a ser comprensivo con los sentimientos de su hija.

Consejo *No. 7*:
Opere con Canales de Comunicación Abiertos Siempre

Leticia, de siete años, regresa de la escuela hecha un mar de lágrimas. Zarela, su madre, está preocupada.

ZARELA: ¿Qué te pasa, cariño?

LETICIA: Umm . . . Bueno . . . mi amigo Rudy me pidió que lo dejara tocarme.

ZARELA (conservando la cordura y la serenidad): ¿Y tú qué le respondiste?

LETICIA: Le dije que eso no estaba bien.

MADRE: Sí, mi tesoro, Rudy no se comportó bien al pedirte eso. Cuando estés grande, decidirás ese tipo de cosas por ti misma. Me alegra tanto que me hubieras contado lo que te pasó. ¿Pero, por qué lloras?

LETICIA: Estaba confundida y tenía miedo. No sabía qué hacer.

MADRE: Pues bien, el hecho de que me lo contaras me demuestra que sabías exactamente lo que debías hacer. Quiero que sepas que siempre me puedes hablar de todo, porque te amo y siempre estaré disponible para ti.

~

Luis, de nueve años, regresa de la escuela angustiado, y le pregunta a su madre si puede hablar con ella. La madre está en el computador, tratando de cumplir una entrega de su trabajo como traductora. Trata de continuar trabajando y de escuchar a Luis al mismo tiempo. En algún momento, Luis se da cuenta de que ella realmente no le está prestando atención, y se marcha a su habitación, sintiéndose todavía peor. La madre se queja de que Luis nunca le cuenta las cosas. Ella podría haberle explicado que para ella es muy importante que él le cuente lo que le molesta, pero que quiere darle un tiempo de buena calidad, y por tanto lo buscará para que charlen apenas termine su trabajo.

Este último consejo requiere que usted y su hijo mantengan un diálogo abierto permanentemente. Al hacerlo, se puede lograr un propósito doble: primero, aumentar la probabilidad de que su hijo se dirija a usted cuando tenga algún problema—desde tener miedo de una mariposa hasta contarle cuando haya habido caricias inapropiadas. En segundo lugar, mediante su propio ejemplo de comunicación, le estará haciendo al niño un favor maravilloso—puesto que los expertos están de acuerdo en que pocas habilidades promueven tanto la autonomía y el amor propio en la edad adulta como la capacidad de comunicarse.

Mediante una buena comunicación usted refuerza la importancia del *familismo,* una de las más bellas tradiciones de la cultura Latina. El *familismo* da a entender que la familia está disponible para ayudarles a sus miembros en las buenas y en las malas.

Para que pueda existir una comunicación verdaderamente abierta, hay unas cuantas habilidades que es necesario dominar. A través de los años he descubierto que las siguientes recomendaciones son los boletos hacia la crianza productiva:

- Establezca confianza con su hija. No la juzgue ni la critique duramente. Utilice la lógica, no la emoción, cuando se comunica.
- Permítale a su hija cometer errores, luego pregúntele cuál es su interpretación de lo que ocurrió y por qué. Tenga paciencia y escuche.
- Muéstrele a su hija que entiende sus sentimientos, escuchándole con atención, sin culparla, y ayudándole a ponerle nombre a lo que está sintiendo: que está enojada, triste, insegura o contenta por algo.
- Nunca se exceda en su reacción, independientemente de lo que ella le cuente. Resérvese su juicio y no interrumpa hasta cuando ella haya terminado de hablar.
- Evite frases críticas por el estilo de "Te lo dije," "Nunca me prestas atención," o "Tú no escuchas."
- Mire a su hijo a los ojos mientras hablan.
- Esté pendiente de su propia comunicación no verbal—de los gestos y de las expresiones faciales.
- Busque momentos específicos para iniciar la comunicación, teniendo siempre en cuenta el nivel de desarrollo de su hija, de modo que pueda entender lo que usted está tratando de decirle.
- Utilice el ejemplo de una película o un cuento para corroborar su propia opinión.

LAS REFLEXIONES

A continuación hay una serie de preguntas, las *reflexiones*, para que pueda analizar cómo se percibe usted misma como madre. Después de que haya anotado sus respuestas medite sobre ellas y compárelas con los resultados de la prueba que tomó al comienzo de este capítulo. Tómese su tiempo. Pregúntese: ¿Qué he aprendido? ¿Qué tanto he avanzado sobre el camino de la adaptación cultural?

- ¿Qué tan buena madre es usted para sí misma? En otras palabras, ¿se regala usted tiempo para satisfacer sus propias necesidades? ¿Qué tan importante le parece que sea esto para mejorar sus habilidades como madre?

- ¿Se culpa por errores que cometió cuando en algún momento no tenía el conocimiento necesario para actuar de otra forma? ¿Qué tanta importancia le da usted a recordar que todos cometemos errores y que, de hecho, muchas veces éstos nos dan la oportunidad de crecer?

- ¿Cómo describiría sus sentimientos cuando está terriblemente furiosa? ¿Cree que la ira es "una emoción humana," una emoción muy normal, y que la forma como la procesamos es de gran importancia, o siente que debe reprimir todas las emociones fuertes y amenazantes?

- ¿Teme que se disgusten sus seres amados, *especialmente* cuando usted obra de acuerdo con lo que considera ser su deber de madre o padre?

- ¿Qué quisiera cambiar de su estilo para educar, qué atesora y qué quisiera retener? Quizás quiera anotar sus respuestas en una lista y conservarla, de modo que pueda revisarla más adelante, para ver hasta qué punto el *Nuevo Tradicionalismo* ha modificado su perspectiva y su comportamiento.

Le Dejo con O.R.G.U.L.L.O.

Quiero dejarle con O.R.G.U.L.L.O. para que se sienta orgullosa de sus capacidades como madre, lo cual le ayudará a relajarse y a no ser excesivamente aprensiva acerca del bienestar de su hijo. Confíe en su propia capacidad para desempeñarse bien, y tenga siempre en mente que los niños son considerablemente más flexibles que los adultos. Sencillamente ámelos a medida que sigue los *consejos* que dicta el O.R.G.U.L.L.O., y verá que su proceso de crecimiento será una experiencia mucho más placentera y positiva para todos.

Imagínese que oye la voz de su *abuelita*—mujer maravillosa y sabia—o la de otro pariente amado, y que esa voz le dice: "Me siento muy orgullosa de ti. Te amo. Quiérete a ti y a tus hijos, quiere tu cultura, pero mantén tus valores en equilibrio con aquellos de la nueva cultura en la cual ahora viven tú y tus hijos."

CAPÍTULO 2

Educar Hijos Es una Calle de Doble Vía: El Nuevo *Respeto*

Hágase la siguiente prueba para sintonizarse con su nivel de tradicionalismo en términos de *respeto*.

5=Siempre 4=A menudo 3=A veces 2=Rara vez 1=Nunca

1. ¿Piensa que explicarle a su hijo sus acciones disminuye su autoridad? _____

2. ¿Piensa que está malcriando a su hijo si le explica la razón de su proceder? _____

3. ¿Usted y su pareja se consultan las decisiones importantes de la educación, pero solamente uno de ustedes tiene la última palabra? _____

4. ¿Hace caso omiso de los sentimientos de su hija y, si es necesario, la reprende delante de sus amigas? _____

5. ¿Prohibe a su hija elegir la ropa que quiere ponerse para la escuela o para una fiesta? _____

6. ¿Si su hijo está en desacuerdo con usted, evita presentarle las razones por las cuales su opinión es diferente? _____

7. ¿Alguna vez ha evitado debatir en su casa el significado del *respeto*? _____

8. ¿Le exige a su hija *respeto* hacia los demás, independientemente de cómo la hayan tratado a ella? _____

Sandra está celebrando su quinto cumpleaños cuando su prima Blanca, también de cinco, le arrebata el globo y se queda con él. Sandra, a su vez, se lo arrebata a Blanca, una reacción muy normal para una niña de su edad, y su prima empieza a sollozar. "¡Mi globo, mi globo!" dice. En ese momento, el padre de Sandra entra a la habitación y observa la escena. Sin preguntarle a Sandra qué fue lo que provocó el incidente, le ordena que le devuelva el globo a Blanca. Sandra procura explicar, pero no se le permite hablar.

Desafortunadamente, al actuar de esa forma, el padre de Sandra deja de enseñarles a su hija y a su sobrina que se debe respetar la propiedad ajena. Más importante aún, no le concede a Sandra la oportunidad de explicar su versión de las cosas—es decir, que Blanca le quitó algo que le pertenecía. El padre no respeta las acciones ni los sentimientos de su hija, ni tampoco su propiedad. Papá resolvió el conflicto según los antiguos cánones del *respeto,* según los cuales a los niños no se les permitía defenderse o cuestionar el criterio de los padres; debían limitarse a obedecer.

Si la principal preocupación de Papá era inculcarle a Sandra *respeto* y enseñarle a ser *simpática,* tenía buenas intenciones, pero sus métodos eran contraproducentes. Lo que logró inculcar en las dos niñas fue la noción de que la vida no siempre es justa, una lección que ya tendrán suficiente tiempo de aprender más adelante. Habría logrado mucho más si hubiera seguido los *consejos* de O.R.G.U.L.L.O. que se describen en el Capítulo I para poner en práctica el *Nuevo Respeto.*

Muchos padres Latinos que crecieron en medio de experiencias semejantes a las de Blanca, sienten que sus métodos de crianza entran en conflicto con lo que yo denomino el *Nuevo Respeto.* El *Nuevo Respeto* se fundamenta en la creencia de que fomentar la sumisión, la obediencia absoluta y las desigualdades de género no le enseñará al niño a navegar con éxito en los mares de la cultura a la que se enfrenta todos los días. Es como si se esperara de uno que fuera el capitán de un gran barco en medio de aguas turbulentas sin jamás haberse acercado a un bote.

El Antiguo *Respeto* Versus el *Nuevo Respeto:*
Mundos Que Chocan

La mejor forma de comprender los conflictos que rodean el *respeto,* muy comunes entre Latinos con hijos en los Estados Unidos, es apreciar las definiciones tan diferentes que tiene la palabra en español y en inglés.

Dentro de la cultura norteamericana, el respeto implica una igualdad relativamente distante y segura. Para los Latinos, el *respeto* hace referencia a una relación que involucra un tipo de dependencia y sumisión altamente emocionales, dentro de un marco relativamente autoritario. En otras palabras, si bien en inglés el respeto significa tener a los demás en alta estima y reconocer la importancia de los demás, no comunica la deferencia y la búsqueda de aprobación que los Latinos han interiorizado—especialmente en cuanto a la forma en que los niños deben relacionarse con los adultos, un contexto en el que el *respeto* es, sin duda, una calle de una sola vía.

El Antiguo Respeto: *Una Calle de una Sola Vía*

Según vimos en la anécdota anterior, se espera tradicionalmente que los niños Latinos profesen un *respeto* absoluto hacia sus padres y hacia los adultos, pero, no se espera que los adultos respeten a los niños. Se cree que incluir los sentimientos de los niños en la resolución de conflictos les hará daño o los malcriará. De esta forma, el *respeto* se acerca mucho a las nociones tradicionales de obediencia, pero también incluye otras consideraciones tales como esperar que el niño valide los sentimientos de otros, mientras que la violación de los sentimientos del niño no hace parte de la ecuación. Punto.

No obstante, el antiguo *respeto* tiene también unas connotaciones hermosas y dignas que vale la pena conservar. Una forma maravillosa de enseñarles a los niños a respetar a los demás es a través de la enseñanza de la empatía, o la comprensión de los sacrificios y dedicación de los demás. Esto, sin embargo, debe evitar hacerse de una forma que genere culpabilidad. La idea es enseñarles a los niños a comprender los sentimientos de los demás, contándoles historias de las luchas, los sacrificios y los logros de sus antepasados. Hacerlo les confiere modelos poderosos de responsabilidad y valorización de la familia. En lugar de sembrar culpas comparándolos desfavorablemente con otros, ayúdeles a ver que son parte de esa familia maravillosa y de buen corazón.

El Nuevo Respeto: *Una Autopista Más Amplia*

La belleza del *Nuevo Respeto* es que incorpora aquellos aspectos de los valores de antes que atesoramos—apreciar a los demás, reconocer sus méritos, ser deferentes con las personas mayores, mantener la autodisciplina—sin limitarse a éstos sino yendo mucho más allá: la inclusión de los sentimientos de nuestros hijos en cada interacción con ellos.

Veamos cómo se ilustra lo anterior en varios ejemplos que contrastan el antiguo y el nuevo *Respeto*. Veremos también cómo estos padres podrían haber manejado las situaciones de otra forma, siguiendo los *consejos* del O.R.G.U.L.L.O.

La Manera de Antes

Los padres de Peter, de siete años, le ordenan que arregle su cuarto, el cual podría ganar fácilmente la medalla olímpica del desorden. Peter se las arregla para hacer de todo salvo organizar su cuarto, hasta que Mark, su amigo, llega a jugar. Puesto que su madre estaba en otro lugar de la casa cuando sonó el timbre, un buen rato pasa antes de que ella los descubra en el cuarto de Peter, jugando encantados en el computador en medio del caos. Mamá llama "puerco" a Peter delante de su amigo, le pide a Mark que se marche a casa, y le exige a Peter que arregle su habitación de inmediato. Cuando Mark se marcha, Peter se pone furioso con su madre:

PETER (sollozando): "¡Eres una mala mamá! ¡Nunca me dejas divertirme! ¡Odio que seas mi mamá!"

MAMÁ (procurando hacer caso omiso de sus palabras): "Peter, tu habitación estaba hecha un desastre. ¡Recoge de inmediato tus juguetes, tu ropa y tus libros!"

PETER (gritando): "¿Por qué hiciste que Mark se fuera a su casa? ¿Por qué me dijiste "puerco" delante de él? ¡Papá nunca es así de malo! ¡Te odio!"

MAMÁ: "¡Ahora sí! Te quedaste sin televisión durante un mes. ¡Me harté de ti! ¡Me estás volviendo loca! Eres un irrespetuoso. Más te vale que empieces a respetarme ¿me oyes?"

Esta clase de escena se produce más a menudo de lo que Mamá es capaz de manejar. Por eso, decide llamar a su amiga Elena, para buscar consuelo y contarle que Peter la está enloqueciendo. Le dice que él es terrible, que desobedece y le falta al respeto, y que francamente ella no sabe cómo manejar la situación. Su esposo regresa a casa demasiado tarde para ayudarle con Peter, y generalmente está cansado, por lo cual el trabajo de disciplinar a Peter es exclusivamente de la madre; y la buena disciplina parece ahora un sueño inalcanzable.

Después de agotar todas las formas de llegarle a su hijo, Mamá siente que no tiene más alternativa que ordenar ella misma el cuarto. Lo hace por desesperación y para evitar una guerra abierta, de modo que es, en el mejor de los casos, una solución temporal que garantiza que el problema quede sin resolver.

Ahora veamos cómo la situación se habría podido resolver de otra forma si la madre hubiera aplicado algunos de los *consejos* de O.R.G.U.L.L.O.—específicamente organizar sus emociones, respetar los sentimientos de Peter y ofrecer orientación consistente en lugar de dar órdenes.

Lo primero que la madre debe hacer es hablar de la situación con un aliado, en este caso el padre. Juntos pueden evaluar el problema y las opciones para resolverlo. Lo segundo que hay que hacer es establecer un canal abierto de comunicación con Peter. A continuación veremos cómo los padres de Peter aplicaron a la situación las técnicas del *Nuevo Respeto*.

La Nueva Forma

PADRES: Peter, queremos que guardes tus juguetes en esta bolsa cuando termines de jugar con ellos. El apartamento es pequeño y tenemos que guardar las cosas en su lugar cuando terminamos de utilizarlas para que todos puedan disfrutar del hogar. ¿Quieres que te recordemos cuando sea hora de ordenar? (Los padres han ofrecido una explicación y un plan de ayuda a Peter, a la vez que conservan su autoridad).

PETER: Pero este es mi cuarto. ¡El de ustedes también está desordenado!

PADRES: Nuestro cuarto tiene papeles apilados en orden en el suelo, porque utilizamos nuestra habitación como oficina. Es diferente de tener las cosas regadas por todo el piso. Realmente queremos que guardes tus juguetes en la bolsa cuando termines de jugar. ¿Cómo podemos ayudarte para que lo hagas? (Los padres no le dicen que es atrevido ni altanero ni irrespetuoso por alegar, sino que siguen explicándole sus razones, utilizando un enfoque siempre claro).

PETER: ¡Me podrían dejar jugar con Mark! (Manipulación).

PADRES: No Peter, no fue eso lo que te preguntamos. Te preguntamos cómo podemos ayudarte a recordar que debes poner los juguetes en la bolsa y cómo puedes arreglar el cuarto después de jugar. Tenemos una regla que nos funciona, y es que ordenamos nuestros papeles cuando terminamos de trabajar con ellos: no salimos del cuarto hasta no haberlo organizado. Es una buena regla para ti: pon los juguetes en la bolsa cuando hayas terminado de jugar. Puedes hacer una nota para pegar en el corcho de tu habitación que diga . . .

PETER (interrumpe, muy emocionado): ¡PONER JUGUETES EN LA BOLSA ANTES DE SALIR!

PADRES: ¡Suena bien! ¡Eres maravilloso! Esa regla funcionará bien.

PETER: Listo, Mamá, listo, Papá. Prometo guardar los juguetes en la bolsa.

Al día siguiente, Peter guarda sus juguetes, y tanto Mamá como Papá hacen comentarios elogiosos sobre lo bien que hizo el trabajo.

La Consistencia Es la Clave

Peter ha tenido unos cuantos olvidos desde el día de la conversación familiar, pero ambos padres han mantenido una posición firme, han explicado lo que piensan cuando es necesario, han aclarado las dudas de Peter, y no le permiten salirse con la suya en cuestión de manipulaciones, como cuando dice, "Déjenme jugar con Mark." No obstante, su acción más esencial fue incluir a los tres, no solamente a Mamá, en la resolución del problema. Puesto que Mamá y Papá presentaron un frente unido y fuerte pudieron, *sin perder autoridad,* pedirle a Peter que propusiera una forma de hacer su tarea que resultara aceptable y que sirviera para resolver el problema. Note que Mamá y Papá lo lograron sin dar órdenes tajantes y poniéndoles freno a las manipulaciones de Peter.

El viejo patrón de disciplina no había funcionado porque Mamá estaba reforzando el comportamiento de Peter al ser inconsistente: Peter sabía que si lograba aplazar el arreglo de su cuarto el tiempo necesario, Mamá acabaría haciéndolo, o bien comunicándole a los gritos que ahora sí la cosa iba en serio. Pero el juego era tan frustrante para Peter como para Mamá, porque los niños de siete años necesitan la estructura que proporcionan los adultos, aunque peleen conscientemente contra ella.

Deshacer hábitos viejos que no son productivos y trabajar para obtener resultados más positivos requiere paciencia, tolerancia y trabajo. En esta situación, un enfoque paciente, claro y estructurado fue premiado cuando los padres dijeron al unísono: "Peter, queremos que guardes tus juguetes en la bolsa cuando hayas terminado de jugar."

En este caso no había lugar para negociar: ellos se pronunciaron con claridad sobre la importancia de que Peter mantuviera su habitación en orden. El elemento crucial fue involucrar a Peter en la decisión y darle una estructura firme cuando fuera necesario—ambas estrategias funcionan mejor que dar órdenes o decir "lo harás porque yo digo que lo hagas."

Si los Niños Fueran Perfectos,
Serían Muñecos de Tamaño Real

No es realista esperar que su hijo se comporte a la perfección, o que sea como el niño que usted fue en el pasado, o que sea el niño de sus sueños. Muchos padres Latinos me han dicho que en el fondo quieren que sus hijos sean obedientes y dependientes de sus padres y mayores. Se trata, ciertamente, de un sueño, un deseo que se origina en la idea de conservar a ese niño perfecto y suyo para toda la vida.

¡Propiedad Privada!
¡Los Intrusos no Serán Respetados!

Durante el tiempo en que escribí este capítulo consulté con muchos padres, Latinos y no Latinos, acerca de algunos aspectos del *respeto*. Le pregunté a una madre norteamericana, amiga mía: "¿Alguna vez miraste en los cajones de tu hija, o le abriste su correspondencia?"

Ofendida, ella me respondió con un enfático, "¡Desde luego que no! ¿Por qué habría de hacer algo así?"

Una de las madres Latinas me dijo, "Mi madre siempre lo hacía." (Su madre, tenga en cuenta, ¡era una mujer educada, profesional, de segunda generación!).

Otra madre Latina me confesó que, como resultado de su terapia, había dejado hace poco de revisar los cajones de su hija y de mantener su prohibición de que hiciera ciertas cosas con la siguiente razón: "Las Latinas no hacemos eso. Tal vez lo hagan las norteamericanas, pero nosotras no." Para otra madre Latina, el desenlace del proceso fue el siguiente anuncio: "Por eso no quiero tener nada que ver con esa cultura," dando a entender su propia cultura Latina. Lo decía con desprecio y enfado, comunicando cuán alejada se sentía de su propio grupo. Pero si uno odia sus raíces, que son parte de uno, ¿no está uno rechazando una parte de sí mismo?

Las investigaciones muestran que mientras más se distancian las muchachas Latinas de su cultura, más problemas de personalidad presentan. La aculturación requiere combinar dos perspectivas diferentes de la vida, en lugar de adoptar una a costa de la otra. Por ende:

- Los padres sí deben participar en los asuntos de sus hijos, *y*
- La privacidad *sí* tiene límites.

Un cierto grado de privacidad puede ser respetado, y debe serlo, especialmente cuando se ha desarrollado una base fuerte de *confianza* en los hijos a través de una comunicación abierta. El punto central es que cuando es necesario modificar ciertos comportamientos, la mejor manera de lograrlo es mediante la comunicación con el hijo, comunicación que siempre debe incluir una planeación estratégica—en lugar de hacer las cosas a espaldas del niño o esperar hasta que ocurra una crisis y a que cualquier sugerencia se convierta en una orden.

Solamente Para Adultos—Planeación Estratégica Para la Exclusión Respetuosa

Sabemos que no es respetuoso y que no promueve el amor propio en los niños que los padres u otros adultos hablen como si ellos no estuvieran allí, como si los niños no pudieran entender las conversaciones de los adultos. Lo cual no quiere decir que los niños se deban igualar con los adultos o monopolizar una conversación que se lleva a cabo entre adultos; pero sí deberían tener la oportunidad de participar durante un período limitado de tiempo para aprender a conversar ágilmente.

Este comportamiento no se puede inculcar diciéndole al niño, cuando llegan los huéspedes, "Juanita, déjanos solos, ésta es una reunión de adultos," sino mediante la planeación estratégica—es decir, diciéndole al niño desde antes que llegue la visita que habrá una situación en la cual los adultos querrán hablar de cosas privadas. Se empieza por enseñarle a Juanita que los adultos hablan de cosas que no son apropiadas para los niños, y que se espera que ella se marche y los deje solos con sus invitados cuando le digan, "Ya puedes dejarnos, mi amor, gracias." Y si Juanita, de nueve años, no cumple las reglas, se le recordará después de que se vayan los invitados qué era lo que se esperaba de ella. Así se le enseña a Juanita la importancia de respetar los límites. Mientras más crezca, más tendrán que aplicarle a ella estos límites también. Puede que no sea fácil para los padres cambiar las viejas costumbres, la forma habitual de hacer las cosas, pero si lo hacen estarán en una posición ganadora.

La planeación estratégica debe ser aplicada, por ejemplo, cuando Juanita trae amigas a la casa, y quiere oír música o ver televisión con ellas en privado. No existe una formula mágica para determinar el nivel apropiado de privacidad que debe ser acordado con su hija. Es necesario evaluar la madurez, la edad y la autodisciplina de la niña. Sé, por innumerables conversaciones con padres Latinos y por mi propia experiencia como madre Latina, que no es una buena práctica dejar a los niños sin supervisión. Pero cerrar la puerta de la habitación no es lo mismo que dejar a los niños sin supervisión. También sé que no es una buena práctica establecer unos límites tan rígidos a la privacidad que el niño sienta que no le tienen confianza, solamente porque así fue como usted creció. De nuevo, en este caso, el enfoque que mejor respeta los deseos de la hija y de los padres es la planeación estratégica, el cual debe incluir una explicación muy clara de "las reglas de la casa" y espacio para que su hija exprese, por ejemplo, que quiere estar a solas con su amiga viendo televisión en el cuarto. La mejor manera de proteger a su hija, a la vez que honra su autonomía, es no estar presente el cien por ciento del tiempo, pero sí debe comunicarle muy claramente sus valores y hacer énfasis en las reglas de la casa. Si este proceso no se instituye en la infancia, podría dar lugar a problemas más adelante. Por ejemplo, los padres tradicionales olvidan a menudo que deben respetar a sus hijos cuando son adultos, y que deben respetar la forma como esos adultos educan a sus propios hijos.

El Respeto y el Hijo Adulto

Observar el comportamiento de Anita con Melanie, su hija de veintiséis años, me recordaba cuán a menudo los padres no respetan los sentimientos de sus hijos, incluso cuando los hijos ya son adultos. Anita y Melanie se la pasan discutiendo, porque Anita siente que Melanie no la respeta, cuando ésta cuestiona a su madre por utilizar su tarjeta de crédito sin consultarle—y Melanie no se entera sino cuando recibe la cuenta de cobro—además, Anita se pone la ropa de Melanie sin pedirle permiso, saca dinero de su billetera y toma, sin consultarle, decisiones que afectan el hogar. Cuando Melanie se queja, su madre no le hace caso y se ofende porque siente que así fue como la educaron a ella—le enseñaron a no cuestionar a su madre—y así es como Anita espera que Melanie se debería comportar.

El colmo fue que un día, Anita le pide a Melanie y a su novio, Michael, que la acompañen a ella y a la abuelita Zulema a ir a algún lugar en auto. Michael quería conducir su propio auto, que era más cómodo, pero Anita insistió en que fueran en el de ella. Como sabía que Zulema prefiere el asiento de adelante, Anita la dirigió hacia el asiento delantero, al lado de Michael, quien conducía, y mandó a Melanie al asiento de atrás.

Le pregunté a Anita por qué no le preguntó primero a Melanie si este arresto le parecía bien. Me miró con sorpresa porque, en su opinión, como se trataba de su auto, no estaba obligada a consultarle a Melanie. Para mí era obvio que Anita no estaba captando la idea central, que se basaba en ser sensible al hecho de que quizás Melanie quisiera sentarse al lado de su novio para poder charlar y no quedar relegada, como si fuera una niña, a sentarse atrás con su madre. Si Anita estuviera en plan de respetar las necesidades de Melanie, por lo menos le habría preguntado, "¿Te parece bien?" o Anita podría haber conducido el auto, de modo que Melanie y su novio se sentaran atrás. En los viejos tiempos, era la madre quien se sentaba con el novio, no la hija. Sin darse cuenta, Anita seguía imponiendo un modo de respeto ya anticuado y que sólo produciría tensiones entre madre e hija.

Límites y Fronteras

Es importante anotar que Anita se queja a menudo de que Melanie no la respeta, y cita como evidencia los problemas de límites. No debería sorprendernos que la abuelita Zulema se comporte de la misma forma con Anita. A continuación, una solución moderna:

Anita puede respetar la preferencia de su madre de sentarse en el asiento de adelante, pero consultándole a Melanie, o, como mínimo, informándole antes. Anita debe reconocer que Melanie es una mujer adulta que tiene todo el derecho de querer sentarse al lado de Michael, su novio. Dadas las circunstancias, sería normal que Melanie quisiera sentarse adelante, y Anita debería respetar ese deseo. Pero en un hogar en que los valores Latinos son apreciados, Melanie seguramente le habría cedido su puesto a la abuelita. No obstante, se le debería haber dado la opción de decidirlo por sí misma.

La mejor solución es mantener el equilibrio entre la práctica cultural de antes y la nueva. En mi trabajo con familias, he visto que esta inclusión sirve para prevenir lo que yo llamo el Síndrome del Péndulo Cultural. Analicémoslo ahora en términos de *respeto*.

El Síndrome del Péndulo Cultural: Como No Cambiar con los Tiempos

El síndrome del péndulo cultural ocurre cuando los padres se distancian totalmente de la forma de crianza que les tocó a ellos—la cual detestaban consciente o inconscientemente—sencillamente porque no saben que existe la opción de equilibrar lo nuevo y lo viejo. Les permiten a sus hijos hacer lo que quieran en el nombre de la libertad, la autoestima y el amor. Pero permitirle a un hijo la falta de respeto a los padres y a los mayores lo encamina hacia graves problemas, como en el caso de Mariana.

Mariana, de cinco años, es la niña de los ojos de Regina, su madre. Regina es Latina de segunda generación, está casada con un norteamericano, y se define como aculturada. Está decidida a darle a Mariana la mejor educación—diferente a la de ella, que exigía *respeto* y *obediencia* de un modo absoluto—y lo que ella llama "esos valores Latinos fabulosos."

Mariana y Regina estaban de visita en casa de amigos, y Mariana procuraba ser el centro de atención, lo cual perturbaba los planes de la anfitriona. En vista de que Regina no se hacía cargo de su hija, la anfitriona le pidió a Mariana que jugara con los otros niños en la habitación contigua. Mariana le respondió: "Qué cosa más tonta estás diciendo." Regina ni intervino ni reprendió a Mariana, y tampoco se disculpó con la anfitriona.

Y no se trata de un incidente aislado. Regina está permitiendo que el péndulo oscile hasta el otro extremo. Su renuncia a disciplinar a Mariana es lo que llamamos "comportamiento de transferencia": Regina rechaza el hecho de que le hayan dado múltiples órdenes en la infancia, está "representando" ese rechazo al dejar que Mariana sea malcriada y no respete a las personas mayores, y está aplazando el desarrollo de su hija como persona de una forma que más adelante puede tener un costo muy alto.

El *Nuevo Respeto* Es un Asunto Muy Serio

Como mencioné anteriormente, existe el antiguo *respeto* y el nuevo *respeto.* Ambos son útiles, pero algunos aspectos del antiguo *respeto* ya no funcionan. Poner en práctica el *Nuevo Respeto* puede ayudarles a los padres a evitar enfados, frustraciones e, incluso, penas.

Una terapeuta que presta asistencia en una clínica del suroeste reporta en *Womennews,* un sitio de Internet, que se siente abrumada por la cantidad de adolescentes Latinas que intentan suicidarse. Está sorprendida por la estadística, debido a que las familias Latinas son unidas y los miembros de la familia se apoyan entre sí, dos componentes que la literatura profesional sobre el tema presenta como cruciales para evitar el riesgo de suicidio. No obstante, esta deprimente estadística ha sido corroborada por la *National Alliance for Hispanic Health.* Tan solo en julio del año pasado, el *Journal of the American Medical Association* (JAMA), exponía la teoría de que los intentos de suicidio son mucho más frecuentes en las adolescentes Latinas que en las adolescentes negras o blancas.

La razón puede ser en parte el alejamiento de la cultura Latina. El doctor Glenn Flores, un pediatra epidemiólogo que ha estudiado el comportamiento escribe: "Descubrimos en nuestras investigaciones que mientras más americanizados o aculturados estén los

niños Latinos, peor será para su salud." Estos estudios indican claramente que la mejor forma de criar a un niño de un origen cultural
diferente es lograr que ese niño pueda funcionar en ambas culturas.
Sabemos que muchos adolescentes se sienten confundidos cuando
se enfrentan a dos tipos de expectativas diferentes por parte de las
dos culturas. Y es en este punto en el que los niños necesitan el apoyo
pleno de sus padres para ayudarles a aprender a funcionar de forma
bicultural y bilingüe.

Padres: Los Mejores Maestros

Muchos investigadores en temas de la salud mental corroboran que
los adolescentes, por naturaleza, quieren hacer las cosas a su manera
y a la manera de sus compañeros. Cuando no reciben el apoyo de la
unidad familiar, pueden empezar a mentir, a distanciarse o a vivir
frustrados. La lista de riesgos a los que se enfrentan los niños Latinos
en esas circunstancias incluye la depresión, el suicidio, un alto consumo de drogas, la delincuencia, el consumo de alcohol, el embarazo, la baja autoestima, y el abandono de sus estudios. Estos riesgos
pueden ser reducidos mediante la cercanía familiar o inculcando *respeto,* pero sin olvidar nunca que el *respeto* debe ser una calle de doble
vía si esperamos que los niños se sientan cómodos reconociendo los
errores que inevitablemente todos cometemos.

Lo que hay que hacer es enseñarle al niño, con entendimiento y
respeto, a expresar y canalizar su ira de una forma *constructiva*. Los
padres pueden enseñarles a sus hijos eso y mucho más; ellos son los
mejores maestros. Pueden ser los facilitadores que necesitan sus
hijos para aprender a funcionar en la cultura norteamericana, lo-
grando un equilibrio que les permita a los niños retener lo mejor de
ambos mundos.

R.E.S.P.E.T.O.: Los Siete Puntos de Luz

El equilibrio es una parte esencial del *Nuevo Respeto*. Ser personas biculturales y bilingües equilibradas que valoran ambas culturas, la Latina y la norteamericana, puede ser una fuente de orgullo y bienestar
para nuestros hijos. Ellos no deberían sentir que ninguna parte de lo

que son es inferior o indeseable. Para poder ser modelo de este equilibrio, para demostrarlo, mírese a sí misma, mire a su alrededor, y reflexione sobre la forma como se relaciona con su suegra y con otros miembros de la familia, y la forma como ellos se relacionan con usted. Mantener y adaptar lo mejor de las culturas Latina y norteamericana es posible si se aplica lo que llamo los Siete Puntos de Luz, o la esencia del *Respeto*.

Los Siete Puntos de Luz les han resultado muy útiles a los padres Latinos para quienes la manera de antes no estaba funcionando. Cuando aplicaron estos nuevos sistemas, sintieron que estaban inculcando un *respeto* nuevo y poderoso, y que estaban educando a un hijo obediente que se comunicaba con ellos y era capaz de expresar sus sentimientos. El resultado es un niño Latino más feliz, mejor adaptado, más obediente y más encantador.

La Esencia del Nuevo Respeto: *Los Siete Puntos de Luz*

1. R   Repítale a menudo a su hijo las cosas que más le gustan de él
2. E   Explíquele a través del diálogo el significado de las nuevas experiencias
3. S   La forma de expresar sus deseos y exigencias debe ser simple y clara
4. P   Proporciónele a su hijo oportunidades para desarrollar sus habilidades y fortalezas
5. E   Exprese sus sentimientos como sentimientos, no como juicios
6. T   Tómese el tiempo que requiere escuchar a su hijo cuando él tenga un problema
7. O   Oriéntelo para que comprenda los sentimientos de las otras personas

Punto de Luz No. 1:
Repítale a Menudo a Su Hijo las Cosas que Más le Gustan de Él

Enfoque los aspectos positivos de su hijo. Identifique las cualidades que más le gustan de él y anótelas. Piense si éstas son características que también usted aprecia en sí misma, o si quizás le hacen falta hasta cierto punto. Propóngase contarle a su hijo exactamente cuáles son esas cosas positivas.

Algunos padres Latinos se pliegan a una creencia tácita de que decirle a un hijo que es maravilloso lo malcriará. Sienten que es mejor fomentar la humildad, y por ello evitan el refuerzo positivo. En mi opinión, nada podría estar más alejado de la realidad. En mis consultas, he visto una vez tras otra los grandes beneficios que se derivan de validar el *orgullo* de un niño. Veamos cómo la manera de antes puede ser modificada para que se incluya la nueva forma de *respeto*.

La Manera de Antes

Margarita, de doce años, ha cambiado de la noche a la mañana. Petra, su madre, se da cuenta de que ahora Margarita escribe un diario, habla muy bajito por teléfono y cierra la puerta cuando está en su habitación. Petra le dice a Margarita que debe dejar la puerta abierta cuando esté hablando con Romilda, su amiga. Cuando Margarita descubre que Petra ha estado escuchando detrás de la puerta y leyendo su diario, se queja. Petra le dice a Margarita que ella es su madre, que lo hace por amor y que debe estar pendiente de su bienestar. Margarita, por otro lado, resiente que Petra no confíe en ella y no la respete.

La Nueva Manera

En lugar de comportarse de manera suspicaz, oyendo detrás de las puertas o leyendo el diario de Margarita, Petra restablece una conversación con Margarita en la que le cuenta lo que le preocupa. Petra le pide a Margarita que se sienten a hablar. Petra empieza por reconocer que Margarita tiene derecho a su privacidad (al hacerlo evidencia respeto por su hija), pero le dice que le preocupa que algo no ande bien, y le asegura que la ama demasiado como para dejarla hacer cosas que podrían hacerle daño. Le dice a Margarita que las madres de preadolescentes se preocupan naturalmente por las drogas, las relaciones y las malas compañías.

Margarita, a su vez, le explica a Petra que se siente mayor y que ha empezado a anhelar su privacidad, tal como se lo ha enseñado Petra, pero que no está interesada en las drogas, ni siquiera en muchachos. Petra le dice entonces a Margarita que confía en ella y que siempre estará disponible para ella.

Punto de Luz No. 2: Explíquele a Través del Diálogo el Significado de las Nuevas Experiencias

Considere la importancia de las nuevas experiencias en la vida de su hijo, e inicie un debate acerca de éstas. Puede ser que sean experiencias alrededor de la muerte, un divorcio, la pérdida de un amigo o de uno de los abuelos, un cambio de escuela, el traslado a un nuevo apartamento, país o vecindario. Todas ellas afectan lo que la niña siente y piensa de sí misma y de todo lo que la rodea. Quizás hasta usted esté sintiendo algo semejante. Sin embargo, la persona más apropiada para hablarle de los sentimientos y preocupaciones de su hija, es ella misma.

Yo no podría hacer demasiado énfasis en la importancia que tiene encontrar tiempo—diariamente, en lo posible, pero decididamente una vez a la semana—para sentarse con su hija, y preguntarle qué hay de nuevo en su vida y cómo se siente frente a esos cambios. Esto le proporcionará la comprensión que anhela y necesita, y le permitirá convertirse en una zona de protección contra factores estresantes que pueden afectar seriamente la autoestima o pueden poner en peligro el bienestar de su hija. Los profesionales en el campo de la salud mental han descubierto que cuando un niño se siente aislado de los demás, esto puede llevarlo a una actitud misteriosa, a la depresión, las drogas, las malas compañías y a muchas otras cosas negativas. Pregúntele a su hija qué está pasando en su vida. ¿Siente que está adaptada a su grupo? ¿Se siente impopular? ¿Se siente fea o inferior a sus compañeras?

Si a su hija le cuesta trabajo hablar, puede empezar por compartir con ella sus propias novedades. Cuéntele sobre sus nuevas experiencias y sobre sus sentimientos. Sea sincera, pero no utilice a su hija como receptora de sus ansiedades. Su meta es modelar y demostrar cómo se hace una descripción realista de las emociones, para que ella la pueda imitar.

La Manera de Antes

Ramón, de siete años, le pregunta a Rosina, su madre: ¿Papá y tú se van a divorciar, verdad?

Rosina: No te preocupes. Estaremos bien.

Ramón: Pero Mamá, te vi llorando y gritándole a Papá que querías divorciarte.

Rosina: No te preocupes por nada. Estaré bien. Todo está bien. Ve a jugar.

La Nueva Manera

Rosina le dice a Ramón, "Papi y yo tenemos algunos problemas. Hemos tratado de solucionarlos, pero a veces las personas que se amaban dejan de hacerlo y también dejan de entenderse. Pero esto solamente les sucede a las parejas, nunca a los padres con los hijos. Papi y yo siempre estaremos disponibles para ti. Hemos dispuesto las cosas de forma que—esperamos—esta situación no te haga daño, pero ambos queremos saber si algo te preocupa en cualquier momento, sea lo que sea. Trataremos de estar disponibles juntos para ti, pero lo más importante es que ambos te queremos mucho."

La manera de antes busca proteger a Ramón del malestar que le produce el divorcio inminente de sus padres, pero no reconoce que él ya está consciente de lo que está sucediendo, y que se beneficiaría de una explicación clara y apropiada para su edad que valide su conocimiento y sus emociones. Esta manera no respeta sus sentimientos.

Los *consejos* de O.R.G.U.L.L.O. le habrían ayudado a Rosina a comprender que aunque se sienta culpable acerca de la decisión de divorciarse, necesita mantener un diálogo abierto con Ramón acerca de lo que está sucediendo para que él pueda ventilar sus sentimientos de soledad y olvido. Solamente así podrá tranquilizarlo en el sentido de que ciertamente algunas cosas van a cambiar, pero que siempre contará en todo con un padre y una madre que lo aman.

Punto de Luz No. 3:
La Forma de Expresar Sus Deseos y Exigencias Debe Ser Simple y Clara

El Punto de Luz No. 3 requiere enganchar a todos los integrantes de la familia en una comunicación sana, en la que se utilicen pronunciamientos simples y claros. Usted debe decirle a su hijo por qué no quiere que traiga a casa a un determinado amigo, pero también debe respetar sus sentimientos si no entiende sus razones. No le diga, "punto final," para luego negarse a explicar el porqué de su opinión. Puede ser que al hablarle a su hijo usted cambie de parecer acerca de las visitas de ese amigo, pero de todos modos debe decirle claramente que quiere saber lo que está pasando y que está dispuesta a tomar medidas cuando no esté tranquila con las actividades entre los dos niños. Su decisión, desde luego, depende de la gravedad de la situación y de lo que sus instintos le dicten acerca de si debe ser flexible con su hijo en este conflicto en particular.

La Manera de Antes

Magaly alcanza a oír una conversación entre Ana María, su hija de trece años, y su amiga Evelyn, de la misma edad, en la cual Ana María se expresa de forma vulgar. Magaly entra a la habitación, y le dice a Ana María que deje de hablar de esa forma y que la próxima vez que le oiga ese tipo de palabras le lavará la boca con jabón. Luego le pide a Evelyn que se marche a su casa, diciéndole que está tarde, aunque todavía es temprano. Ana María se disgusta mucho, y exige saber por qué su madre hizo lo que hizo. Magaly le dice: "Porque no has respetado tu casa; es inaceptable y no quiero volver a ver a Evelyn en esta casa. Apuesto a que es culpa de ella que hables de esa forma."

La Nueva Manera

Magaly espera hasta que Evelyn se marche a casa, y le dice a Ana María que necesitan hablar. Le dice que entiende que hoy en día muchos niños dicen palabrotas para sentirse grandes y de mundo. También sabe que es imposible para los niños no estar expuestos a las malas palabras que hay en el cine y en la televisión. Sin embargo, Magaly le dice que se siente muy incómoda con este tipo de lenguaje, porque va en contra de los valores con los que creció. También dice que quisiera saber cuál es la posición de Ana María, y que respeta sus sentimientos, así sean radicalmente diferentes de su forma de ver las cosas:

ANA MARÍA: Mamá, no vale la pena. Todos los muchachos hablan así, ¿qué tiene de grave?

MADRE: Me doy cuenta de que esa forma de hablar es común en muchos ambientes hoy en día, pero quiero ser muy clara en que me siento incómoda con ese lenguaje vulgar y no quiero que tú lo utilices. Es una falta de respeto contigo misma.

ANA MARÍA: Mamá, todo el mundo habla así. ¡Me sentiría como una tonta si fuera la única que no lo hace!

MAMÁ: No creo que las personas que cuenten con un buen vocabulario y que se respetan a sí mismas hablen de esa forma. Reconozco que a veces, cuando estamos enojados, maldecimos, pero no como costumbre. Sé que muchos adolescentes utilizan meras palabras para sentirse mayores, pero se trata realmente de una actitud inmadura. Y lo que es más importante, no me resulta aceptable a mí.

ANA MARÍA: Está bien Mamá, entiendo que se trata de algo muy importante para ti y que así son las reglas de la casa, y trataré de tenerlo en cuenta.

MAMÁ: Gracias, Ana María.

El mensaje de Mamá es claro y conciso. Ana María pudo expresar su postura, siempre y cuando prestara atención al punto de vista de su madre. En ese diálogo había respeto de ambas partes.

¡No Refunfuñe, Explique!

A veces no es tarea fácil prescindir de estilos de antes que ya no funcionan. Se convierte en algo mucho más complicado cuando ciertas fuerzas agotadoras se conjugan con cambios, como en el caso de la familia de Ramiro y Elena.

Ramiro y Elena tienen tres hijos, de tres, seis y doce años. Elena procura hacer todas sus llamadas telefónicas cuando los niños están viendo televisión o haciendo las tareas, para evitar que la interrumpan. No obstante, pareciera que siempre que está hablando por teléfono, todos necesitan preguntarle algo, incluyendo a Ramiro. Elena responde las preguntas de todo el mundo, pero está furiosa. Cuando cuelga el teléfono, les dice a los gritos cuánto le molesta que la traten de esta forma.

Explorando el tema con la familia, se establece claramente que, en ese hogar, interrumpir y otras contravenciones por el estilo son la norma. También se hace evidente que la misma Elena interrumpe a los niños cuando están en el teléfono o con sus amigos, para exigirles que cumplan con los deberes asignados, algo que podría esperar hasta más tarde, y también les hace preguntas que no son urgentes. También lo hace con Ramiro. A todos les disgusta ser interrumpidos, y la familia tiene tantos problemas, acusaciones, peleas, insultos y frustraciones que se ven obligados a buscar ayuda profesional.

Todos los integrantes de esta familia se han gritado, se han puesto furiosos y se han acusado, pero nunca se han sentado a comunicarse con el ánimo de establecer reglas claras y encontrar soluciones a las interrupciones. Necesitaban aplicar en este caso los *consejos* de O.R.G.U.L.L.O. Por ejemplo, necesitaban explicarles a los más pequeños cómo esperar cuando Mamá está en el teléfono utilizando el *consejo* No. 7—Opere con canales de comunicación abiertos siempre. Mamá y Papá necesitaban demostrarle a su hija mayor mediante el ejemplo que a todos hay que respetarles su espacio. Esto se traducía también en no interrumpirla a ella cuando está con sus amigas. Los *consejos* No. 2 y 3 de O.R.G.U.L.L.O.: respete los sentimientos de su hijo; guíe y enseñe, no ordene. Mediante una colaboración respetuosa, y después de aplicar estos *consejos,* el problema quedó resuelto.

En este caso, "la manera de antes" era el resultado de las experiencias de infancia de Ramona y de Ramiro. Ambos se habían criado en hogares en donde no se respetaban los espacios, en donde todos entraban a la habitación de todos, en donde Papi y Mami se sentían con el derecho de revisar los cajones de sus hijos y a los niños se les prohibía cerrar la puerta del cuarto. Ramona y Ramiro ni siquiera estaban conscientes de que para poder establecer límites tenían que escuchar a sus hijos, aclarar sus propias expectativas y respetar los límites de todos.

Punto de Luz No. 4: Proporciónele a Su Hijo Oportunidades Para Desarrollar Sus Habilidades y Fortalezas

Identifique las habilidades especiales de su hijo—no las suyas, ni las de su pareja ni las de sus suegros. Esto generalmente se logra permitiéndole al niño ensayar una variedad de cosas, como estudiar diferentes instrumentos musicales y participar en varios deportes. Si la niña muestra algún talento especial, dígaselo. Si se entusiasma con la actividad, pero no parece tener aptitud, trate de reorientarla con discreción hacia actividades en las cuales tiene más probabilidades de éxito. Comparta sus propias fortalezas con ella, pero recuérdele que todos somos diferentes, como las huellas digitales, y que todos tenemos que probar antes de descubrir para qué somos buenos. Lo que viene a continuación es un caso ilustrativo.

La Manera de Antes

Julia, de diez años, sabe perfectamente que su actuación en la obra de teatro de navidad es observada atentamente por sus padres, quienes están entre el público, y quienes preferirían que ella estudiara piano, algo en lo cual ella no está interesada. Julia se pone tan ansiosa que olvida su diálogo. Camino a casa, sus padres le dicen a la niña que deje de llorar; que no es importante, es tan solo una obra de teatro escolar; no entienden por qué estaba tan nerviosa. A continuación, el diálogo al estilo de la manera de antes:

PAPÁ: No entendemos por qué no estudias piano, como la tía Betina. Ella te enseñaría con mucho gusto, y eso hace más parte de la tradición familiar. Tu madre siempre ha soñado con tocar el piano. Como nunca lo hizo, estaría encantada de que tú aprendieras. Ser actriz es difícil, y hay que ser extremadamente bueno porque la competencia es dura. ¿Estás segura de que eso es lo que quieres? ¿Estás segura de que eres realmente buena en eso?

JULIA: Pero es que a mí no me gusta tocar piano. Eso es lo que *ustedes* quieren que yo haga. Siento que me están obligando y que ustedes me están diciendo que no soy buena para la actuación. ¿Cómo saben? Lo que pasa es que no me apoyan.

El llanto de Julia empieza a perturbar a sus padres, quienes están haciendo lo posible por tranquilizarla, sin mucho éxito. Julia está inconsolable y no puede parar de llorar, aun cuando su padre le ordena que pare. Los padres no se dan cuenta de que están imponiéndole a Julia sus deseos, y que no la están animando a explorar lo que a ella le gusta. Tampoco se dan cuenta de que Julia solamente tiene diez años, y que podría fácilmente cambiar de parecer acerca de su vocación de actriz, pero su oposición tiende a afianzar el empeño de Julia. Necesita tener la oportunidad de explorar sus verdaderos talentos, no ser obligada a cumplir los deseos de sus padres.

La Nueva Forma

JULIA: Estoy triste. Para mí es muy importante actuar. De verdad quiero ser actriz cuando sea grande.

PADRES: Nos duele verte tan triste. No nos preocupa que hayas olvidado tu diálogo, pero nos preocupa mucho verte tan triste. Entendemos que se trata de algo muy importante para ti. Quisiéramos saber qué pasó en el escenario. ¿Nos lo puedes contar?

JULIA: Estaba muy preocupada de que ustedes se decepcionaran de mí y se enojaran si no me iba bien, y yo sé que ustedes preferirían que yo tocara piano. Me puse tan nerviosa, que se me confundieron todas las líneas. Fracasé. No soy buena para actuar.

PADRES: Ah, ya entendemos. En primer lugar, tú no fracasaste. Tienes que seguir practicando y trabajando para desarrollar tus habilidades como actriz. Si eso es lo que piensas que quieres ser, dedícate a ser buena en lo que te gusta, no en lo que a nosotros nos gusta. Pensábamos que podrías tener talento para tocar el piano, pero quizás tienes talento para actuar, y creemos que debes ir tras tus metas y deseos. Te apoyaremos al cien por ciento, porque creemos en ti y te queremos mucho.

Además, pensamos que debes sentirte muy bien por el hecho de que, a pesar de todo, te quedaste ahí para terminar la obra. Eso nos revela mucho acerca de tu valentía y dedicación, y estamos muy orgullosos de ti. Se requiere mucho entrenamiento y perseverancia para desempeñarse bien en lo que queremos, y apenas estás empezando a aprender sobre la actuación. ¿Quieres que te busquemos un maestro de teatro para que te ayude en eso? Recuerda que nunca debemos permitir que los errores que cometemos nos desanimen. Nosotros también cometemos errores. ¿Te parece que somos unos fracasados?

JULIA: ¡No! ¡Yo los quiero mucho! Y gracias por hacerme sentir mejor y ver las cosas como las veo yo. Yo sé que preferirían que yo aprendiera a tocar piano, pero a mí no me gusta el piano. Me encantaría recibir clases de actuación para tratar de desarrollar mi talento.

A los padres de Julia les preocupa que actuar sea demasiado difícil y competitivo para ella. Están ansiosos porque quieren protegerla, quieren que considere otras profesiones y piensan que podría tener un complemento con lecciones de piano. Pero su comprensión aumentó al entender los deseos de Julia, al comunicarse con ella y escuchar las razones por las cuales ella quiere ser actriz. Esto sirvió para aclarar sus sentimientos y deseos, al igual que los de Julia, y para comprender hasta qué punto sus temores y preocupaciones les estaban impidiendo apoyar a Julia y entender sus metas de largo plazo. Entendieron que Julia necesitaba todo su apoyo para desarrollar su pasión.

Entonces le proporcionaron la oportunidad de desarrollar sus capacidades de actuación, para descubrir si de verdad tenía el talento y la determinación necesarios para el éxito. Si en el transcurso de su entrenamiento ella descubre que carece de talento o perseverancia, lo habrá hecho en su momento. Si los padres de Julia hubiesen insistido en hacer lo que ellos querían, quizás ella habría forzado las cosas en dirección contraria, rechazando de plano sus deseos de que tomara lecciones de piano. Los padres de Julia también recordaron la importancia de elegir cuidadosamente sus batallas. Impedir que Julia desarrollara los talentos que ella creía tener no habría sido una elección práctica, y habría sido un irrespeto a su individualidad. Podemos ver en este caso una aplicación, con buenos resultados, de los *consejos* 1, 2, 3, 5, 6 y 7: Organice sus sentimientos, Guíe y enseñe a su hijo, no le ordene, La importancia de amar a su hijo por ser quien es, La importancia de escuchar a su hijo y Opere con canales de comunicación abiertos siempre.

Punto de Luz No. 5:
Exprese Sus Sentimientos Como Sentimientos, No Como Juicios

El Punto de Luz No. 5 tiene que ver claramente con expresar sus sentimientos sin juzgar a su hijo. Por ejemplo, le puede decir a su hijo, "Cuando haces esto o aquello, no me gusta," en lugar de, "Eres imposible, no puedo manejarte." También puede decir, "Me parece una falta de respeto que la gente me hable como tú me acabas de hablar, no lo vuelvas a hacer," en lugar de decirle a su hijo que es altanero y desagradable. Puede decirle también, "Sencillamente, no está permitido; no me gusta; no lo vuelvas a hacer," en lugar de, "¿Por qué será que siempre estás haciendo estas cosas para hacerme enojar?"

Si expresa sus sentimientos con calma, el efecto es tranquilizador, y con frecuencia logrará desactivar una situación tensa. Si está muy alterado, trate de guardar silencio. Cuando se tranquilice, dígale a su hijo, "Tenemos que hablar." Si se enoja y empieza a gritar, recuérdele, sin gritar usted, que ese comportamiento no es aceptable. Si él percibe que usted está controlado, él también se controlará, aun si le toma un rato. Mediante el ejemplo, muéstrele a su hijo que su comportamiento no es aceptable. Si él percibe que usted tiene control, también se controlará, aunque le tome un poco de tiempo. Mediante el ejemplo, muéstrele a su hijo que los sentimientos fuertes también se pueden expresar con serenidad y respeto. Nunca lo califique como descuidado, perezoso, llorón o cualquier otra cosa denigrante.

La Manera de Antes

Samuel, de cinco años, se pone furioso cada vez que Lula, su hermana de dos años, juega con los juguetes de él. Una mañana, descubre que su camión favorito está averiado; hace una pataleta, llora y le grita a Lula. Su padre le dice que pare el escándalo y que no sea tan llorón.

SAMUEL (sollozando): ¡Pero si ella me dañó el camión, me lo dañó!

PADRE: No deberías haberlo dejado en el piso. Eso es lo que pasa cuando eres descuidado y se te olvida poner las cosas donde te hemos dicho que las pongas. Es culpa tuya. Eso te enseñará a tener más cuidado.

(Piense en qué sentiría si alguien le dijera que usted mismo tuvo la culpa de que se le perdiera algo importante, y usted ya se estuviera sintiendo mal por ello).

La Nueva Forma

PADRE: Samuel, entiendo que te enojes si Lula dañó tu camión, yo también estaría molesto, pero ella no lo hizo a propósito, es una bebé. Mami y yo nos sentimos mal cuando le gritas a Lula de esa forma. No hay razón para gritar, aunque estés muy enojado. Qué tal si tú y yo encontramos un buen lugar para poner tus juguetes de modo que Lula no los alcance, ¿te parece?

SAMUEL: Papi, ¡tengo una buena idea! Los voy a poner en mi armario.

PADRE: ¡Bien! Mami y yo te recordaremos en caso de que se te olvide.

En este caso, el padre envía el mensaje de que su hijo debe ser responsable de sus pertenencias pero no lo llama irresponsable o descuidado. Los sentimientos de Samuel son reconocidos, el padre ofrece apoyo para encontrar un sitio seguro dónde dejar su propiedad privada, y también ofrece recordarle guardar los juguetes sin aplicarle ningún calificativo negativo. La estrategia funciona dentro de los principios del *consejo* No. 2 de O.R.G.U.L.L.O.: Respete los sentimientos de su hijo.

Punto de Luz No. 6: Tómese el Tiempo Que Requiere Escuchar a Su Hijo Cuando Tenga un Problema

El Punto de Luz No. 6 le ayuda a evitar que la agitación de hoy deteriore su forma de educar. Le muestra cómo manejar las presiones cotidianas que tienden a afectar su capacidad de escuchar a su hijo de una forma que fomente el *respeto* por sus sentimientos y circunstancias. A menudo, nuestros horarios son tan exigentes que no contamos con el tiempo que el niño necesita para aprender una tarea nueva o pedir ayuda. Muchos padres trabajan, y los niños se ven obligados a llamarlos a la oficina cuando necesitan apoyo; no obstante, hay ocasiones en que esto no es viable.

Pedrito, de seis años, llama a su Mamá a la oficina cuando ella está en medio de una crisis apremiante.

PEDRITO: ¡Hola, Mamá! ¡Estoy emocionado! ¡Hoy bailé todo el tiempo en la fiesta del curso! Soy un buen bailarín. Te voy a contar todo lo que hice.

MAMÁ: Hola, tesoro. Qué bien. Pero ahora no puedo hablar contigo, estoy ocupada. Te llamaré apenas pueda.

(El problema es que Mamá no tiene tiempo y nunca llama porque su trabajo es muy absorbente, y a pesar de tener las mejores intenciones, no tiene tiempo para llamar a Pedrito). Como sabe que así son las cosas, Pedrito la llama de nuevo.

PEDRITO: Mamá, ¡Estoy tan emocionado! Bailé con Mary y nos divertimos a montones. Me dijeron que era muy buen bailarín.

MAMÁ: Pedrito, tengo que colgar. Estoy muy ocupada. Tengo que seguir trabajando, por favor entiéndelo, mi tesoro. Esta noche hablamos.

PEDRITO (llorando y sintiéndose rechazado): Tú no me quieres; tú no me oyes.

Se trata de una situación muy difícil para la madre de Pedrito, porque ella de verdad quisiera estar disponible para él, pero tiene presiones en el trabajo y no puede ocuparse de sus necesidades en ese instante. Tendrá que explicarle a Pedrito esa noche que Mamá no puede interrumpirlo cuando él está en medio de sus clases en la escuela, y que a veces la situación es semejante cuando él quiere hablarle durante las horas de trabajo. Le dirá que esta noche, a la hora de la cena, quiere que le cuente todos los pormenores de su día. Es importante para las madres recordar que no pueden compararse con los tiempos, y las costumbres de antes, en las cuales las madres no se enfrentaban a situaciones de negocios tan difíciles.

La madre de Pedrito necesita explicarle en términos que él pueda entender—y sin hacerlo sentir como un estorbo—por qué no podía hablar con él. Si no hay tiempo para escucharlo esa noche, debería establecer una cita muy pronto. Quizás éste es el tipo de asunto al que hay que darle prioridad: escuchar al niño debería ser más importante que lavar los platos o tender la cama o preparar una cena suculenta. A Pedrito no lo afectarán tanto estas cosas como sentir que nunca hay tiempo para escuchar sus necesidades o celebrar sus éxitos. Si no hay tiempo para escucharlo, no se sentirá respetado.

Comprendo que muchos padres Latinos quizás no puedan darse el lujo de hablar con sus hijos desde el lugar de trabajo, debido a las exigencia laborales, pero los niños entienden si uno les explica cuál es su circunstancia de trabajo y si se separa un rato todas las noches para hablar con ellos. Lo más importante es que eso los hará sentirse respetados y apreciados por usted, les hará ver que usted valora el trabajo y la familia. Es tan significativo como hacerle seguimiento a sus deberes escolares y ayudarles con ellos. Éstas son algunas cosas que usted puede hacer:

- A un niño pequeño se le puede decir que grabe en una cinta de audio las cosas que se le ocurren para que no las olvide. Es un buen ejercicio para aprender disciplina y aprender a aplazar la gratificación.
- Al niño mayor se le puede pedir que anote sus ideas en un tablero o en una libreta, y luego pueden mirarla juntos para hablar sobre los apuntes.

Les he recomendado esta técnica a muchos padres latinos con muy buenos resultados. Se ciñe a los *consejos* 1 al 7, ya que también incluye el uso de la tecnología.

Punto de Luz No. 7: Oriéntelo Para Que Comprenda los Sentimientos de las Otras Personas

A los niños se les puede ayudar a comprender los sentimientos de los demás si usted sirve como modelo de ese comportamiento y habla abiertamente sobre los amigos, los parientes y los adultos con los que se relacionan. No obstante, hablar sobre sentimientos no puede ser una calle de una sola vía. A los niños debería permitírseles contar sus propios sentimientos y expresar sus gustos sin ser ridiculizados o ignorados. Siempre que se presenta la necesidad de tener en cuenta los sentimientos de los demás, enfóquela como una oportunidad de inculcar *respeto*. Constituyen momentos adecuados para ayudarles a los niños a entender por qué en ocasiones elegimos hacer un sacrificio.

La Manera de Antes

Marta, de nueve años, vive cerca a sus abuelos, quienes la cuidan mientras su padre y su madre están en el trabajo. A los abuelitos les resulta más fácil su labor si Marta se baña por las noches. Por ello, a Marta le dicen que tiene que bañarse por las noches porque el baño por la mañana es más complicado. Sin embargo, ella se queja todo el tiempo de ese esquema, y convierte las noches en una lucha.

Marta prefiere bañarse por la mañana antes de ir a la escuela, y no en la noche, pero ese arreglo les causa problemas a todos porque Marta es muy lenta en las mañanas y se demora para empezar a bañarse. Eso significa que se atrasa para el desayuno, algo que todos en la casa consideran esencial. Como consecuencia, muchas veces llega tarde a la escuela y todos acaban enojados.

La Nueva Forma

Los padres de Marta le preguntan por qué es tan importante para ella bañarse por las mañanas en lugar de por las noches.

MARTA: Porque por la noche hago las tareas, y luego me gusta ver televisión, y ustedes dicen que me tengo que acostar a las nueve. Entonces en la noche no hay tiempo para el baño.

PADRES: Pues bien, el problema con el baño por las mañanas es que no te levantas a tiempo, y estás haciéndoles las cosas muy difíciles a los abuelos, que están mayores y que te aman tanto que tienden a hacerte el desayuno y llevarte al bus antes de desayunar ellos mismos. Tienes que pensar que para ellos es muy difícil hacer todas estas cosas por las mañanas.

MARTA: Si puedo ver el programa de televisión que me gusta cuando termine las tareas, prometo levantarme media hora más temprano para alcanzar a bañarme.

PADRES: No, eso ya lo hemos probado y no funciona—sigues levantándote tarde y los abuelos se ponen tensos. No es aceptable; tus abuelitos están mayores y no tienen la energía que tenían antes. Tienes que bañarte por las noches, pero puedes grabar tus programas y verlos durante el fin de semana.

MARTA: ¡Pero mis amigas los habrán visto antes que yo!

PADRES: Te hemos dado a escoger; la solución es bañarte por la noche y no ver nada en la televisión, o grabar los programas.

Los padres encontraron una forma de hablar de estas cosas con Marta y ayudarle a comprender que ella estaba imponiendo su voluntad sobre la de los abuelos y que no estaba respetando sus necesidades. Acordaron que ella grabaría el programa y que si eso funcionaba todos quedarían contentos. Se respetaron los sentimientos de todo el mundo, se valoraron y se comprendieron. De hecho, los padres le piden que le explicara a los abuelos por qué prefería bañarse por las mañanas, pero también que entendía la situación y los complacería. En este caso, los *consejos* No. 2—Respete los sentimientos de su hijo, No. 3—Guíe a su hijo y oriéntelo, no le ordene, No. 4—Utilice los medios de comunicación y manténgase al día, No. 6—La importancia de escuchar a su hijo, y No. 7—Opere con canales de comunicación abiertos—siempre, fueron de gran utilidad.

LAS REFLEXIONES

Nuevamente es hora de hacer uso de las *reflexiones* como base para una meditación sobre cómo se percibe usted como madre o como padre. Recuerde que es mejor anotar las respuestas y compararlas con los resultados de la prueba que tomó al comienzo de este capítulo. Haga esto cuantas veces sea necesario. Pregúntese, ¿Qué he aprendido? y ¿qué tanto he avanzado en el espectro de la adaptación cultural?

- ¿Cómo manejaría una situación en la cual su hija cierra la puerta de su cuarto cuando una amiga viene de visita?

- Cuando su hija le dice, furiosa, "Mamá, te odio," ¿Cómo responde? ¿Siente que si bien usted no aprueba este comportamiento, debe respetar el derecho que tiene su hijo a sentir lo que sea y debe tratar de comprenderlo?

- ¿Qué medidas toma cuando su hijo de cuatro años se resiste a cederle el asiento a la abuela?

- ¿Cómo le dice a su hija de cinco años que debe reducir el tono de su exhuberancia?

- ¿Cómo maneja cuando su hijo de quince años le pide que le explique sus acciones hacia él?

- ¿Permite usted que su hija de tres años cocine con usted y arme un gran desorden cuando usted tiene prisa? ¿Cuál cree que es la mejor forma de manejar ese conflicto?

De Paseo por la Calle de Doble Vía

Si desea viajar sin contratiempos en ambas direcciones por la calle de doble vía del *respeto,* tiene que decidir las prioridades educativas que quiere modificar en relación con las que le inculcaron a usted.

El cambio siempre está plagado de sentimientos de ansiedad, porque nos sentimos más cómodos con lo que conocemos. Pero estamos en los Estados Unidos para quedarnos, y debemos equilibrar lo viejo con lo nuevo, y transmitirles a nuestros amados hijos esa flexibilidad.

Para lograr ese nuevo equilibrio, siga escudriñando su mente y su corazón. Aprender es un proceso maravilloso, y aprender acerca de nosotros mismos es todavía más poderoso, porque mediante el *respeto* por nosotros mismos y por nuestros hijos podemos comunicarle al mundo nuestro *orgullo.*

CAPÍTULO 3

Mantenerse al Día:
El Nuevo *Familismo*

Antes de empezar a analizar el *familismo,* por favor califique la frecuencia con la que las siguientes preguntas se aplican en su caso.

5=Siempre 4=A menudo 3=A veces 2=Rara vez 1=Nunca

1. ¿En su vida, la familia es lo primero? _____
2. ¿Se siente obligada a ayudar a los miembros de su familia que la necesitan, aunque no necesariamente apruebe su forma de actuar? _____
3. ¿Piensa que tener hijos es una de las más grandes gratificaciones de la vida y que en parte su gloria radica en darles nietos a sus padres? _____
4. Cuando tiene problemas personales, ¿acude primero a su familia? _____
5. ¿Siente que su madre es la persona mejor calificada para cuidar a su hijo en su ausencia? _____
6. ¿Piensa que los niños deben ser respetuosos de sus mayores, independientemente de qué tan inadecuadas sean las exigencias de éstos? _____
7. ¿Piensa que la sangre llama, en cualquier circunstancia? _____
8. ¿Hace caso omiso de las fallas de sus parientes, porque se trata de familia? _____

Eugenia, de tres años, hoy no quiere abrazar a su abuela o darle un beso, en parte porque los niños de esta edad se caracterizan por hacer exclusivamente lo que les viene en gana y en parte porque la abuela hace poco la reprendió por comportarse de forma demasiado "alborotada." Elsa, temerosa de que su madre se ofendiera, le dijo a Eugenia, "¿Cómo puedes no querer abrazar ni darle un beso a la abuela? ¡Dale un beso y un abrazo ya mismo!" Eugenia rehúsa hacerlo y luego le dicen que es "una niña mal criada."

Sus Luchas Son Reales

Quizás usted sea como Elsa, que lucha por mantener la armonía entre todos los miembros de la familia que son importantes para ella. Seguramente desde su infancia le han inculcado que la familia es lo primero. Pero pensar todo el tiempo en las necesidades y deseos de los pariéntes, así como en los de los niños, puede ser una lucha. Por favor recuerde y entienda que sus luchas son muy reales. Como madre Latina que está en el proceso de educar hijos en los tiempos modernos en los Estados Unidos, quizás se sienta atrapada en un torbellino emocional. Es la reacción natural al estrés de la adaptación cultural y al conflicto entre esos cambios y el *familismo,* o el poder de la lealtad a la familia.

El Poder de la Lealtad

Se ha dicho que para los Latinos tradicionales, la familia es el lazo más fuerte en la cadena social para transmitir conocimiento cultural de una generación a la siguiente. La familia sirve también como fuerza de apoyo: es la entidad que aconseja y que busca lo mejor para uno. Recuerdo que cuando mi familia decidió emigrar de República Dominicana, mi madre y mi padre sostuvieron una reunión familiar que incluyó a las tías, los tíos y los abuelos. En esta reunión se le informó a todo el mundo de nuestros planes, y todos expresaron su opinión y nos dieron la bendición. Este apoyo familiar sirvió de consuelo a mis padres en tiempos en que se enfrentaban a una decisión tan difícil.

La cultura Latina dice: lo que los padres han hecho por sus hijos no hay cómo pagarlo. Ese sentido de lealtad lleva a muchos hijos ya mayores a cuidar de sus padres, aun si no sienten que sus padres hubieran estado "allí" para ellos en el pasado. Tradicional e idealmente, todo el mundo merece ser amado, respetado y reverenciado. Los niños son altamente valorados y se convierten en el centro del mundo de los padres, y la pareja hace sacrificios mutuos a beneficio de los hijos. En principio, es un bello concepto que les garantiza a todos los miembros de la familia apoyo y protección, tanto en los buenos tiempos como en los malos.

No obstante, la aculturación genera conflictos debido a las diferencias de enfoque entre la cultura Latina y la norteamericana en cuanto al papel del individuo y al de la familia. Si no se entiende bien el fenómeno, puede originar tensiones entre los miembros de la familia. Es esencial comprender la forma de negociar soluciones a estas diferencias. Tenga presente que hablo de negociar, no de dar órdenes. Más adelante en este capítulo analizaremos la forma de negociar.

Definiciones Enfrentadas de *Familismo*

Familismo, o la familia como centro absoluto, es para los Latinos una fuerza que impregna todos los aspectos de la vida. Abarca no solamente la familia nuclear sino también la familia extensa y los amigos cercanos. El *familismo* requiere que los secretos de familia no se cuenten a otros. Coloca en primer plano la seguridad y el bienestar de los miembros de la familia, por encima de todo lo demás. Y garantiza que se pueda contar con la familia en tiempos difíciles.

Los Latinos estarían de acuerdo en que esta lealtad trae consigo sentimientos profundos y cálidos, y que es una poderosa fuente de apoyo. Por ejemplo, cuando uno de mis hijos estaba en proceso de mudanza y necesitaba quién cuidara de su perro, una de mis primas se hizo cargo del perro durante tres semanas, con amor y total dedicación. De hecho, mi tía, la madre de mi prima, que era alérgica a los perros, se comportó de manera amorosa y comprensiva, sencillamente porque era el perro de mi hijo.

El *familismo* Latino es diferente del norteamericano porque de los Latinos se espera, ante todo, que sean miembros de familia primero e individuos en segundo lugar. El concepto de la primacía del individuo es un principio básico poderoso en la cultura norteamericana. Esta dualidad presenta un reto para muchas familias Latinas modernas en los Estados Unidos, pues desean criar hijos culturalmente equilibrados: conservar el *familismo* a la vez que les ayudan a sus hijos a funcionar de manera competente en su nueva cultura. Aunque muchos padres perciben la importancia de lograr el equilibrio, se preguntan, cómo puedo hacerlo armoniosamente.

Del Conflicto a la Armonía

La transición suave del conflicto a la armonía dentro del *familismo* se inicia cuando se comprende que, a pesar de la belleza del *familismo*, hay ocasiones en que puede causar malos entendidos y discordia entre los pediatras y los padres, los maestros y los padres, e incluso entre padres e hijos.

Pueden presentarse conflictos cuando los padres y los parientes determinan qué es lo más conveniente, sin considerar la situación como un todo que abarca el universo del niño: la escuela, los amigos, la comunidad, el hogar. En ningún momento estoy proponiendo que deben dejar que el niño haga lo que quiera cuando lo que quiere no le conviene. Lo que propongo es que al niño se le dé la oportunidad de explicarle a usted por qué quiere lo que quiere, y luego usted procede a partir de ahí. A lo mejor decida que lo que le está pidiendo es aceptable, o quizás deba decirle, "Entiendo que esto te cause enojos, pero no lo puedo permitir porque . . ." El punto es que así le habrá dado a su hijo espacio para expresar sus opiniones como individuo. A lo mejor no le guste su decisión, pero es poco probable que la acuse de no tener en cuenta sus sentimientos.

La verdad es que nadie sabe cuál es la mejor solución a un problema sin evaluar todas las opciones antes de tomar una decisión. Como madre Latina o padre Latino, quizás se enfrente a la necesidad de tener que elegir opciones para su hijo que no estaban disponibles cuando usted tenía la misma edad. Quizás sienta como si no estuviera cumpliendo una regla o no respetando la tradición. Por ejemplo, tengo muchos colegas que optaron por dejar de lado la posibilidad de asistir a Harvard, Princeton y otras universidades de gran renombre, porque sus padres sentían que esa opción los separaría de la familia. En este caso la dificultad es que, aunque ahora son profesionales exitosos, quizás quieran aplicar su propia experiencia a sus hijos, pues la ven como la única opción.

Es posible que existan buenas razones para que su hijo o su hija no deba marcharse a una universidad distante. Pero si se basan solamente en que deben estar cerca de la familia, seguir sus pasos, o en estar allí para cuidar de la familia, realmente no son aceptables. Desanimar a los hijos de hacerse de la mejor oportunidad educativa sólo por tenerlos cerca, puede acabar privándolos de cosas a las que tienen derecho, y esto puede volverse en su contra. Conozco a muchos Latinos que se vieron obligados a quedarse al lado de su familia en nombre del *familismo,* y ahora sienten que esa opción lesionó sus posibilidades profesionales, guardan resentimiento contra sus familias y se mantienen alejados de ellas.

Además, en nombre del *familismo,* muchos padres ceden a las peticiones de sus parientes tan solo porque se sienten impotentes para negarse, aun cuando en el fondo de su corazón saben que no son lo mejor para sus hijos. Dicen, "¿Qué puedo hacer? Es parte de la familia/es mi hermana/es mi madre." Lo que hay que hacer es una valoración equilibrada de los temas, en la cual se tengan plenamente en cuenta los sentimientos propios y los de sus hijos. Dedique unos momentos ahora a preguntarse lo siguiente:

- ¿Debo impedir que mi hija se marche a una universidad excelente por la sencilla razón de que quiero tenerla cerca?
- ¿Debo permitirle a mi hermano menor mudarse a vivir conmigo a pesar de que tiene problemas de consumo de drogas?
- ¿Podrá existir alguna ocasión en la que mi padre se comporte de forma inadecuada con mi hija de cinco años?
- ¿Mi hijo de quince años no debe enojarse con la abuela, aun si ella claramente lo avergonzó delante de sus amigos?
- ¿Se le debe prohibir a mi hijo de diez años, quien es muy respon-

sable, que salga a jugar con sus amigos porque su hermano menor también quiere ir?

- ¿Mi suegra, ya de edad avanzada, debe vivir con nuestra familia porque es lo que ella me pidió, aunque sus otros hijos gocen de una situación más cómoda?
- ¿Debo invitar a mi madre a pasar vacaciones con nuestra familia siempre, cuando quizás todos nos beneficiaríamos de descansar los unos de los otros?
- ¿Todos los miembros de la familia deben sentirse siempre felices de visitar a los abuelos cada fin de semana?
- ¿Debo sentirme enojada con mi pareja por no querer hacerle la visita a mi familia todos los fines de semana?

Cómo Mantener el Equilibrio

Del dicho al hecho hay mucho trecho cuando se trata de mantener el equilibrio entre el *familismo* y la cultura que nos rodea. Incluso en ciudades grandes como Nueva York, donde existe un cierto nivel de diversidad, muchos Latinos me cuentan que es difícil lograr el equilibrio cultural, concretamente cuando se trata de comportamientos o valores que cualquiera de las dos culturas considera superiores o cuando entran en conflicto con su contraparte cultural, como en el caso de ser individualista frente a darle prioridad a la familia.

Es importante tener presente que sus luchas son muy reales, y que quizás a veces se encuentre en medio de un torbellino emocional. Se trata de una reacción normal a los ajustes culturales de su vida. La cultura nos proporciona una comprensión que a veces es inconsciente. Ni siquiera lo pensamos, sencillamente está ahí, presente, nos orienta y nos marca claramente los pasos a seguir en la forma de relacionarnos con la familia, los amigos y los hijos. Nuestra cultura es, en esencia, un libreto que nos ayuda a funcionar de una cierta forma que nos resulta bastante sensata. Ese libreto puede perderse cuando tenemos que adaptarnos a una nueva cultura, a menos que estemos muy conscientes de que queremos mantenerlo y podamos dar pasos concretos para lograrlo.

Tenga en cuenta que la individualidad y la lealtad a la familia pueden coexistir muy armoniosamente, como lo ilustra un estudio realizado por un grupo de investigadores brasileños que compararon estudiantes brasileños y estadounidenses. Ellos descubrieron que los estudiantes universitarios brasileños, de manera consistente con su herencia latinoamericana, pasaban más tiempo con sus familias, pero también se defendían muy bien solos. La interdependencia y el apoyo entre los miembros de la familia no tiene que poner en juego la individualidad del niño. Por el contrario, les da a los hijos una base fuerte para manejar situaciones de una manera sana. Pero, si bien los hijos necesitan de la protección de los padres, también tienen que aprender a valerse por sí mismos, dentro de parámetros razonables. Este equilibrio empieza con la separación de los padres que debe lograr el bebé. El bebé necesita la seguridad de saber que sus padres están disponibles, y los padres a su vez deben saber cuándo dejar que se aventure en situaciones difíciles pero que el niño debe aprender a dominar. Hay que saber cuándo soltar.

Soltar: El Espíritu del Nuevo Familismo

Lo primero que hay que considerar al analizar el *Nuevo Familismo* es que, históricamente, muchos comportamientos que tenían que ver con el apoyo familiar eran y continuan basdos en realidades económicas. Por ejemplo, vivir aparte, en el caso de padres mayores o estudiantes universitarios, no es posible dentro de las posibilidades económicas de muchos Latinos, tanto en sus países de origen como en el nuevo país. A pesar de las presiones económicas, no obstante, hay que hacer algunos ajustes. Las exigencias actuales de la vida diaria pueden hacer que verse regularmente con la familia, o estar siempre disponible para llevar a la madre de compras o al padre a las citas médicas, se vuelva muy difícil. La realidad es que muchos padres Latinos con quienes he trabajado también se sienten tan presionados de tener que ser un soporte para sus parientes y estar siempre disponibles para ellos, que a veces lo hacen a costa de su propia salud. Muchas veces albergan resentimiento contra su familia por no entender sus limitaciones y por esperar que cumplan su deber, a como dé lugar. Paradójicamente, muchos de estos padres también esperan el mismo tipo de lealtad ciega por parte de sus hijos, y sienten que sobreproteger o facilitar ciegamente las necesidades de todo el mundo es la única forma de mantener el *familismo*. Estos padres siguen sus experiencias previas, a veces inconscientemente, como la única forma posible. Quizás deba cuidar que las experiencias de su propia infancia no la lleven a sobreproteger a su hija o a su hijo de la misma forma como lo hicieron sus padres. Si se descubre haciéndolo, quizás deba hacerse un examen de conciencia.

Su Amor y Su Apoyo Siempre Serán Necesarios

La importancia de la familia siempre le será inculcada a un hijo que crece con padres que quieren proporcionarle apoyo emocional tanto a él como a su propia familia. Esa noción no dejará de existir por el hecho de que el hijo o la hija estudien en un lugar distante o se muden a su propio apartamento. De hecho, más adelante en la vida, su apoyo emocional es mejor indicador de la cercanía con su hijo que la proximidad física propiamente dicha. Este apoyo debe ser ejemplificado temprano en la vida del niño por la disponibilidad de ambos padres para ayudar con las tareas, jugar con su hija y con su hijo o escuchar con calma lo que ellos viven en el mundo externo. Cuando los hijos se marchan de casa, se llevan consigo su amor. Cuando se marchan, primero los padres sienten un vacío en el corazón. Recuerdo lo que sentí cuando mi hijo menor se marchó a la universidad, y eso que ni siquiera se había marchado muy lejos de donde vivíamos. Pero regresaba lo suficiente en recesos académicos y era tan amoroso como siempre. Dejarlo marchar implicó ceder, porque sabía que eso era parte de la forma norteamericana de hacer las cosas, y esa forma hace parte de lo que él es.

¿Soy Norteamericano "Para Bien o Para Mal"?

En mi trabajo con padres Latinos he sido testigo de su fuerte deseo de mantener su propia identidad étnica y la de sus hijos. Quieren conservar su carácter único y se sienten amenazados cuando los hijos se comportan demasiado "americanizados." De hecho, lo que repiten como un *mantra* es, "Tú no eres Americano, tú eres . . ." No obstante, el término "Americano" ha sido definido como "un grupo de personas unidas por su idioma y tradición, que son tan variados como lo es América misma."

Muchos padres y abuelos Latinos me han indicado que lo que realmente quieren dar a entender cuando les dicen a sus hijos "tú no eres Americano" es: "No te atrevas a ser de la forma que creo que no debes ser," "no te atrevas a no guardar los valores de mi gente" y "no te atrevas a no atesorar las lealtades que yo atesoro." Sienten terror de que perderán el amor y el respeto de sus hijos, y de que se cree una distancia irrecuperable, cultural y afectiva, entre ellos y sus hijos. Sienten que ya han sacrificado demasiado al estilo americano de vida al trabajar largas horas, luchar con un idioma que no es el propio, experimentar un clima nuevo y trabajar en condiciones inferiores a las que tenían en su país de origen. Estos padres dicen con frecuencia, "No llegué tan lejos ni sacrifiqué tanto para perderte." Percibir cambios culturales en la actitud de sus hijos hacia el *familismo* les resulta bastante amenazador. De hecho, se convierte en un verdadero dilema para muchos padres.

Familismo y el **Dilema**

Pedro y Nelly me buscaron porque necesitaban ayuda para resolver ciertos problemas con su hijo Arturo.

La Manera de Antes

"Tenemos muchos problemas con Arturo. Ha resuelto vestirse 'raro,' se pone pantalones anchos que prácticamente se le caen."

A medida que hablábamos, se fue haciendo claro que lo que estaba generando el mayor problema eran los padres de Nelly, que vivían en el piso de arriba, y que se oponían con vehemencia a la forma de vestir de su nieto. El problema se extendió al maestro de Arturo, quien llamó a los padres a decirles que Arturo se veía muy triste en la clase, y que cuando conversaron, Arturo le contó lo que estaba sucediendo en casa. El profesor de esta escuela de ideas progresistas no podía entender por qué Pedro y

Nelly se oponían a lo que él percibía como algo que no tenía sentido. Quedó todavía más confundido cuando los padres le explicaron cómo se sentían los abuelos. No veía por qué ellos no tomaban sus propias decisiones como padres. Al profesor le parecía que a Arturo debía permitírsele decidir si quería lucir los pantalones de honda que todos llevaban puestos en la escuela, y que los padres y los abuelos no le estaban permitiendo a Arturo un nivel seguro de individualismo. Pedro y Nelly se sentían muy incomprendidos, y sentían que el profesor los trataba de forma condescendiente. No obstante, al llegar a casa le permitieron a Arturo explicar por qué era importante llevar puestos los pantalones anchos que estaban de moda. Una vez que comprendieron el punto de vista de Arturo, que se centraba en parecerse a sus compañeros, procedieron a hablar con los abuelos. Pero los abuelos continuaron oponiéndose.

Escucho Lo que Me Dices, Pero Ésta Es Mi Forma de Sentir

Lo que se necesitaba en la situación de Arturo era un diálogo abierto entre los abuelos, los padres y Arturo. Es posible que a una parte del grupo no le gustara la solución a la que finalmente se llegó, pero el diálogo promueve un sentido de *familismo* a través del O.R.G.U.L.L.O., mediante la inclusión y la importancia que se da al aporte de toda la familia. Éste es un mensaje importante porque promueve una buena comunicación entre todos los participantes. Cuando se respeta el aporte de las personas bien intencionadas, al niño le llega tácitamente una enseñanza que dice: Escucho lo que me dices, pero ésta es nuestra forma de sentir y éstas son las razones por las cuales pensamos lo que pensamos. En el caso de Arturo, a los abuelos se les comunica el mismo mensaje. Aunque no queden contentos con la solución, quedan en capacidad de comprender mejor la situación. Otro punto muy importante es uno que ya había mencionado antes: elegir las batallas. Llevar pantalones de moda, aun si a usted le parecen extraños, no le hace daño al niño. Ceder en puntos de menor importancia le dará más confianza para discutir acerca de las cosas verdaderamente dañinas y prohibirlas, tales como el alcohol y las drogas, que son dos puntos a los que su hijo seguramente se enfrentará y en los que necesitará tomar la decisión correcta de negarse. A continuación un ejemplo de un diálogo sano:

La Nueva Forma

Pedro y Nelly: Mamá, Papá, sabemos que a ustedes les molesta que Arturo se ponga esos pantalones raros. A nosotros también nos parecen horribles, pero Arturo es tan buen muchacho en todos los aspectos, y de verdad le encantan los pantalones así.

Abuelitos: No podemos entender qué se les ha metido en la cabeza. Tu madre y yo no podemos creer que ustedes dos le permitan a Arturo ponerse esas cosas. Parece un payaso; la gente pensará que no lo cuidamos. Lo están malcriando y les va a pesar. Nunca te eduqué para que creyeras que podías hacer lo que quisieras, y por eso eres una buena persona. Arturo no es como esos niños americanos que hacen lo que les apetece. Somos diferentes. Tienen que hacerle ver esto a Arturo.

Pedro y Nelly: Mamá, Papá, Arturo es un buen muchacho. Los quiere mucho y por eso se enfrenta a un problema, porque quiere que ustedes lo apoyen. El profesor nos dijo que está triste en la escuela y que eso afectará sus notas y la forma como se siente consigo mismo. Recuerden que es buen estudiante, ayuda en casa, no contesta mal. Todos en la escuela están usando esos pantalones. Nos dijo que si lo obligábamos a ponerse pantalones normales que no están de moda se sentiría muy extraño. No es así como quisiéramos que se sintiera, pero así es como se siente, y tenemos que ayudarle a superarlo. Se trata solamente de una etapa. Le estamos ayudando a ser auténtico. Es joven y a veces elegirá cosas que nos parecen un poco peculiares, pero en este caso se trata de una decisión que no hace daño.

ABUELITOS: ¡Ay Dios mío! No entendemos las cosas de hoy en día, pero nunca lo habíamos visto de esa forma. Quizás tengan razón. Rogaremos a San José para que esta etapa pase rapido.

Negocie, No Dé Órdenes

Es posible conservar tradiciones valiosas como el *familismo* y garantizar a la vez que el niño pueda funcionar de manera competente en ambas culturas. Para lograr este equilibrio es necesario negociar, no dar órdenes. La negociación no significa dejar que el niño haga lo que quiera. Usted tiene el poder: usted es quien sabe qué valores considera necesario conservar.

Negociar requiere que los padres y los abuelos sean flexibles a veces, para poder lograr un equilibrio armonioso en la familia. Pero muchos padres Latinos se preguntan todo el tiempo, ¿cómo lograrlo? La respuesta es acogerse a los nueve *entendimientos* del F.A.M.I.L.I.S.M.O.

Las técnicas que expongo a continuación les han funcionado a muchas familias a quienes he asesorado. Han servido para mantener el *familismo* antiguo y el nuevo, lo cual asegura la paz entre los miembros de la familia.

Entendimiento—El Puente al Equilibrio

Entendimiento significa comprender a base de empatía los sentimientos de todo el mundo. Debe incluir a todos los que participan significativamente en la crianza de sus hijos: los abuelitos y los otros parientes importantes, como las tías, los tíos, los padrinos, las madrinas, ustedes como padres y, desde luego, los hijos. Si les enseñamos a los hijos la importancia del *familismo,* lo que de verdad valoramos y queremos conservar, si los incluimos, explicándoles mediante el *entendimiento,* la importancia de la lealtad a la familia, seguirán nuestro liderazgo más armoniosamente. La idea es enseñarles por igual a nuestros hijos y a los miembros mayores de la familia que el cambio es necesario, pero que es importante cambiar sin perder lo que atesoramos.

1. F Facilite la comunicación
2. A Americanización sintonizada
3. M Mantenga las tradiciones——nunca es tarde para facilitar los cambios
4. I Inclusión con distinción——evite enredarse
5. L Libere a todos de culpa y siembre agradecimiento y comprensión
6. I Insista en su propio bienestar
7. S Sustente su poder como madre o padre
8. M Mañana será otro día
9. O O lo nuevo, o lo de antes . . . en su justa medida

Entendimiento *No. 1: Facilite la Comunicación*

Ya sea que se trate de asuntos relacionados con los abuelitos, su amada tía, tío, primos, compadres, comadres o su hijo, la comunicación es esencial con todos los miembros de la familia extensa que interactúan con el niño.

No funcionará darle órdenes a su hijo: "Tienes que ser amable con la abuela." Eso no le dice a él por qué el respeto es tan importante. Puede obligarlo a ser respetuoso y amable, especialmente cuando está pequeño, pero no establece una comprensión perdurable de por qué debe hacerlo. Si usted obliga, no está inculcando *confianza,* la cual promueve en su hijo la adopción interna de sus valores y creencias.

Tomemos como ejemplo a Carlina, una abuela que se queja ante su hija María de que sus nietos, los hijos de su otro hijo Pedro, no vienen a verla tan a menudo como a su otra abuela. Carlina siente que deberían venir a visitarla porque ella es familia, sangre de su sangre. Acusa a su hijo Pedro de no darle apoyo y cariño. Se siente rechazada y descuidada. Aunque es sabido que las abuelas por el lado materno son generalmente más cercanas a sus nietos que las del lado paterno, vale la pena explorar por qué los niños no son tan deferentes con la abuela Carlina como ella quisiera que fueran. Carlina se siente incómoda hablando del tema con los niños. Cuando la visitan, ella siente que son necios, desordenan su bella casa y gritan demasiado. Le parece que sus nietos son maleducados y que no se portan bien.

Carlina tiene suerte en el sentido de que su yerna Malvina piensa que las abuelas son importantes en la vida de los nietos. Malvina le propone a Carlina que llame a los niños y les pregunte qué les gustaría que les preparara para una visita especial el domingo. Le dicen que les gustaría comer croquetas y empanadas, la especialidad de Carlina. Al terminar la cena, Carlina decide cantar un rato con los niños. Hay risas y todos se divierten. Al salir, los niños preguntan, "¿Abuela, cuándo podemos visitarte otra vez?"

Para Carlina no fue fácil instituir estos cambios. Lo que lo hizo posible fue que su yerna Malvina al valorar el *familismo* se empeñó en sugerir los cambios necesarios. Requirió paciencia y habilidad, pero esa es la naturaleza del *Nuevo Familismo:* mucho *entendimiento* de parte de ambas mujeres.

Entendimiento *No. 2: Americanización Sintonizada*

El segundo *entendimiento* tiene que ver con las diferencias. No siempre es fácil aceptar que alguien a quien amamos es diferente de nosotros. He sido testigo de cómo es de difícil para ciertos miembros de una familia aceptar que un niño "americanizado" se sirva el plátano maduro o el arroz con salsa de tomate "ketchup." Podría parecer una contravención de las viejas tradiciones.

Julio y Nereyda tienen a Elsa, de ocho años, y a Manuel, de siete. La familia estuvo en Disney World con el tío Fermín. De hecho, el paseo familiar fue regalo de él. Todos estaban pasando un buen rato en un restaurante mexicano, hasta que Manuel empezó a ponerles salsa de tomate "ketchup" al arroz y a los maduros. Al tío Fermín le pareció que esto no estaba bien, y exigió que dejara de hacerlo inmediatamente. Manuel se puso a llorar y su papá le llamó llorón. Más adelante, Manuel le preguntó a su madre por qué no lo había defendido. Ella le dijo, "Fermín es tu tío y te quiere. No tiene malas intenciones, así que, ¿por qué darle tanta importancia al episodio?"

El tío Fermín se crió comiendo maduros de una determinada manera. ¿Pero por qué habría de ser la única forma de hacerlo? Nereyda habría servido más a todos si le hubiera dicho al tío Fermín, "Vamos, no te preocupes. A Manuel le encanta el ketchup." Manuel se habría sentido apoyado, lo cual promueve su sentido del yo y la forma como se percibe a sí mismo. Criar hijos requiere abandonar ciertos comportamientos y tradiciones que fueron parte importante de nuestra propia infancia, pero que quizás ahora no sean lo mejor para los hijos, o que han dejado de ser útiles o razonables.

Si bien la aculturación exige soltar algunas tradiciones y algunas de las cosas que funcionaban en el pasado, lo encantador del asunto es que no requiere prescindir de las cosas que de verdad valoramos, por lo menos no del todo. En la situación con el tío Fermín, Nereyda podría haber sido más sensible hacia los sentimientos de Manuel, que es en el fondo de lo que se trata: el tío Fermín reprendió a Manuel delante de todo el mundo. Mamá también podría haber apoyado los sentimientos del tío Fermín, diciendo que el tío no lo hace por maldad y que lo hace porque quiere a Manuel. Los niños se adaptan fácilmente y pueden sobrevivir a muchas experiencias, pero en mi trabajo con adolescentes y con adultos se hace evidente que muchas de estas experiencias desagradables acaban en una baja autoestima, en timidez y resentimiento hacia los padres y en sentimientos de ansiedad y depresión.

Entendimiento *No. 3: Mantenga las Tradiciones— Nunca Es Tarde Para Facilitar los Cambios*

Tradiciones familiares como las pascuas y las festividades de navidad pueden ser maravillosas, estar llenas de significado y ser muy divertidas, pero a veces también son una fuente de tensión para las familias. No es realista mantener todas las tradiciones. A veces toda la familia tiene que hacer ajustes. Tratar de hacer lo contrario puede generar grandes malos entendidos y agravios, como en la historia de Irma.

La abuelita Irma, al igual que muchos Latinos, siempre ha sentido que la Nochebuena es una ocasión muy especial en el año, especialmente para los niños. La describe como algo mágico que le trae gran felicidad, especialmente en vista de que no tiene muchas alegrías en su vida aparte de sus dos hijos, Elsa y Víctor, y sus dos nietos, Arturo, de cinco años, y José, de seis años. Víctor no tiene hijos y vive en otro país, de modo que Irma no lo ve con frecuencia. Para todos los efectos prácticos, Elsa, Arturo y José son su única familia. Debido a estas circunstancias, Elsa le da gusto a su madre de todas las formas posibles, aun a veces a costa de sus hijos. Debido a las circunstancias, todas las Nochebuenas Elsa acuesta a los niños a las nueve de la noche, la hora acostumbrada, y se siente obligada a despertarlos a la media noche para abrir los regalos, porque así lo quiere la abuelita Irma.

Aunque a casi todos los niños les fascina abrir regalos a la hora que sea, a Arturo y a José no les entusiasma demasiado este arreglo. Prefieren dormir. Lloran y se ponen difíciles cuando se les despierta a esa hora, pero la abuelita Irma siente que esta tradición es algo bueno para ellos, puesto que lo había sido para ella toda su niñez. Elsa sabe que sus hijos estarían más contentos por la mañana, y que a esa hora disfrutarían más sus juguetes. Ella misma estaría menos cansada y podría disfrutar abriendo los regalos al día siguiente, pero sentía que lo más importante era complacer a su madre.

Sencillamente no había ninguna diferenciación entre Irma, Elsa y los niños. Para la abuelita Irma era difícil creer que a los niños no les emocionara tanto como a ella una celebración tan importante, especialmente si se tenían en cuenta sus recuerdos de su país de origen: la reunión familiar, la alegría y la felicidad de estar todos juntos. Lógicamente, en su país los niños no se acostaban a dormir en Nochebuena antes de abrir los regalos.

De nuevo, observamos una adhesión rígida a la manera de antes y las dificultades que puede tener una buena hija en relación con una madre buena y dedicada. Cuando Elsa me contó esta experiencia, sencillamente me dijo que no podía herir a su madre y que no sabía qué más hacer. Nunca se le ocurrió hablar con ella para ver si la podía convencer de que esperaran hasta el día siguiente para abrir los regalos. Mientras hablábamos, empezó a quedar claro que Elsa no estaba buscando activamente otras soluciones, puesto que la única solución era complacer a Mamá, ya que Irma era la mejor mamá del mundo.

La madre es sagrada, e Irma haría cualquier cosa por los niños y por Elsa, así que, ¿qué tan grave era incomodar a los niños una vez al año? La verdad es que este incidente en particular ocurría una vez al año, pero otros ocurrían regularmente, en casos en que la abuelita Irma no diferenciaba entre sus deseos y los deseos de la familia.

El punto crítico fue que Elsa acabó sintiendo resentimiento contra su madre y a veces explotaba contra ella sin razón, lo cual se sobre entiende le hacía daño pero a la misma vez este comportamiento de Elsa dejaba a Irma confusa y perpleja.

Comunicar las necesidades de todo el mundo no garantiza necesariamente que todos vayan a estar felices, pero sí puede eliminar los sentimientos de resentimiento o de ira represada que contaminan las relaciones afectivas. En una conversación posterior con Irma, exploré sus ideas sobre el tema. Se hizo evidente que a Irma se le dificultaba ser objetiva acerca de lo que valoraba. Necesitaba que las cosas fueran como ella pensaba que debían ser. La mejor solución al dilema debía provenir de Elsa. Ella tenía que llegar a comprender que los cambios debían partir de ella, y que debía tomar la iniciativa en cuanto a decidir lo que a ella le pareciera que era bueno para sus hijos. Es un componente de educar hijos con O.R.G.U.L.L.O.: organice sus sentimientos. Me dijo con tristeza: "Lamento haber hecho levantar a mis hijos cuando tenían tanto sueño." Yo le dije, "Nunca es demasiado tarde para hacer las cosas de otra forma."

Entendimiento *No. 4:*
Inclusión con Distinción—Evitar Enredarse

El ejemplo anterior nos lleva al cuarto *entendimiento,* que se centra en conservar un equilibrio entre las necesidades individuales de todos los miembros de la familia. La cercanía entre la familia es esencial, pero hay ocasiones en que esa cercanía lo pone a uno a prueba.

El enredarse es un concepto que ha sido ampliamente discutido en la literatura de de las terapias familiares. Se refiere a la sobreprotección de los hijos y a la falta de diferenciación entre los padres y los hijos. No estoy dando a entender de ninguna forma que la cercanía de la familia sea mala; estoy sugiriendo que usted se abra a la idea de que quizás existan hoy en día diferentes formas de interpretar esa cercanía.

Usted podría fácilmente declarar, "Lo haré a mi manera," pero es que no se trata únicamente de usted. Tiene que ver con el mundo exterior al que se enfrentan usted y sus hijos a diario. Estar de pelea con ese mundo puede hacerle sentirse muy sola, puede debilitarla y resultarle difícil. La mejor solución es encontrar el equilibrio entre no entrometerse en las fronteras personales de su hija y brindarle la orientación que necesita.

Pregúntese qué era lo que realmente le gustaba del *familismo* en su infancia. Consituirá una buena guía durante su navegación por el vasto océano cultural. Pero debe ser muy sincera consigo misma y tratar de distinguir actitudes sobreprotectoras de su parte. ¿Qué es sobreprotección? Quizás la mejor forma de responder a esa pregunta es consultar a otros su punto de vista en relación con determinadas situaciones. Busque a otros cuyos puntos de vista quizás no sean equivalentes a los suyos. También debe mirar hacia dentro de sí misma y evaluar cuáles acciones realmente le han ayudado en su relación familiar y cuáles no han funcionado tan bien. Hay un ejemplo claro en la situación de Betsy y Alina, su madre.

Betsy, de siete años, sale con su madre a comprar ropa para la escuela. Su madre le pregunta si prefiere la blusa verde o la azul. Cuando Betsy responde que prefiere la verde, su madre le responde, "No, te luce más el azul, el verde no es un buen color para tu piel." Aunque Betsy protesta, Alina de todos modos le compra la blusa azul. El mensaje de Alina es: "Te pido tu opinión, pero yo sé qué te conviene a ti." A menos que Alina evalúe con cuidado lo que está haciendo, quizás siga tomando decisiones por Betsy, y sienta gran pena cuando Betsy empiece a retarla en asuntos mayores, o cuando descubra que Betsy no es capaz de tomar decisiones por sí misma.

Alina puede empezar a entender su comportamiento reconociendo que algunos conflictos se originan en educar a su hija en una cultura diferente a la cultura en la cual ella creció. Para Alina, querer a Betsy equivale a hacer las cosas por ella, tal como su propia madre lo hizo. Alina siente que debe pensar por Betsy, para ayudarle a evitar las cosas negativas de su vida, aun si se trata de algo tan sencillo como elegir un color que no le sienta bien—especialmente si el verde es un color que a Alina no le gusta.

Entendimiento *No. 5:*
Libere a Todos de Culpas y Siembre Agradecimiento y Comprensión

El quinto *entendimiento* se relaciona con enseñarle a su hijo empatía en lugar de despertarla haciéndole ver las cosas a su manera. La empatía se enseña compartiendo su forma de entender el *agradecimiento.* Compartir el *agradecimiento* y la empatía con su hijo puede ser una forma muy efectiva y permanente de inculcar esos valores culturales que usted desea que conserve. Le enseñarán a su hijo la importancia de apreciar el amor y el apoyo que se brindan entre sí los miembros de la familia, en lugar de enseñarle a plegarse por culpa a las exigencias de la familia. La empatía y la gratitud son esenciales en todas las buenas relaciones. Requieren de *comprensión, entendimiento,* y la capacidad de ponerse en los zapatos del otro, según lo ilustra el ejemplo a continuación, la historia de Minerva y la tía Mercedes:

La tía Mercedes siempre dice que no. Es su forma marianista y sacrificada. Nunca quiere comer, por temor a incomodar a otros pidiéndoles que le preparen algo. Este comportamiento irrita a todos, pero los parientes mayores lo toleran. Es especialmente irritante que cuando el resto de la familia la invita a reuniones y festejos, siempre dice que no, a menos que le insistan varias veces. Minerva, de trece años, se pone furiosa cuando la tía de su madre se comporta de esa forma, y le dice a su madre que no entiende por qué la tía Mercedes es tan complicada. Por respeto, desde luego, Minerva nunca enfrenta a su tía abuela. Se limita a decirle a Martina que le resulta irritante. Pero la opinión de Martina es que Minerva debería ser más comprensiva.

Martina se sienta con Minerva y le cuenta todo lo buena tía que ha sido Mercedes, y le dice que ella la quiere mucho a pesar de sus fallas. Le recuerda a Minerva que Mercedes vive sola y que necesita de la comprensión y la paciencia de la familia. La madre de Minerva le recuerda que la tía Mercedes siempre ha estado presente, y que la belleza de las familias radica en la disponibilidad de los unos para los otros. Minerva también se entera de que su madre a veces también se desespera con las particularidades de la familia. Pero comprende que es importante pensar en los demás, especialmente cuando se trata de la familia.

Puesto que Minerva está joven y tiene poca paciencia para la tía Mercedes, Martina dedica tiempo para enseñarle a Minerva comprensión y agradecimiento, contándole algunas historias acerca de la tía Mercedes: cómo fue de difícil para ella ser el primer miembro de la familia en irse a vivir al nuevo país y aceptar un trabajo haciendo limpiezas de casas, cuando en su país de origen tenía en su casa quién hiciera los oficios; lo triste que fue perder a su esposo en un accidente, y cómo fue de valiente cuando se quedó sola con todos los pagos pendientes. Eventualmente, la tía Mercedes se trajo a toda la familia a este país y los recibió en su propio lugar, que era muy pequeño, y los cuidó con amor y dedicación. Ayudó a pagar la universidad de uno de sus sobrinos y la fiesta de matrimonio de Martina. Estas historias le ayudaron a Minerva a entender cómo había sido de difícil la vida de sus mayores, y fomentó en ella el orgullo en los logros de la familia y en los sacrificios que había hecho la tía Mercedes por la familia. Pudo entonces ser mucho más comprensiva y tolerante con las peculiaridades de la tía Mercedes.

Entendimiento *No. 6: Insista en Su Propio Bienestar*

El sexto *entendimiento* es esencial, tanto para su *familismo* como para sus habilidades de madre o de padre. El mensaje es sencillo: Insista en su propio bienestar. Convierta en una prioridad ser buena consigo misma. Será conveniente tanto para usted como para sus seres amados. Haga las siguientes afirmaciones:

- Mi familia es importante para mí, pero también lo soy yo misma. Para mi familia no es bueno que yo me olvide de mí misma.
- No siempre tengo que aplicar el moto que dice, "Mi familia es lo primero en mi vida."

- Cuando no me compro las cosas que necesito porque creo que el sacrificio propio me hace mejor madre, no estoy haciéndole bien a nadie.

- Cuando estoy enojada, en lugar de hacer caso omiso de ese sentimiento, debo analizar por qué tengo esos sentimientos. Si se originan en que me siento agobiada por tener que hacer todo lo que mi familia me pide, tengo que entender la importancia de hacérselo saber. Debo aprender la importancia de sentirme tranquila con mis limitaciones. No puedo hacer todo lo que mi familia me pide.

- Debo recordar que es extremadamente difícil tener un buen *entendimiento* cuando siento rabia.

- Debo cambiar mi creencia que comunicar mis sentimientos de una forma serena y firme, no significa herir los sentimientos de los demás, ni que no quieran tener nada que ver conmigo.

La Debilitante Realidad de la Depresión

Este consejo es particularmente relevante para la mujer. Como persona que cuida de otros, como madre, debe reconocer la importancia de cuidarse a sí misma. Debe tener muy claro que no cuidarse a sí misma es prestarse un pobre servicio a usted misma y a los demás. Los profesionales de la salud mental están de acuerdo en que la depresión entre las mujeres, incluida la depresión posparto, es alarmantemente alta. De hecho, la tasa de depresión en las mujeres duplica la de los hombres.

Ciertos estudios, tales como el "Epidemiological Catchment Area (ECA)" y el "Hispanic Health and Nutrition Examination Survey (HHANES)" apoyan esta cifra. La depresión antes, durante y después del embarazo tiene graves consecuencias para la familia, especialmente los niños. Por lo tanto es esencial reconocer que el estrés, que puede ser causado por tratar de ser todo para todos (una expectativa cultural llamada *marianismo*), se agudiza si usted no dedica un tiempo a descansar, reorganizarse y cuidar de sí misma. No se trata de egoísmo. Es esencial para su salud y la de su familia. Usted merece placeres y alegrías. Si usted no se da una pausa, su sistema inmunológico eventualmente se agota y la deja vulnerable a enfermedades.

Muchas madres Latinas y padres Latinos me dicen que después de tener a los hijos dejaron de tener tiempo para sí mismos. No salen, no se compran ropa, no desarrollan sus aficiones y gustos y no se mantienen en buen estado físico. Sencillamente se convierten en padres. Se sienten muy orgullosos de estos sacrificios, pero no reconocen que el resultado final puede ir en detrimento de ellos mismos y de la familia. Esto es lo que da pie a discusiones, la falta de tiempo para la intimidad, la carencia de reservas emocionales para generar empatía y la rabia que se traslada a la familia e impone sobre ellos expectativas altamente exigentes. Es la fuente de acusaciones por el estilo de: "¡Tanto he sacrificado por ustedes, y miren cómo me pagan!" Los hijos no hacen lo que hacen para hacernos daño. Si usted no insiste en su propio bienestar y no les da prioridad a sus necesidades, está dándoles a sus hijos un mal ejemplo. Más tarde, su hijo quizás espere abnegación total por parte de la mujer que elija para su vida. Su hija quizás sienta que deba ser totalmente sacrificada para ser merecedora de amor.

Dedique unos momentos a anotar las respuestas a las siguientes preguntas:

- ¿Qué le gustaría hacer por el simple gusto de hacerlo? ¿Con su pareja?
- ¿Es posible hacerlo? Si no lo es, ¿por qué? ¿Les permite a los demás ayudar de modo que usted tenga menos cargas?
- ¿Cuándo fue la última vez que se hizo un masaje o una manicura?
- ¿Cuándo fue la última vez que se tomó una buena taza de café en calma?
- ¿Se siente culpable por sacar tiempo para ver su programa preferido en la televisión?
- ¿Cuándo fue la última vez que le dijo a su madre o a un pariente, "Mira, no puedo llevarte hoy de compras, necesito sacar un tiempo para mí. Sé que me entiendes porque me quieres y deseas lo mejor para mí?"

- ¿Sería capaz de decirles a sus seres amados, "Estoy tan cansada en este momento, que no soy capaz de hacer eso," o "No puedo ir a la fiesta hoy, pero los quiero entrañablemente? ¿Qué pasaría? Ensaye. Le gustará.

Entendimiento *No. 7:*
Sustente Su Poder Como Madre o Como Padre

El séptimo *entendimiento* requiere reconocer su poder para equilibrar el *familismo* en su vida. La herramienta más poderosa que tiene como madre—o como padre—es la capacidad de ser consistente en lo que les enseña a sus hijos y en lo que les comunica a sus parientes. Los mismos principios de la socialización que se aplican a la enseñanza de la *simpatía,* se aplican a la enseñanza del *familismo:* los padres son realmente los maestros más influyentes, a través de su papel de modelos y de sus indicaciones concretas.

Uno de los aspectos más hermosos y poderosos de las reuniones Latinas es lo mucho que se divierten las familias compartiendo los alimentos y pasando un buen rato. Utilice esta fortaleza cultural para construir y fomentar *familismo,* celebrando eventos en casa y asistiendo a reuniones familiares cuando sea posible. También tenga presente que quizás deba utilizar su poder personal de padre o madre para estar disponible para su hijo en aquellos momentos en los cuales la presencia, las acciones o las palabras de los miembros de la familia les ocasionen estrés a usted o a su hijo.

Tenga en cuenta que lo que usted hace marca el tono de lo que su hijo hará. Habrá ocasiones en las cuales usted deberá poner límites a abusos verbales por parte de los parientes, como en el caso de Blanca, a quien su tía Amelia le dice: "Te ves horrible con todos esos granos en la cara, y tienes que perder peso, niña, o nunca conseguirás novio." Las aseveraciones denigrantes requieren una intervención inmediata y poderosa. La madre de Blanca debe ponerse del lado de su hija, y proteger su amor propio. Una posible respuesta puede ser: "Amelia, para Blanca no es bueno que le hables de esa forma." Otra posibilidad es: "Qué lástima que le hables de esa forma a Blanca ya que ella de verdad te admira. ¿Por qué no te concentras en los valores de Blanca? Se ganó el premio de ciencias en la escuela. Es una niña encantadora y *simpática*." La cuestión es que si usted permite que los miembros de la familia hagan comentarios ofensivos o humillantes sobre usted o alguno de sus hijos en nombre del *familismo*, los hijos no sentirán que usted los apoya. Desafortunadamente, en muchas familias hay personas que son crueles o sádicas; es simplemente la ley de la estadística. No deberían salirse con la suya con su crueldad hacia sus hijos sencillamente porque forman parte de la familia. Su hijo agradecerá su poder cuando usted enfrente decididamente (note que hablo de decisión no de hostilidad) a cualquier integrante de la familia que se haya propasado en sus comentarios. Su apoyo hará maravillas por su hijo. Le estará enseñando el *Nuevo Familismo*, o la capacidad de resolver conflictos, crear relaciones familiares positivas y tener poder de decisión.

Entendimiento *No. 8: Mañana Sera Otro Día*

El octavo *entendimiento* requiere recordar que mientras sus hijos están pequeños es necesario establecer prioridades para poder conservar su tiempo y su energía. Para eso hay que dejar de lado deberes que no son cruciales. Hay que preguntarse, "¿En realidad tengo que hacer esto? ¿Alguien me está presionando? ¿Por qué me siento tan obligada a hacerlo? ¿Quién me puede ayudar?" Recuerde que usted no puede serlo todo para todos. Siempre puede apoyar a su familia de forma realista y factible para usted. Debe perdonarse sus limitaciones. Muchas Latinas sienten que deben tender la cama todos los días y lavar los platos todas las noches, pues dejar de hacerlo significa que son malas esposas y malas madres. Permiten que sus hijos inviten a dormir a dieciséis amigos, aunque le ocasione gran fatiga, sencillamente porque eso hará felices a sus hijos. Celebran el primer cumpleaños de su hijo con tanto bombo que arriesgan enfermarse en la fase de la planeación.

Recuerde que *mañana* será otro día. Es usted quien debe ser fuerte, negarse a lo que no quiere hacer y no sentirse culpable. Reconozca sus limitaciones. Usted no es la super mujer. Una amiga me contaba que desde que su hija había nacido, sentía que debía tener su casa más limpia que nunca para su hija, y que por ello tenía poco tiempo para llevarla al parque y disfrutar momentos de gozo juntas. Me reí y le dije, "¿Crees que a tu bebé le interesa cómo luzca la casa? Lo único que quiere es estar contigo en plan de cariño y relajación." Pero entendía muy bien sus sentimientos. Lo importante es que si usted se fatiga haciendo demasiado, va a ser usted quien se pierda los ratos amables y divertidos. No es muy realista aspirar a tener una casa limpia y organizada mientras los niños están pequeños. Puede lograrlo más adelante, cuando los hijos estén mayores.

Entendimiento *No. 9:*
O lo Nuevo, o lo de Antes . . . En Su Justa Medida

Este último *entendimiento* nos recuerda que la tradición es importante, pero que debemos hacer una evaluación para saber cuáles tradiciones debemos conservar. Nuestros hijos aprenderán a amar su pasado a través de su ejemplo, no porque los obligue a cumplir órdenes. Expóngalos a todo lo que usted valora; lo recordarán con *orgullo.*

Es posible que nuestro pasado sea precioso y esté hondamente arraigado, pero al igual que los muebles antiguos o el arte antiguo, algunas cosas hermosas del pasado requieren de arreglo para que puedan ser disfrutadas hoy en día y puedan perdurar hasta el mañana. Afinar y arreglar no significa negar lo que somos. Recuerde que es importante el equilibrio entre lo de antes y lo de ahora.

Cuando se trata de la importancia de la familia, pregúntese qué es importante para usted. ¿Por qué lo es? ¿Cómo afecta a usted y a sus hijos? Entonces tome sus decisiones.

El permitirle a sus hijos ejercer cierta libertad frente a las tradiciones culturales no los malcriará, y no significa que esté dejando que hagan solamente lo que a ellos les parece correcto. Significa que está garantizando que los valores que son importantes para usted se conviertan de manera genuina en los valores de sus hijos, tal vez por el resto de su vida.

Debe confiar en que es posible inculcar convicciones culturales a través del ejemplo y la instrucción, y debe mostrarle a su hijo que le tiene *confianza*. Necesita saber que usted siente que él es capaz de tomar buenas decisiones y de obrar según lo que usted le ha enseñado. Sus hijos no pueden ser copias al carbón de usted, independientemente de cuán buen ejemplo les haya dado. Pero al ayudarles a desarrollar lo que ellos son, y al inculcarles *orgullo*, los estará poniendo sobre el camino correcto.

~

Ya en este punto, las *reflexiones* deberían resultarle conocidas (y espero que útiles). Recuerde anotar las respuestas, y tomarse el tiempo para analizarlas y compararlas con el resultado de la prueba que tomó al comienzo del capítulo. Hágalo con la frecuencia que sea necesaria. Pregúntese, ¿qué he aprendido? ¿cuánto he avanzado en el espectro de la adaptación cultural?

LAS REFLEXIONES

- ¿Se debate entre sentimientos de correcto frente a incorrecto cuando se trata de administrar obligaciones familiares basadas en la tradición? ¿En qué consisten estos sentimientos? ¿Por qué cree que se siente de esa forma?

- ¿Hasta qué punto siente que las responsabilidades familiares, la lealtad y la solidaridad son los lazos que unen a los miembros de la familia?

- ¿Qué tan importante es llevar a su hija de ocho años a la celebración de los cincuenta años del tío Mike, cuando ello significa que se pierda la fiesta de cumpleaños de su mejor amiga la misma noche? ¿Será posible hacer énfasis en el amor a la familia a la vez que le permite ir a la celebración de su amiga?

- ¿Usted es capaz de no hacerle caso a los consejos de su cuñada cuando se trata de cómo disciplinar a su hija? ¿Puede hacerlo sin sentir que le ha faltado al respeto?

- ¿Qué tan importante es que los niños sean siempre *simpáticos* con sus parientes?
- ¿Qué recuerdos tiene usted de esos deberes familiares que de niña sentía que le eran impuestos? ¿Cómo la afectan esos recuerdos?
- ¿Le resulta muy difícil acceder a algo que su hijo quiere cuando usted siente que hacerlo está bien, pero teme que otros miembros de la familia no aprueben? ¿Cómo explicaría su elección a cada uno de los involucrados?

Tenga en Cuenta el Pasado

Para cerrar la discusión sobre el *familismo,* recuerde que el *entendimiento* empieza por conocernos a nosotros mismos. Debemos estar en contacto con la forma como fueron para nosotros las cosas en el pasado. Muchos padres Latinos con quienes he trabajado me dicen, "No sé por qué le hago esto a mi hija. Detestaba que me obligaran a hacer lo que me ordenaban sin tener en cuenta mis deseos." Desde esa comprensión puede crecer el *entendimiento.* ¡No tengo dudas de que usted sabrá equilibrar con gran elegancia el *familismo* para usted y para sus hijos!

CAPÍTULO 4

Cómo Fomentar la *Simpatía* Dentro del *Nuevo Tradicionalismo*

5=Siempre 4=A menudo 3=A veces 2=Rara vez 1=Nunca

1. ¿Se culpa usted de que su hija de siete años le haya escrito a Santa Claus una carta grosera y codiciosa? _____

2. ¿Se sienten enojados o avergonzados de que su hija de cuatro años haga caso omiso de los saludos de sus amigas? _____

3. ¿Se culpa de que su hijo o su hija no siga las reglas de cortesía adecuadas para su edad? _____

4. ¿Siente que a su hijo de seis años le faltan habilidades sociales? _____

5. ¿Le prohíben a su hijo ir a casa de sus amigos a jugar? _____

6. ¿Desanima a su hijo a hacer parte de grupos y deportes? _____

7. ¿Se siente descontento con las capacidades sociales de su hijo? _____

8. ¿Piensa que usted es un buen modelo de *simpatía* para su hijo? _____

Juliana, de siete años, regresa de la escuela tan angustiada que ni siquiera saluda a Martina, su madrina, quien ese día está de visita.

Su madre, Betty, le recuerda el tema de los modales. Juliana cumple, pero su madre no la percibe ni como *simpática* ni como *bien educada* y por ello, se disculpa abundantemente con Martina, diciéndole, "¡No me explico qué le pasa hoy a Juliana!" Cuando Martina se marcha, Betty le hace el reclamo a Juliana, y refuerza la lección sobre la importancia de ser siempre educada y tener buenos modales. Incluso le pregunta, "¿Qué es lo que te pasa?" pero con irritación y sin comunicar comprensión. Resulta ser que Juliana tuvo un mal día en la escuela, porque tuvo un alegato con Cynthia, su mejor amiga. Necesitaba que Betty hubiera estado disponible con todas las técnicas de O.R.G.U.L.L.O. No obstante, la preocupación primordial de Betty era su vergüenza con Martina y el temor de que Juliana no fuera una niña *bien educada* o *simpática*.

Niños Bien Educados—Una Cuestión de Gran Importancia

A todos los padres les encanta ver que sus hijos se convierten en individuos generosos, amistosos, amorosos y populares, pero los padres Latinos sienten un *orgullo* especial cuando les dicen: *"Tu niño es muy simpático y bien educado."* Por esa razón es importante que los padres Latinos les enseñen a sus hijos el valor de la *simpatía*.

Si bien la palabra *simpatía* puede traducirse al inglés como *good manners* o *common courtesy,* en castellano va más allá porque tiene connotaciones de conformidad. Es decir, harás cosas que quizás no te apetezca hacer, pero sientes que debes hacerlo por los demás. Por ejemplo, un Latino tradicional nunca les pedirá a sus invitados que se marchen si prolongan demasiado una visita, aunque tenga que estar en el aeropuerto a las cinco de la mañana al día siguiente. Igualmente, si una amiga se aparece en el peor día posible, una Latina de buenos modales no dejará notar su impaciencia ni dirá que hoy no es buen día para una visita. Sonreirá y será una anfitriona maravillosa. Estos son comportamientos basados en lo que suelo llamar Las Reglas de Oro de la *simpatía,* a la cuál se pliegan todos los padres Latinos tradicionales que quieren que sus hijos sean *bien educados:*

Las Reglas de Oro de la *Simpatía*

- La importancia de caer bien a los demás
- La importancia de ser atractivo
- La importancia de ser divertido
- La importancia de ser relajado
- La importancia de ser flexible y conforme
- La importancia de comportarse con dignidad y respeto por los demás
- La importancia de evitar comportamientos negativos

En muchas ocasiones la enseñanza de estos maravillosos comportamientos no genera grandes conflictos entre los padres Latinos y sus hijos en Norteamérica—excepto cuando se trata de desarrollar amistades en la nueva cultura. En ese aspecto empezamos a ver choques culturales.

Aunque en Norteamérica el concepto de amistad incluye hermosos valores que también posee la cultura Latina, como la camaradería, la solidaridad, el apoyo y la buena voluntad, al igual que en el caso de la *simpatía, friendship* varía un poco del concepto de amistad. La diferencia estriba en el énfasis que se hace en sacrificarse—hasta el límite, si fuera necesario—por un amigo. Es más importante ser leal y ser buen amigo que ser popular. La popularidad del individuo no está por encima de la *amistad,* mientras que en Norteamérica la popularidad es altamente valorada y fomentada en los niños, y la presión de los compañeros es algo reconocido. No quiero decir que los niños Latinos no sientan presión por parte de los compañeros, sino que sus padres no siempre lo perciben como algo que hay que administrar o comprender, dentro del marco de su crianza. Una madre Latina me decía que tener un hijo *simpático* y *bien educado* era para ella más importante que tener un hijo popular.

Este capítulo redefine la *simpatía* con el ánimo de reducir choques culturales estresantes que podrían lesionar el amor propio de los niños en sus interacciones sociales cotidianas. Si usted utiliza las técnicas de crianza que le recomiendo, sus hijos serán capaces de mantener sus buenos modales al estilo Latino, con *orgullo* y un equilibrio cultural que les permita hacer amigos y ser populares.

La Amistad y la Socialización

Se da por aceptado que los padres Latinos saben cómo fomentar el desarrollo de la amistad en sus hijos, pero de nuevo, en este caso, muchos eligen seguir el camino trazado por sus propios padres, haciendo cumplir reglas que quizás no funcionen muy bien en el contexto de los Estados Unidos.

Los padres, o los adultos a cargo, son los maestros más influyentes de lo que la cultura considera comportamientos apropiados. A través del elogio y la motivación, los padres refuerzan en sus hijos lo que consideran comportamientos adecuados, los cuales abarcan la manera preferida de relacionarse con los padres, los parientes y otras personas importantes en el mundo del niño, incluyendo los maestros y los compañeros. En las ciencias sociales a esto se le llama socialización. Para la gran mayoría de los individuos socializados, el no cumplir con los mandatos culturales genera ansiedad.

La socialización dicta que los padres den instrucciones para fomentar muchas habilidades que se consideran cruciales para el bienestar social del niño. Es este aspecto en el que la promoción ciega de la vieja *simpatía,* con su énfasis en ser agradable, en dar gusto, en controlar el temperamento, en *aguantar* el estrés—incluso pasivamente, si fuera necesario—puede chocar con los valores sociales de su hijo, como en el caso de Alfredo:

A Alfredo, de diez años, la señora Smith, la vecina, lo ha acusado injustamente de dañarle el portón de la entrada. Ella le gritó, y luego le puso la queja a Margó, la madre de Alfredo, diciéndole que el niño tenía serios problemas y era muy difícil. Cuando Margó ya había castigado a Alfredo por el daño causado, Ramón, el padre, fue hasta donde la señora Smith para pedirle disculpas y para ofrecer arreglarle la puerta o pagar por la reparación. La señora Smith le dijo que lo olvidara, que en realidad había sido su hijo quien había dañado la verja, y que como había estado muy ocupada con un proyecto se había olvidado de informarle que no había sido Alfredo el causante del daño.

La señora Smith no les pidió disculpas a Alfredo, a Margó o a Ramón. No obstante, a Alfredo se le indicó que debía sonreír y ser amable con la señora Smith cuando se la encontrara. Alfredo se negaba, diciendo, "No tengo por qué ser amable con ella, ella no fue amable conmigo, y me castigaron injustamente." Margó insistía en que Alfredo debía ser amable, ya que era un *niño bien educado* y la señora Smith era una persona adulta, y con los adultos siempre se debe ser respetuoso y cortés.

Si Margó le hubiera pedido a Alfredo que no fuera grosero con la señora Smith, no habría problema, pero le estaba pidiendo a Alfredo que reprimiera sus sentimientos y tuviera *aguante,* que hiciera caso omiso de sus sentimientos y de lo que la señora Smith había hecho. Sin duda, a Margó se le estaba escapando algo importante, y estaba dejando pasar la oportunidad de aplicar los *consejos* de O.R.G.U.L.L.O. En este caso, su principal esfuerzo giraba en torno a lograr que Alfredo fuera un niño cortés y *bien educado.*

Libretos Culturales/Colisiones Sociales

Cuando sugiero que a lo mejor la *simpatía* no se puede traducir directamente a los valores norteamericanos, quiero dar a entender que entra en la categoría de lo que se denomina *libreto cultural*—un modelo específico de cómo relacionarse con los demás al que se adhieren literalmente los miembros de una determinada cultura. Cada grupo posee su propio libreto cultural, atesorado y transmitido a los hijos. En los Estados Unidos, por ejemplo, se valoran más altamente la eficiencia, la individualidad y lo práctico de las cosas que la formalidad de la *simpatía,* que nosotros los Latinos tanto estimamos.

El valor que los Latinos le adjudican al libreto cultural de la *simpatía* se puede ver en el tiempo y esfuerzo que una familia Latina que conocí le dedicó a corregirle a su hijo de siete años la carta que le había enviado a Santa Claus. Dicha carta empezaba, "Quiero un auto, un camión . . . ," y continuaba como una lista escueta. Los padres estaban angustiados con la forma tan directa de su hijo, y procuraban mostrarle la importancia de decir cortésmente, "Querido Santa, espero que estés bien. Si es posible, te agradecería mucho que consideraras traerme lo siguiente . . ." Procuraban inculcarle a su hijo desde muy temprano la importancia de los buenos modales. Hace parte de ser *un niño bien educado.*

Las buenas maneras son decididamente una prioridad, aun cuando signifique dedicar algunos minutos de la llamada de negocios para decir, "¿Cómo estás, y cómo está la familia?" antes de pasar a los asuntos profesionales.

Según el libreto cultural norteamericano, se consideraría poco cortés aparecerse en casa de amigos sin avisar primero, así como lo sería llegar a una invitación a cenar dos horas después de la hora establecida. No obstante, los Latinos se inventaron la frase "mi casa es su casa" por una razón: para nosotros, siempre hay casa abierta. Igualmente, ser puntuales para la cena en casa de una amiga en países Latinos tradicionales se considera falta de educación, dado que sus anfitriones pueden no estar listos ya que no los esperan a la hora en punto.

Los libretos culturales pueden crear conflictos entre los grupos y entre padres e hijos si los comportamientos sociales son malinterpretados, pero los choques sociales se pueden prevenir. Se debe empezar por evaluar el libreto cultural Latino y redefinir la *simpatía,* para que ésta incluya la validación de los sentimientos de su hijo, como en el caso de Alfredo, y para que incluya cultivar amistades dentro del contexto bicultural.

Facilitar la *Nueva Simpatía*

Al igual que el *respeto,* la *simpatía* también genera conflictos en las familias cuando se impone a rajatabla. Esta imposición absoluta lleva a los niños a hacer cosas a espaldas de los padres, o a sentirse obligados a comportarse de maneras que les resultan vergonzosas, o peor aún, que puedan lesionar su amor propio. Podemos preguntarnos ahora:

- ¿Quiere decir que debemos prescindir de la *simpatía?*
- ¿Quiere decir que la *simpatía* es algo malo que no debe transmitirse a los niños Latinos?
- ¿Quiere decir que la *simpatía* debe enseñársele a nuestros hijos de la forma como a nosotros nos la enseñaron, y confiar en que ellos la aprenderán de la misma forma que nosotros?

La respuesta a estas preguntas es un ¡No! rotundo. Lo que hay que hacer es adaptar algunos de los componentes del libreto cultural de la *simpatía,* de modo que funcionen armoniosamente con los aspectos correspondientes de la cultura norteamericana. Tenga en cuenta que digo *adaptar;* la adaptación es un comportamiento sano que connota dominio y control por parte del individuo. Es una elección, no una imposición, y en este caso es una elección que beneficiará a su hijo.

Usted y la Forma de Vida Cotidiana de Su Hijo

Puesto que las prácticas de crianza están íntimamente conectadas con las culturas, los padres que educan hijos en una cultura diferente a la suya chocan con aspectos importantes en la vida del niño. Por ejemplo:

- ¿Cuál es la hora apropiada para irse a la cama?
- ¿Hasta qué hora debe permitirse que los niños estén por fuera de casa?
- ¿Cuál es la edad aceptable para tener relaciones sexuales?
- ¿Se les debe permitir a los niños ir a jugar a casa de sus amigos?
- ¿A qué edad pueden escoger la ropa que se ponen?
- ¿Se les debe dar permiso de jugar en la calle?
- ¿Cuál es la forma correcta de relacionarse con los adultos?

En resumen, ¿cuál es el parámetro correcto para todo lo que hace el niño? Los padres en muchas otras culturas también se hacen estas preguntas, pero las respuestas varían según la cultura. Cuando se llega a una cultura que tiene parámetros muy definidos de crianza y muy diferentes de los propios, las cosas se ponen muy complicadas.

Por ejemplo, puede ser muy desconcertante oírle decir a su hija: "Nunca me dejas ir a ninguna parte. ¿Qué tiene de malo ir a la casa de Mary? Conoces bien a su mamá, y Mary nos visita, entonces, ¿por qué no puedo ir yo allá?" Surge la tentación de responderle: "Porque nosotros somos diferentes y punto." Sin embargo, los científicos nos cuentan que al parecer estamos programados para encontrarle sentido a nuestro medio a base de formular preguntas y exigir respuestas. Esa forma de comunicación conduce a un diálogo activo.

Comprender Sus Propias Motivaciones: El Primer Paso

En mi trabajo con familias he visto que los padres se benefician de comprender los temores y las reacciones que los llevan a negarse a un deseo de su hijo que en realidad no ofrece peligro ni obliga a nadie a sacrificarse.

Si la necesidad de tomar decisiones acerca de cualquiera de las peticiones de su hijo le genera ansiedad, es útil considerar por qué. Recuerde que no quiero dar a entender que usted debería dejar que su hijo haga cosas con las que usted no está de acuerdo, pero sí debe tener presente, por ejemplo, la razón por la cual usted orienta a su hija a no aprender cosas que la emparejarán con sus compañeros y que llevará a buenos hábitos más adelante en la vida—por ejemplo actividades básicas como aprender a nadar, montar en bicicleta, elegir su ropa. Puede tratarse también de cosas menos simples, como ir a la universidad en otra ciudad, ir a un campamento o ir a jugar a casa de una amiga cuyos padres usted conoce y que le merecen confianza.

Si, por ejemplo, usted no la apoya para aprender deportes porque así fue como la educaron a usted, y usted se las ha arreglado bastante bien en este mundo sin esas habilidades, piénselo de nuevo:

- ¿Realmente es justa con su hija?
- ¿Será acaso que usted le está imponiendo sus temores a su hija?

- ¿Lucha por conservar aspectos de su cultura que considera valiosos pero que quizás ahora deban ser adaptados?
- ¿Por qué se empeña tanto en no adaptarse a algunas cosas?
- ¿Teme perder el control sobre su hija?
- Por último, ¿teme que su hija no quiera hacer parte de su propia cultura? Quizás al imponer sus reglas con demasiada rigidez logrará precisamente que se cumpla aquello que usted quiere prevenir.

Reescribir el Libreto Cultural:
La Nueva Simpatía

Aunque reescribir el libreto cultural de la *simpatía* no garantiza resultados instantáneos positivos, muchos padres Latinos a quienes les he ayudado se sienten muy cómodos con el proceso. Han podido mantener aspectos importantes y cruciales de la *simpatía* que sus hijos reciben bien y no rechazan como obsoletos. Han logrado mantener su esencia siguiendo los ocho pasos de la nueva S.I.M.P.A.T.Í.A., que aparecen a continuación. Miremos cómo se puede lograr:

1. S   Siembre amor propio—una prioridad dentro de la *Nueva Simpatía*.
2. I   Interacción redefinida—La importancia de los amigos.
3. M   Mantenga sus valores y comuníquelos claramente.
4. P   Presión de los compañeros—Un nuevo entendimiento.
5. A   Acepte el curso natural—El desarrollo de la *Nueva Simpatía*.
6. T   Tenga confianza pero verifique—Desarrolle *Nueva Confianza* a través de responsabilidades apropiadas para la edad.
7. I   Independencia e individualismo—Fomente en su hijo la autodeterminación y la originalidad.
8. A   Adaptación—Así se hace.

~

Paso No. 1: Siembre Amor Propio—Una Prioridad Dentro de la Nueva Simpatía

Lo que se entiende como el autoconcepto incluye la totalidad de los pensamientos y sentimientos de su hijo acerca de sí mismo. El autoconcepto se desarrolla a través de las experiencias y relaciones de su bebé, sea con usted con las personas importantes en el diario vivir del bebé. Por ejemplo, una vez que nace un bebé, se le otorga una identidad social: un género, un nombre, el orden que ocupa entre los hermanos, si es el primogénito, el del medio o el menor de la familia. Todos estos rótulos o categorías se convierten en algo que define al recién nacido. Se convierte en parte de la familia, y esa familia hace parte de una determinada cultura.

En muchas personas el sentido de competencia se ve afectado si sus padres pensaban que no eran capaces de hacer ciertas cosas bien. La sensación de incompetencia continúa en muchos adultos aunque sepan racionalmente que son capaces. Es por ello que los primeros adultos en cuidar al niño, especialmente las madres, deben tener conciencia clara de la importancia de fomentar una autoimagen positiva desde una edad temprana. Las siguientes habilidades son esenciales para que prospere el amor propio, y se necesitan además para fomentar la amistad:

- Una buena autoimagen cultiva la adaptabilidad, otra habilidad crucial para el desarrollo de la amistad y la popularidad.
- Una buena autoimagen cultiva una buena disposición, que es fundamental a la capacidad de sobreponerse a las adversidades de la vida, algo importante para el éxito de la vida de su hijo y es un componente de la salud mental, la popularidad y la capacidad de conservar las amistades.
- Y lo más importante para nuestros propósitos es entender que hay estudios llevados a cabo por investigadores en el tema de la salud mental que indican que los niños Latinos biculturales tienen mejor disposición, son más adaptables, tienen mejor res-

puesta emocional, son más sensibles, tienen menos probabilidades de caer en la delincuencia, son amistosos y son sensibles en su trato interpersonal.

A continuación, un ejemplo de cómo facilitar el desarrollo de una buena autoimagen relacionada de cerca con la cultura.

Paloma, de siete años, regresa triste de la escuela y no quiere jugar con otros niños. Sus padres, quienes valoran la sociabilidad de su hija, se dan cuenta y se preocupan.

La Manera de Antes

MAMI/PAPI: Paloma, quisiéramos saber qué es lo que pasa, que desde que nos mudamos a la nueva casa no te visitan los amigos. ¿Hay algún problema?

PALOMA: Detesto a los niños de este nuevo colegio. Son crueles. Se ríen de mi nombre; me molestan, diciendo que es un nombre de pájaro. Detesto mi nombre. ¿Por qué me lo pusieron? Quiero cambiármelo. Es un nombre tonto.

MAMI/PAPI: Paloma es un nombre lindo y no deberías prestarles atención a esos niños. Son menos sofisticados que tú. Ya se les pasará, no les prestes atención. Son niños tontos.

La Nueva Forma

Los padres de Paloma actúan de una forma que le ayude a ella a sentirse bien. No culpan a ninguna de las dos culturas; no le dicen, "Los americanos son ignorantes," sino que le dan municiones con las cuales resolver la situación. Reconocen que en este caso, la cultura tiene incidencia, porque Paloma es un nombre poco común en los Estados Unidos, y los niños de segundo grado son bien conocidos por ser burlones. Pero también reconocen que les corresponde a ellos mejorar el amor propio de Paloma, lo cual incluye el aprecio por su cultura. A continuación, lo que hicieron:

MAMI/PAPI: Tesoro, Paloma es el nombre de Nuestra Señora de la Paloma, y es además el nombre de tu abuela. También se llama así la hija de un pintor español muy famoso. Ella también hace cosas hermosas que le alegran la vida a la gente. Paloma es un bello nombre y por esa razón te lo pusimos. Creemos que los niños no quieren jugar contigo porque eres nueva en la escuela y les hace falta conocerte. Eso sucede en muchos casos con niños de segundo y de tercer curso en cualquier circunstancia. Lo mejor es intentar entrar en el grupo de nuevo. Si te dicen que no, pues juegas con otros niños. Dale un poco de tiempo.

PALOMA: ¡Pero es que no me gusta mi nombre!

MAMI/PAPI: Antes de entrar a esta escuela no te sentías así. Es algo que quizás te convenga recordar cada vez que entras a un grupo nuevo. Cuando nos toque el turno en el día abierto para padres de presentarnos ante los demás, le contaremos a la clase cuál es el significado de Nuestra Señora de la Paloma. Y escucha cómo es de lindo el sonido de tu nombre: P A L O-M A. Es un nombre hermoso y es por eso que te bautizamos con él. Así es como debes pensar en tu nombre y verás que otros lo encontrarán tan hermoso como nos parece a nosotros. P A A L O O M A.

PALOMA (riéndose): ¡¡Ustedes sí que son graciosos!!

A Paloma se le está ayudando a comprender que los cambios deben provenir de adentro. Necesitará tiempo para asimilar el concepto, pero con el apoyo de los padres llegará el momento, y se sentirá orgullosa de su identidad. Una vez viva con *orgullo* de sí misma, los niños en la escuela verán que a ella no le molesta lo que le dicen, y su deseo de burlarse desaparecerá rápidamente.

Esta forma de promover el amor propio funciona muy bien en mi consultorio cuando buscan mi ayuda las familias que—con buenas razones—han llegado al punto de la amargura y la ira debido a los prejuicios y la ignorancia que han encontrado en su nuevo país. Eventualmente, se dan cuenta de que tienen un poder interior enorme para evitar que otros los definan.

Debe enseñarles a los hijos que cuando ellos son fuertes en su interior, resultarán *muy simpáticos*, serán populares entre sus amigos, tendrán buenas maneras y serán definitivamente auténticos. Se trata de atributos hermosos que se pueden llevar con gran *orgullo*.

Paso No. 2: Interacción Redefinida—La Importancia de los Amigos

El segundo paso de la S.I.M.P.A.T.Í.A. se refiere a cómo animar a su hijo a participar en ambos mundos.

Durante una entrevista con Magdalena, una Latina inteligente, profesional y, según ella, "moderna," que ha vivido en este país desde los dos años, escuché las siguientes contradicciones: "Creo que es importante que mi hija de ocho años tenga amigos, pero tienen que venir a mi casa de modo que yo los pueda supervisar. No le permito ir a la casa de nadie."

Le pregunté: "¿Aplica esto también a sus dos hijos?"

"No," me respondió, "los muchachos son muchachos."

Le pregunté entonces: "Si pensamos en drogas y en el Sida, ¿no cree que los muchachos corren igual peligro hoy en día?"

Se rió nerviosamente y dijo: "Nunca lo había visto de esa forma."

Entrar en Sintonía con la Época

Como hija única, Violeta creció bajo la mirada atenta y solícita de los adultos, prestos a concederle todo, pero impidiéndole tener amigos. Nunca aprendió la importancia de ceder, y ahora, en su edad adulta, se enfurece con su esposo cuando no puede hacer lo que quiere. Dice que no se lleva bien con su hija, pero le grita en lugar de comunicarse con ella. De hecho, dice que le resulta muy difícil escuchar, interrumpe con frecuencia y no sabe cómo iniciar una conversación o cómo terminarla. No tiene amigas y se angustia porque su hija, Consuelo, de dieciocho años, es igual a ella. Ahora la obliga a salir y a tener amigos, sin éxito. Llegar a una solución requiere de terapia familia para Violeta y Consuelo, ¡pero funciona!

Es muy importante anotar que Violeta se dio cuenta de que la razón por la cual le había impedido a Consuelo reunirse a jugar con amigas era el temor de que algo malo pudiera sucederle. Las amigas podían visitarla a ella, pero al cabo del tiempo dejaron de hacerlo porque a Violeta le molestaba el ruido y las reprendía por no dar las gracias o decir "por favor" todo el tiempo. Tampoco dejaba que su hija montara en bicicleta o nadara. De hecho, hasta el día de hoy, Consuelo no sabe nadar. Violeta tiene dos hijos pequeños y teme que desarrollen los mismos problemas de Consuelo.

Al comienzo, Violeta no podía imaginar que les permitiría a Consuelo y a sus otros dos hijos menores hacer cosas que eran normales para sus amigas, que eran buenas chicas pero "diferentes." Pero a la vez, no podía hacer caso omiso de la importancia que tiene en el desarrollo de relaciones vitalicias el permitirles a sus hijos cultivar amistades. Violeta aprendió a tiempo que mediante la exposición a la diversidad, los niños llegan a sentirse orgullosos de lo que son. Enfrentó la realidad de que hoy en día los niños corren mayores peligros que antes, cuando ella era niña, pero que la mejor manera de protegerlos es ayudarles a ser conscientes de esos peligros. Aunque su madre sentía que estaba exponiendo sin razón a sus hijos a cosas desagradables, Violeta finalmente eligió confiar en su naciente comprensión del biculturalismo.

Paso No. 3:
Mantenga Sus Valores Esenciales y Comuníquelos Claramente

Los científicos que estudian la capacidad bicultural han descubierto que lo que denominan "el modelo alterno"—mantener los dos libretos culturales—es el mejor método de adaptación para los individuos que migran o cuyos descendientes provienen de otra cultura.

Para adaptarse a una nueva cultura, los padres y los hijos necesitan contar con una fuerte identidad personal; ser conscientes de sus valores y convicciones culturales; ser sensibles a la forma como se demuestra el afecto; comunicarse claramente en el idioma de esa cultura; ser capaces de comportarse de la forma socialmente aceptada; mantener relaciones sociales dentro del grupo cultural; y saber cómo manejar las asociaciones institucionales de esa cultura.

Algunas estrategias efectivas:

- Comparta con sus hijos sus propias experiencias como persona inmigrante.

- Cuénteles historias sobre los héroes latinoamericanos que usted admira.

- Explíqueles por qué es tan importante ser amables con la vecina de edad avanzada.

- Cuídese de dar ejemplo de lo que usted predica y no hable mal de los que son groseros o despectivos con usted. Sencillamente reconozca que están equivocados en la imagen que tienen de usted.

- Cuando invite amigas o amigos, tome conciencia de cómo los perciben sus hijos; ellos siempre están observando.

- No les imponga a sus hijos su propia forma de hacer amistades o de tratarlas, pero sí cuénteles por qué considera importante hacer lo que hace. Y exija buenos modales siempre, pero sin hostilidad o grosería.

- No fomente nunca una sensación de humildad que implique que su hijo es menos valioso que otros. Valide las cosas realmente humillantes que le hayan sucedido a su hijo, como en el caso de Alfredo. No tiene que fomentar una respuesta hostil, pero sí debe reconocer ante su hijo la validez de sus sentimientos.

- Promueva en su hijo técnicas de supervivencia que no conduzcan a ser busca pleitos, a la agresividad o a la burla sobre identidades culturales, como en el caso de Paloma.

- No permita la grosería o la crueldad hacia los amigos de su hijo, aunque ellos mismos sean crueles y desagradables. Fomente técnicas de fortaleza interna, como darse cuenta de que a ese otro niño no hay que darle demasiada importancia, que es mejor no hacerle caso, y enséñele a alejarse de este tipo de relaciones.

- Comparta con sus hijos sus propios sentimientos de ira o decepción con sus propias amistades, y lo que usted siente como sus opciones para manejar las situaciones; por ejemplo, no prestar atención, comunicar sus sentimientos, o, si es necesario, dar por terminada una amistad. Todos son comportamientos potencialmente adecuados.

Paso No. 4:
Presión de los Compañeros—Un Nuevo Entendimiento

Es crucial que usted comprenda cuán importantes son los compañeros en la vida de su hijo. La influencia de los compañeros les ayuda a los niños a iniciar una sana separación de los padres y propicia el desarrollo de su propia identidad. Los compañeros se vuelven muy importantes durante la adolescencia, cuando la influencia de los padres tiende a declinar. Los niños que han adquirido una buena identidad, a quienes les enseñaron un fuerte sistema de valores, y que fueron amados y apoyados están mucho mejor preparados para ser auténticos y para resistir las influencias negativas de sus compañeros. Por todas esas razones es imperativo ayudarle al niño a tomar decisiones con base en información y a comunicarse libremente con usted sin temer que adopte una postura crítica. Lo que más protege a su hijo de le influencia negativa de los compañeros es:

- Ayudarle a tomar decisiones apropiadas.
- Animarlo a pensar con independencia a la vez que está pendiente de lo que ocurre en su mundo. A veces la comunicación con su hija requerirá de una gran dosis de paciencia y comprensión porque ella asegurará que todos los demás "hacen" lo que ella desea hacer, y que algunos padres permiten que sus hijos "lo hagan," o dirá que usted es anticuada y le está arruinando la diversión.

En este caso el componente clave es comunicarse realmente con el niño, no imponer sus valores a trocha y mocha.

Concédale a Su Hijo el Regalo de Cometer Errores

Existen estudios que indican que los niños a quienes se les enseña responsabilidad, y a quienes sus padres les ofrecen opciones razonables, son menos vulnerables a la influencia de los compañeros. El reto para los padres Latinos en Norteamérica es amar a los niños lo suficiente para permitirles, ocasionalmente y dentro de lo razonable, cometer errores. Los padres deben aprender a manejar su propia ansiedad, de manera que no haya sobreprotección o necesidad de controlar la selección de amistades o de estar conspicuamente presentes en la habitación de su hija cuando ésta invita a casa a una amiga.

En un lenguaje apropiado para la edad y sin emitir juicios, los padres deben comunicarles a sus hijos su forma de pensar sobre asuntos como la sexualidad, la moralidad, las drogas y el alcohol, a la vez que se aseguran de dejar abiertos los canales de comunicación. Recuerden que sus compañeros estarán ejerciendo influencia sobre ellos; es bueno que usted sepa lo que están diciendo, pero si es demasiado rígida y ansiosa, no habrá diálogo, y ellos no dirán mucho.

Los padres a veces entorpecen la comunicación por no comprender la importancia que tiene para sus hijos la influencia de los compañeros. En el siguiente ejemplo, los padres no subestimaron la importancia de los compañeros y le ayudaron a su hija a manejar bien una situación difícil:

Rafaela, de trece años, asiste a una nueva escuela en otro estado. Empieza a cambiar de forma de vestir y de peinarse, y las notas han desmejorado. Sus padres, Manolo y Zoraida, hablan con la profesora, lo cual no ayuda. Deciden entonces que lo mejor es preguntarle a su hija si algo la tiene preocupada.

Rafaela les cuenta que sus amigas le dicen que ella proyecta una imagen de Latina presumida, y se lo dicen con desprecio. "¿Qué se cree, una *blanquita?*" le dicen. Rafaela entiende que ese término es peyorativo e implica rechazo. Sus amigas están dándole a entender que ser buena, verse bien y ser excelente estudiante no es bien visto.

Esto fue lo que aconteció en la reunión familiar:

MAMI/PAPI: Rafaela, cariño, estamos muy preocupados por la forma como te vistes ahora. Ya no cuidas tu pelo como antes, eliges ropa diferente a la de antes, ya no te pones los *jeans,* los zapatos mocasines y el saco que te regalamos el día de Reyes y que tanto te gustaban.

RAFAELA: Estoy bien, no se preocupen, estoy bien.

MAMI/PAPI: No, no estás bien. También nos preocupa mucho que tus notas estén bajando. No parece cosa tuya. Sentimos que algo te molesta. ¿Qué es? Por favor dinos.

RAFAELA: Prométanme que no me obligarán a alejarme de mis amigas nuevas, de Anita y de Yamila.

MAMI/PAPI: ¿Y por qué habríamos de hacerlo?

RAFAELA: Porque si trato de ser *blanquita* ya no me querrán, y ellas son mis amigas.

MAMI/PAPI: Bien, veamos, ¿qué es lo que les parece que tú no deberías ser? Me parece que lo que dan a entender es que si uno luce bien, saca buenas notas y es inteligente, entonces uno está tratando de ser la persona que no es. ¿Tratan de decir que lo que te corresponde es ser inadecuada, o mala? Cariño, eres nuestra princesa. No es que pensemos que debas ser presumida ni engreída, pero no debes tampoco ponerte en una posición de segunda categoría. Debes regresar a tus buenas notas y a ser tú misma.

Pasas por un período de adaptación y quizás pase algún tiempo antes de que te sientas mejor. ¿Recuerdas lo que te hemos contado de cuando nos vinimos a vivir a este país?

RAFAELA: Sí, lo recuerdo, y tienen razón. A lo mejor puedo ser yo misma y de todos modos conservar a mis amigas.

En este caso, la clave del éxito para los padres en su labor es mantener un tipo de diálogo que haga énfasis en los comportamientos positivos sin prohibirle directamente a Rafaela que cultive la amistad con Yamila y Anita.

Paso No. 5:
Acepte el Curso Natural—El Desarrollo de la Nueva Simpatía

El paso cinco hace énfasis en la importancia de permitir la participación de su hijo en actividades sociales adecuadas para su edad, y de apoyarlo en ellas. Veremos en el Capítulo VI cómo muchos padres no solamente han permitido sino que han fomentado activamente el desarrollo de la popularidad y la competencia social en sus hijos, mediante el formato de la *Nueva Simpatía*. Al seguir los *consejos de*

O.R.G.U.L.L.O., estos padres han facilitado en sus hijos un nivel culturalmente equilibrado de *simpatía* y *amistad*.

Los Latinos valoran la *amistad* y la cuidan celosamente: un buen amigo, al igual que la familia, siempre está disponible. ¿Pero cómo puede usted fomentar la competencia social y la individualidad, si no le permite a su hija elegir con quién quiere jugar—aun bajo su supervisión? A base de práctica logrará las habilidades necesarias para cultivar amistades y esas habilidades le ayudarán a construir empatía y flexibilidad en las relaciones futuras.

A la mayoría de los niños populares los invitan a participar en fiestas de cumpleaños, a dormir en otras casas, a participar en deportes de equipo y en obras de teatro. A los niños a quienes no se les permite participar con sus compañeros en actividades que no ofrecen peligro alguno se les lesiona la popularidad y la autoestima. Eso no quiere decir que los niños tengan que hacer todo lo que hacen sus compañeros. Pero el libreto cultural de Norteamérica, al cual su hijo se expone a diario, considera que ir a jugar a casa de un amigo sin que los padres lo acompañen es un aspecto muy normal del desarrollo.

¿Significa esto que debemos conformarnos y permitir que nuestros hijos hagan todo lo que se hace allá afuera? De nuevo, la respuesta es "no," pero sí debería considerar hacer lo siguiente:

- Recuerde que debe empezar desde temprano su entrenamiento en *simpatía*. La idea no es dejar que su niño en edad preescolar haga cosas que no son correctas, como untar mermelada en el sofá, reírse de ellas y esperar que desarrolle mágicamente responsabilidad y empatía cuando sea mayor.
- Tenga en cuenta los sentimientos de su hija, oiga lo que ella le dice y ayúdele a entender su posición. Explíquele por qué piensa lo que piensa.
- Refuerce tanto la información como las reglas, y asegúrese de que su hijo entiende lo que le está pidiendo y por qué.
- Conozca lo que está ocurriendo con su hijo en la escuela y con sus compañeros para que puedan hablar de estas cosas. No juz-

gue, no critique. Exprese sus sentimientos y opiniones y escuche las de su hijo.

• Concédale validez y aprecio al mundo de su hijo. Manifieste empatía y tenga en cuenta que puede ser necesario repetir una y otra vez las lecciones sobre los buenos modales.

• No se desespere si su hijo pequeño no es considerado o no exhibe los dones sociales que usted valora; siga enseñándole a través de sus acciones, de servirle de modelo y de una comunicación clara.

Paso No. 6: Tenga Confianza pero Verifique—Desarrolle Nueva Confianza a Través de Responsabilidades Apropiadas para la Edad

Este paso la invita a ayudarle a su hijo a aprender a base de negociar, no a base de imponer su punto de vista, como en el caso de Osvaldito:

Osvaldito, de catorce años, pasa por momentos difíciles con Alba, su madre. Después de la escuela él quiere estar con sus amigos, muchos de los cuales no son Latinos, y disfrutar de un tipo de libertad diferente a la que tenían sus padres cuando eran de su edad. Alba le hace advertencias a Osvaldito por el estilo de: "Tú eres Latino. Tú no eres americano. A mí no me importa qué suceda allá afuera. En esta casa se hace lo que yo te digo que hagas. Éste es un hogar Latino." Dice también que Osvaldito la debe llamar cada media hora desde cualquier lugar para contarle exactamente qué está haciendo. A pesar de las objeciones perfectamente razonables de Osvaldito, Alba rehúsa cualquiera otra opinión.

Aunque Osvaldito continúa rebelándose contra las exigencias imposibles de su madre, ella sigue insistiendo, puesto que para ella la obediencia absoluta hace parte de la educación Latina correcta. Lo único que ella dice en defensa de su postura es que su hermano de cuarenta y cinco años todavía se siente en la obligación de obedecer a sus padres. La tristeza causada por esta situación es que Osvaldito continúa actuando en contra, sus notas van mal y todos están descontentos. Veremos en el Capítulo V cómo estos padres hicieron uso de los *consejos* de O.R.G.U.L.L.O. para resolver el problema.

El Poder de los Padres Frente a la Presión de los Compañeros

No hacer caso de la importancia de los compañeros, o desvalorarla, como lo hacía la madre de Osvaldito, era algo prácticamente universal entre los padres Latinos que entrevisté. No es que no valoren las relaciones interpersonales; por el contrario, se valora altamente el fomentar la *simpatía,* hacer énfasis en los buenos modales, la cortesía básica y el desarrollo de las amistades. Pero sus buenas intenciones se ven entorpecidas por la falta de comprensión de lo que su hijo realmente enfrenta. Es como si estuvieran convirtiendo toda su energía en ansiedad acerca de lo que podría ocurrir si el niño o la niña tienen malos amigos, en lugar de ayudarle a desarrollar un sentido de responsabilidad interior.

¡Con una comunicación adecuada, el poder de los padres es más influyente que la presión de los compañeros!

El paso número seis también sugiere que para facilitar la confianza en su hijo, usted debe comenzar por hacerse ciertas preguntas:

- ¿Entiendo cuáles son las habilidades para hacer amigos que se requieren en el mundo que mi hijo enfrenta en la escuela o con sus amigos?

- ¿Acaso tiene sentido conservar los viejos valores que atesoramos cuando entran en conflicto con la experiencia cotidiana de mi hijo?

- ¿Hay nuevas habilidades a las que quizás deba exponerse mi hijo, pero que me presentan a mí una dificultad, tales como reunirse a jugar, irse a un campamento o dormir en otras casas? ¿Me opongo a esas experiencias, aun después de conocer y no encontrar ningún problema con los adultos a quienes mi hijo estaría visitando? Si es así, ¿por qué?

- ¿Qué hago cuando siento que no puedo conceder el permiso que me pide mi hijo? ¿Dialogo con él para explicarle por qué he dicho que no?

- ¿Cuando digo que no, he tenido en cuenta las oportunidades que se pierde —oportunidades para desarrollar amistades que le ofrecen el escenario en el cual puede practicar otras destrezas necesarias?

El proceso de autoanálisis por parte de los padres es el comienzo del desarrollo de la *confianza* en su hijo, el cual es esencial para inculcar responsabilidad.

Sin duda, su hijo quebrantará las normas o la decepcionará alguna vez, pero en esas ocasiones el diálogo y la comprensión mutua son cruciales, aunque usted después emprenda acciones disciplinarias.

Tampoco es realista esperar que usted logre evitarle a su hijo todos los episodios difíciles de los primeros años, y que él, como por arte de magia, asimile los valores esperados cuando llegue a determinada edad. Los primeros años, de hecho, son la mejor época para sembrar los valores, fomentando confianza y comunicación.

Paso No. 7: Independencia e Individualismo— Fomente en Su Hijo la Autodeterminación y la Originalidad

Quizás usted se diga, "Les doy primero mis valores, y luego cuando estén en edad de decidir pueden elegir entre los valores Latinos y los norteamericanos." El problema es que, entretanto, sufren mucha angustia cuando les decimos que "no," sin tener en cuenta su edad, y sin negociación posible.

Tenga presente que sus hijos estarán expuestos a una gran cantidad de estrés cultural; no solamente son blancos comerciales muy impresionables, sino que ansían pertenecer. Usted puede comunicar mediante el ejemplo y el diálogo cuáles valores morales le son caros, y debe saber que sus hijos quieren y necesitan su orientación para poder lograr un equilibrio entre la cultura de su herencia y las muy diferentes circunstancias que enfrentan.

Lo indicado, nuevamente, es lo que sigue a continuación:

• Confíe en que cuando sus hijos perciben que los mensajes que usted les envía parten del amor y de la sinceridad, respetarán su punto de vista y se inclinarán más por seguir su forma de pensar.

- En cada oportunidad, incorpore los sentimientos de sus hijos y reconozca que se enfrentan a una situación exigente. Comprenda que para que sus hijos puedan desarrollar amistades, es necesario ayudarles a desempeñarse en el mundo cotidiano de la escuela.

Hablar lo Que Hay Que Hablar

Como parte de la vida moderna, adquirimos nuevos conocimientos que pueden mejorar la calidad de nuestras vidas, como los teléfonos celulares que mantienen conectados a padres e hijos, y que permiten una mejor socialización y el desarrollo de la *simpatía*.

Paso No. 8: Adaptación—¡Así Se Hace!

El último paso de la S.I.M.P.A.T.Í.A. resalta la importancia de la adaptación. Muchas madres Latinas con quienes he hablado recuerdan que crecieron rodeadas más que todo de los parientes adultos y que iban a todas partes con sus padres, quienes se dedicaban totalmente a los hijos. No niegan que la dedicación se percibiera como amor, pero sí lamentan el hecho de haber sido privadas de las oportunidades de desarrollar amistades desde muy pequeñas, de compartir y aprender a relacionarse con sus compañeros. Les habría encantado que les hubieran permitido ir a jugar a casa de sus amigos.

Es interesante anotar que, a pesar de lo que lamentan, muchas de estas madres Latinas también son del parecer de que no es aceptable que sus hijas vayan a jugar a otras casas, aun si conocen bien a los padres y saben que su hijo no corre peligro en una casa donde hay supervisión de adultos maduros.

Hay Que Tener Amigos

En la cultura Latina del pasado no había necesidad de buscar amigos por fuera de la familia extensa porque había cantidades de primos y hermanos con quien jugar. Uno oye a menudo a los padres decir que allá "afuera" hay demasiados peligros, y se quejan también de que a muchos niños no Latinos se les deja hacer lo que quieran. Existe una cierta creencia de que a muchos niños no Latinos se les deja estar en sus casas sin supervisión. ¿Pero realmente ha hecho usted un esfuerzo sincero para conocer a los padres de los amigos de sus hijos, o se resiste a hacerlo? Si esto último es el caso, quizás necesite explorar sus sentimientos para ver si se está resistiendo a adaptarse a ese aspecto de la *Nueva Simpatía* que requiere saber navegar en los dos mundos.

Indudablemente, habrá ocasiones en que su hijo se vea expuesto a experiencias que definitivamente no le convienen y que pueden tener riesgos. Su meta es construir confianza, inculcar un fuerte sentido de identidad personal y enseñar comportamientos que garanticen la seguridad de su hijo, y que lo equipen para manejar cualquiera de estas situaciones más adelante en la vida. Por ejemplo:

La Manera de Antes: Julie

Julie, una madre Latina joven, sabía que la mejor forma de proteger a Andrea, su hija, era cultivar confianza y una comunicación abierta. Julie comprendía que asomarse a la habitación de su hija a cada rato mientras estaba con sus amigas o no permitirle ir a casa de ellas era contraproducente, y era sintomático de una transferencia de sus propias ansiedades y temores a su hija.

De niña, a Julie nunca se le permitió visitar a sus amigas, pero vivió una experiencia muy desagradable y abusiva en su propia casa con su abuelo, quien, en lugar de protegerla, se estaba aprovechando de ella. Sin embargo, Julie no podía contarle a su madre sobre el abuso, porque entre ellas nunca se había desarrollado un sentido de confianza. Fue culpada y reprendida cuando trató de encontrar consuelo y de comunicarse abiertamente.

La Nueva Manera: Andrea

Cuando Andrea apenas caminaba, Julie reconoció de dónde partía su temor a que Andrea visitara a sus amigas, y reconoció que su propia ansiedad podría no permitir que Andrea visitara a sus amigas cuando fuera mayor. No quería que Andrea, su única hija, creciera tímida y malcriada, sin saber compartir, o que fuera desconfiada y *antipática*. Julie empezó a propiciarle a su hija encuentros con sus amigas para jugar, y la enviaba a otras casas acompañada por la niñera si ella misma no podía acompañarla. Le recomendaba muy claramente a la niñera estar pendiente, y solamente enviaba a Andrea a casa de personas muy conocidas.

Cuando Andrea tenía siete años, fue de visita a casa de Matilde. El tío de Matilde, de veintitrés años, estaba de visita, y desfiló ante las niñas en ropa interior. Andrea tenía suficiente confianza con su madre como para contárselo. Julie llamó a la madre de Matilde y al tío se le dijo que dejara inmediatamente de comportase de esa forma. Éste así lo hizo.

Julie adaptó sus propias ansiedades y experiencias, y las transformó en saber cómo proteger a su hija. Y así mismo impidió que su propia experiencia traumática se trasladara a Andrea.

LAS REFLEXIONES

Eche un vistazo a las siguientes *reflexiones* y pregúntese cuánto ha aprendido y qué tanto ha avanzado en el espectro de la adaptación cultural. Anote sus respuestas, repáselas, medite sobre ellas y compare los resultados de la prueba con los de la prueba al comienzo del capítulo. Hágalo con la frecuencia necesaria. Pregúntese qué ha aprendido.

- ¿Por qué cree usted que las visitas a amiguitas son un comportamiento tabú para los niños?
- ¿Cree usted que su temor de permitirle a su hijo visitar amigos apropiados en hogares adecuados, es un legado de su pasado?
- ¿Tal vez su pasado incluye experiencias negativas? ¿Cuáles son? ¿Cómo podría procesarlas para no trasladarles a sus hijos sus temores?
- ¿Inculcar en su hijo habilidades relacionadas con la *Nueva Simpatía* le resulta abrumador?
- ¿Qué tanto valora la simpatía? ¿Cree que la *simpatía* se debe lograr a cualquier costo?

(continuar)

- ¿Por otro lado, hace resistencia a la *simpatía* porque a usted le fue impuesta?
- ¿Piensa que es algo pasado de moda?
- ¿Cómo se siente cuando su hijo no hace gala de la *simpatía*? ¿Es motivo de vergüenza? ¿Reacciona exageradamente?
- ¿Cómo reacciona usted ante personas *simpáticas*, y ante aquellas que no lo son?
- ¿Cómo se define usted en términos de *simpatía*?
- ¿Alguna vez la llamaron *gorda, antipática, sangrúa, pesada* u otros adjetivos que implican que uno no es amistoso? ¿Cómo se sintió? ¿Cómo lo manejaron sus padres? ¿Afecta esa experiencia sus habilidades como madre o como padre?
- ¿Qué opina de controlar el temperamento a través del *aguante*, de soportar el estrés pasivamente?
- ¿Usted le da a su hijo opciones realistas de poner en práctica la asertividad dentro del marco de la *simpatía*?

Orgullo y Nueva Simpatía

Es muy posible enseñar y mantener en su hijo la *Nueva Simpatía* si tan solo usted recuerda que tiene el poder de ser maestro y modelo de ese comportamiento.

Espero que haya adquirido un nivel de comprensión que lo ponga en una posición más favorable para equilibrar en su hijo las habilidades relacionadas con la *simpatía,* de modo que éstas se adapten a su situación bicultural. Continúe practicando con *orgullo* los ocho pasos de la S.I.M.P.A.T.Í.A., y:

- No tema permitir que sus hijos tengan experiencias diferentes a las suyas.
- Comparta aquellas experiencias que usted valora. Hábleles a sus hijos y ayúdeles a desarrollar su individualidad y su capacidad de tomar decisiones dentro de un nivel de seguridad realista.

¡Estoy profundamente convencida de que sus hijos florecerán!

Establecer Límites Nuevos:
La *Obediencia* Dentro del
Nuevo Tradicionalismo

Antes de empezar a hablar de la *obediencia*, por favor califíquese para saber con cuánta frecuencia las siguientes preguntas se aplican a usted:

5=Siempre 4=A menudo 3=A veces 2=Rara vez 1=Nunca

1. ¿Está de acuerdo con que si resulta una persona bien educada y respetuosa fue porque le daban sus buenas palmadas cuando se portaba mal? _____

2. ¿Piensa que los niños tienen demasiada libertad hoy en día? _____

3. ¿Es responsabilidad de los padres darles a los hijos palmadas cuando lo consideren necesario? _____

4. ¿Está de acuerdo en que la única forma efectiva de lograr que su hijo le escuche es después de darle palmadas? _____

5. ¿Siente que hablar con su hijo sobre las razones por las que está prohibido un determinado comportamiento es malgastar el tiempo? _____

6. ¿Siente que explicarle a su hijo el por qué un determinado comportamiento no es permitido disminuirá su autoridad? _____

(continuar)

7. ¿Se descubre ejerciendo con su hijo una forma de disciplina con la que no está de acuerdo, pero haciéndolo porque su madre, su suegra u otros opinan que así debe ser? _____

8. ¿Cae en la permisividad y no hace nada por evitar disciplinar a su hija para no repetir los patrones de antes? _____

Elisa, de cuatro años, exige saber por qué Francisca, su madre, no le compra el juguete que prometió comprarle cuando fueran a la tienda. Francisca le explica que hoy no hay tiempo, porque tienen que llegar a casa antes de que la hermana de Elisa, de seis años, regrese de la escuela, pero la explicación no hace mella en la insistencia de la pequeña.

Cuando la abuela de Elisa se da cuenta del comportamiento de su nieta, le dice a Francisca que le preocupa que Elisa se esté volviendo malcriada y que se convierta en una persona irrespetuosa y egoísta, especialmente porque Francisca le ha dicho a su hija que entiende su frustración y su enfado, y le ha asegurado que cumplirá su promesa la próxima vez que salgan de compras. La abuela se mantiene firme en su convicción de que a los niños hay que enseñarles la obediencia por encima de todo, y que hay que decirles que "no" sin mayores explicaciones.

El Imperio de la Ley

Al igual que el *orgullo,* el *respeto* y el *familismo,* la *obediencia* es un concepto cultural central para nosotros los Latinos, especialmente cuando tiene que ver con la educación de los niños.

La *obediencia* es central en todas las religiones, y es un prerrequisito de la civilización: al obedecer las leyes y practicar el autocontrol, imponemos orden en un mundo caótico. Es muy importante, por ejemplo, saber que cuando el semáforo pasa a rojo para los autos y verde para los peatones, podemos cruzar la calle sin peligro. Es igualmente tranquilizador saber que hay un castigo para quienes no cumplen las leyes.

Si bien la *obediencia* y la disciplina son conceptos importantes que hay que enseñarles a los niños, he visto durante mi trabajo con familias Latinas que es necesario hacer ciertos ajustes en la definición y la aplicación de la *obediencia*.

Obediencia Absoluta: Disciplina Abierta

Cuando les pregunté a un buen número de padres cómo definían el *respeto* en sus hijos, el consenso fue la *obediencia* absoluta; es decir, comportarse según lo que los padres consideran propio, y dejar las decisiones en manos de los adultos. Tradicionalmente, en Latinoamérica los encargados de establecer los límites de los niños son todos los miembros adultos de la familia que interactúan con el niño. Eso incluye a la maestra, el tendero o cualquier adulto responsable que observe un comportamiento incorrecto en el niño. No es infrecuente ver que una persona mayor reprende a un niño bullicioso en el parque, sin que los padres reaccionen con algo diferente a la gratitud. A esto se le llama "disciplina abierta."

En contraste, establecer límites y ejercer la disciplina en los Estados Unidos es responsabilidad de los padres, y solamente existe la intervención esporádica de profesionales como los maestros, los psicólogos, los pediatras, los jueces y otros que tengan una preocupación directa por el bienestar del niño. Por ejemplo, si el niño llega a la escuela con moretones, la maestra explorará la situación con los padres y con el niño. Si la forma como los padres entienden la disciplina es considerada demasiado dura, no solamente se les pide cuentas, sino que podrían enfrentarse a consecuencias legales muy serias.

Para muchos padres Latinos estas reglamentaciones son ridículas, en primer lugar porque aman a sus hijos entrañablemente y sienten que están tan solo protegiéndolos y enseñándoles a ser *obedientes,* y no necesitan un agente externo que les diga cómo hacerlo. Desafortunadamente, hay situaciones disciplinarias en que es necesaria la intervención de un agente externo regulador en las familias.

Estas diferencias a veces presentan un gran reto para las familias Latinas que se han mudado a los Estados Unidos provenientes de sus países de origen o que crecieron en lugares en donde las prácticas Latinas de crianza eran la norma. A estos padres les asusta, los confunde y les causa resentimiento que les digan que no pueden darle una palmada a su propio hijo, cuando quizás es la única forma que conocen de hacer entrar en cintura a un niño cuando lo necesite.

La Fuerza del Hábito

Muchas veces, castigar con palmadas es simplemente un hábito. Muchos padres y abuelos Latinos en Norteamérica continúan disciplinando a sus hijos según los dictados de la *obediencia* absoluta, sencillamente por conservar una costumbre. No obstante, si uno sigue esa tradición, quizás sin darse cuenta esté enseñándole al niño a ser conformista, a someterse ciegamente, a ser sumiso y a exhibir una deferencia automática que puede afectar adversamente su futuro.

Petra, una Latina de treinta y dos años, vino a consultarme debido a que no lograba ascensos en su carrera de contadora. Petra era incapaz de rehusarse cuando le asignaban tareas que no correspondían a su contrato laboral, como pedir los almuerzos para su jefe y otros altos ejecutivos de la compañía. También se daba cuenta de que Flor, su hija, se comportaba de forma semejante y que se dejaba mandar por las otras niñas de su clase. Para Petra era claro que sentía pavor ante las figuras de autoridad. Era como si supieran más que ella: ella siempre ponía por encima las opiniones de éstas.

Igualmente, era incapaz de ser firme ante las llamadas de telemercadeo. O bien escuchaba el rollo de ventas mientras se le enfriaba la cena, o les decía, "Yo soy la empleada del servicio, no vivo acá," para lograr zafarse del teléfono. En ocasiones, sencillamente se enojaba a tal punto que se desesperaba con los vendedores. No lograba hacer valer sus derechos y decir con tranquilidad, "No quiero esta llamada, no me vuelva a llamar."

Los problemas de Petra se originaban en los duros castigos disfrazados de disciplina que había recibido de niña. Ella describía las palmadas diarias y contaba que era obligada a arrodillarse sobre granos de arroz si no cumplía con algo. Así que ella cumplía lo estipulado o estallaba cuando ya no lograba reprimir su furia. Fue necesario un trabajo prolongado para que lograra comprender sus hábitos de sumisión y deferencia, y que evitara transmitirlos a su hija.

La Disciplina Como Protección, No Como Dolor

El verdadero objeto de la disciplina y de la obediencia es proteger a nuestros hijos y darles un ambiente seguro, a la vez que les enseñamos cómo funcionar con éxito en la sociedad. La meta no es convertirlos en seres sumisos u hostiles. Sin embargo, hay ocasiones en el asunto de los límites en que este propósito se olvida, y los padres van de un extremo del péndulo cultural al otro.

Algunos padres se pliegan con demasiada rigidez a los valores con los cuales crecieron, mientras que otros hacen caso omiso por completo de lo que aprendieron de sus padres, asegurando que no quieren tener nada que ver con los viejos valores y volviéndose demasiado permisivos con sus hijos. He visto grandes dificultades de los padres con los hijos en ambos extremos.

A mi modo de ver, en muchos casos las dificultades disciplinarias se pueden evitar si los padres hacen uso de los *consejos* de O.R.G.U.L.L.O. para evaluar sus propias motivaciones:

- ¿Cómo me siento en cuanto a explicarles a mis hijos mis actuaciones? ¿Cuál es mi postura en este tema?
- ¿Cuáles son mis recuerdos más dolorosos relacionados con la desobediencia?
- ¿Qué tan difícil me resulta controlarme para no dar palmadas y para no irme contra él cuando mi hijo se comporta mal delante de sus amigos? ¿Si le doy palmadas, qué opciones tengo?
- ¿Estoy exigiéndome demasiado, y me siento todo el tiempo cansada y enojada? ¿Afecta esto mi manera de manejar los comportamientos de mis hijos?
- ¿Me cuesta trabajo aceptar las diferencias de mis hijos? Es decir, ¿los presiono para que vean mi punto de vista, y siento que la

única forma de hacer las cosas es mi forma? ¿Si ese es el caso, por qué me cuesta tanto ver las cosas desde su perspectiva?

- ¿Por qué insisto en la *obediencia* absoluta? ¿Dónde aprendí a pensar y a sentir de esa forma? ¿Qué ocurriría si yo hablara de mis sentimientos con mis hijos?
- ¿Soy modelo de obediencia absoluta frente a mi hija en la forma como interactúo con los demás? ¿Quiénes son esas otras personas? ¿Me siento satisfecha con la forma como me tratan y la forma como reacciono en las tiendas, en la escuela, en instituciones, en las clínicas, en el trabajo, con mis suegros?
- ¿Qué hago cuando no estoy a gusto con la forma como alguien me trata o cuando me siento oprimida por otro? ¿Por qué hago lo que hago? ¿Soy complaciente o enérgica?

Equipada con esta mayor comprensión de su forma de funcionar, ahora podrá enfrentar un tema difícil para muchos Latinos: hacer cumplir las normas de disciplina a través de lo que hoy en día se considera maltrato.

Te Doy Palmadas Porque Te Quiero

Si usted piensa que dar palmadas o maltratar verbalmente a sus hijos son las únicas formas de mantenerlos a raya, ¡piénselo mejor! Como verá, existen otras formas mucho más efectivas y menos dañinas de enseñarles a los niños a obedecer.

En el curso de mi trabajo con familias Latinas, les ayudo a darse cuenta de que cuando esperan demasiada docilidad por parte de sus hijos están en una batalla que están destinados a perder. Les ayudo para que se comprometan con dos normas básicas relacionadas con los límites razonables: (1) claridad en cuanto al propósito de sus actos de disciplina y (2) consistencia. El propósito de la disciplina, como ya lo dije, es que los niños estén seguros, enseñarles a funcionar en la sociedad y que desarrollen patrones sanos de comportamiento que les garanticen éxito en el futuro. Para ser efectiva, la disciplina no tiene que ser dura ni abusiva. Me doy cuenta de que no se trata de un tema fácil, ya que la mayoría de los padres Latinos creen que unas cuantas palmadas y algunos calificativos son apropiados e inofensivos; al fin y al cabo, muchos de nosotros recibimos palmadas y duros regaños cuando niños, y no resultamos tan mal. Pero, ¿cuál fue el precio?

Así que muchos padres Latinos crecieron con los lemas, "Te doy palmadas porque te quiero" o "Es mejor que yo te golpee ahora y no que lo haga la policía más adelante." Es como si las únicas formas de disciplinar fueran las palmadas y el dolor. Pero ¿no es acaso contradictorio que los padres que solamente quieren lo mejor para sus hijos acudan con tanta frecuencia a los castigos físicos y a los insultos? Lo hacemos, me dicen los padres Latinos, porque creemos en nuestras tradiciones de *respeto* y *obediencia;* no estamos de acuerdo con la permisividad de los Americanos.

Irónicamente, los Norteamericanos también utilizan las palmadas y métodos abusivos para disciplinar a sus hijos. De modo que cuando los padres Latinos critican la permisividad americana, quizás lo que realmente están criticando es la idea de hacer las cosas de otra forma. No obstante, en mi trabajo directo con familias Latinas o en mi supervisión de otros que trabajan con ellas, he visto que las palmadas y las expectativas poco realistas de *obediencia* absoluta son, para los Latinos, problemas omnipresentes. Y tal vez el hecho más destacado para nosotros es que esta forma de disciplinar a los niños proviene de expectativas culturales profundamente arraigadas en la *obediencia* absoluta.

Si bien en el pasado las palmadas, los golpes o los castigos físicos severos eran considerados aceptables, ahora existe un consenso entre los profesionales de la crianza sobre técnicas de disciplina mejores y más efectivas. De ninguna manera estoy proponiendo una completa permisividad, sino que abogo por disciplinar de una forma que promueva en el niño buenos resultados: una autoestima sana, autodisciplina, comportamiento moral, y la capacidad de tomar sus propias decisiones con base en estos atributos. Estas características fomentan el desarrollo de niños exitosos y enérgicos, con buenas probabilidades de convertirse en adultos enérgicos y exitosos.

Establecer Nuevos Límites:
Por Qué la *Obediencia* Debe Ser Redefinida

Muchos padres Latinos bien intencionados que educan a sus hijos con técnicas del viejo mundo me han indicado que realmente no creen que existan otros métodos que funcionen. Me dicen, "Usted realmente no conoce a mi hijo." Es cierto, pero también lo es que he conocido innumerables situaciones a través de mi trabajo profesional con familias Latinas y que tengo hijos propios. Sé que se puede disciplinar efectivamente sin dar palmadas y sin utilizar palabras duras. También sé que dar palmadas y utilizar un lenguaje abusivo puede hacerles daño a los niños, llenarlos de ira, volverlos irrespetuosos y hacerlos sentir que valen menos. Es por ello que para los padres Latinos es crucial redefinir la *obediencia*.

Muchas veces les digo a las familias con las que trabajo, "Hubo una época en la que diagnosticar una diabetes juvenil se parecía a dictar una sentencia de muerte. Hoy en día, la enfermedad puede ser controlada con insulina, y el niño tiene muchas más posibilidades de gozar de una vida de alta calidad." La cuestión es obvia: los profesionales de la salud mental y los expertos en ciencias sociales saben que hoy en día hay mejores formas de establecer límites y de aplicar una disciplina adecuada. La disciplina, al fin y al cabo, proviene del latín, de la palabra enseñar. Es una maravillosa forma de concebir la disciplina—como el acto de enseñarles a nuestros hijos a ser miembros productivos y respetuosos de la sociedad en la cual viven, no de entrenarlos para que desarrollen una alta tolerancia al dolor físico o a los insultos verbales. Veamos cómo funciona la redefinición de la *obediencia* de la manera antigua y de la nueva.

La Manera de Antes

A pesar de sus apretados horarios en el trabajo y en la casa, Esperanza está programando una cena en la que servirá sancocho, el cual requiere una serie de verduras y cortes de carne, y que sabe especialmente bien si se prepara la víspera de servirlo. La noche anterior a la fiesta, Esperanza se trasnocha cocinando, puesto que al día siguiente tendrá que estar todo el día en la oficina, y al llegar a casa no tendrá mucho tiempo para invertir en la preparación.

La tarde siguiente, Alma, su hija de ocho años, invita a algunas amigas después de la escuela. Todo el mundo tiene hambre, de modo que Alma busca a ver que hay en el refrigerador y descubre una gran olla con algo delicioso . . . Ya se pueden imaginar qué sucede después, así como el horror de Esperanza cuando llega a casa y descubre que casi todo el sancocho ha desaparecido.

Esperanza pierde los estribos y procede a decirle a Alma todo lo que siente—la mayor parte de lo cual no es apto para escribirse en letras de molde. También le prohíbe salir durante un mes. Cuando Alma protesta, "¡Pero no me advertiste! Yo ni siquiera estaba acá cuando lo preparaste, pasé la noche en casa de la abuela. No sabía que era algo especial, pensé que era para nosotros, ¡como siempre!" Esperanza recurre a los golpes sin escuchar las explicaciones.

Es difícil para los padres no enojarse frente a una situación como ésta, pero Esperanza podría haber evitado la imposición de la obediencia absoluta si la comunicación entre madre e hija acerca de los límites fuera mejor. En este hogar, antes de irse para el trabajo, Mamá siempre prepara la comida que los niños van a comer al llegar de la escuela. Cuando se aprovechan—por ejemplo dejando las botellas vacías en el refrigerador en lugar de tirarlas a la basura e informarle a su madre que hay que comprar jugo—ella se limita a ponerse furiosa y a sentirse víctima. Nunca se sienta con sus hijos para establecer reglas claras en cuanto a los asuntos hogareños. Como resultado, cuando ocurre una infracción grave, como comerse el sancocho, ella explota. Según hemos ido aprendiendo, es mucho mejor ser proactivo y prevenir los problemas mediante una clara comunicación de modo que los niños sepan qué se espera de ellos. A continuación la nueva forma:

La Nueva Forma

Siguiendo los *consejos* de O.R.G.U.L.L.O., Esperanza puede resolver la situación de una manera diferente, sin violencia.

Esperanza reconoce ante su hija que no le explicó que ciertos alimentos no eran para la familia; que eran para la fiesta, de este modo hubiera puesto límites claros. También le confiesa a Alma que olvidó que ella había estado el día anterior donde la abuela, y que por ello no podía saber que tenía invitados a cenar. Para enseñarles a Alma y a sus hermanos cómo funcionan los límites, Esperanza les dice que en adelante adoptará la costumbre de informarles siempre cuando la comida no sea para ellos, o pegarle una nota a la olla de modo que ellos no tengan ninguna disculpa para el saqueo.

Y lo que es más importante, Esperanza le enseña a Alma que los insultos y los castigos de no poder salir no constituyen lecciones efectivas en cuanto a respetar la propiedad de los demás. Luego, Esperanza resuelve la crisis inmediata llamando al restaurante más cercano que se especializa en pernil. Por suerte, todavía les queda pernil, y ella le pide a su esposo que pase a buscarlo cuando venga de regreso de la oficina.

Lo Esencial de la *Nueva Obediencia*

Como ya hemos dicho, el objeto de la disciplina es enseñarles a los niños a protegerse y a funcionar efectivamente dentro de la sociedad. La disciplina no busca hacerles daño ni causarles sufrimiento. Por el contrario, a casi todos nos pasa que empezamos a destacarnos en lo que hacemos cuando alguien a quien apreciamos nos dice que se siente orgulloso de nosotros. Tendemos entonces a hacer un gran esfuerzo para merecer esa visión positiva y conservarla. Ocurre lo contrario cuando nos humillan, nos maltratan o sentimos que no somos merecedores: no nos esforzamos, y podemos volvernos angustiados y deprimidos—dos componentes de comportamiento que desmejoran el desempeño y reducen nuestra sensación de competencia.

Es posible que a usted le resulte muy difícil aplicar las nuevas técnicas de disciplina cuando está de afán, bajo estrés y su hijo no colabora—especialmente si le ha dicho muchas veces, por ejemplo, que no debe comer dulces antes de la comida, que debe ordenar su habitación o que no grite dentro de la casa. Somos criaturas de costumbres, y tendemos a recurrir a comportamientos que son conocidos, aunque quizás sepamos que hay otros mejores. Volvernos más flexibles como padres requiere estar alerta y requiere una gran dosis de práctica.

Los Diez Puntos de Referencia de la *Obediencia*

Me gustaría compartir con usted diez puntos de referencia dentro del *Nuevo Tradicionalismo* que han resultado útiles para padres que me piden consejo acerca de los problemas de disciplina con sus hijos y que quieren aprender nuevas formas de establecer límites mientras conservan los valores tradicionales que honran:

1. O Óigase y háblese a sí mismo
2. B Barra con los comportamientos que lo amarran al pasado
3. E El estímulo logra milagros
4. D Democracia meritoria
5. I Independencia que vale la pena fomentar
6. E Entienda la validez de las emociones
7. N Negociar no es claudicar o darse por vencido
8. C Canalice la energía natural del niño
9. I Inconsistencias que promueven la desobediencia
10. A Agresividad contagiosa

Punto de Referencia No. 1: *Óigase y Háblese a Sí Mismo*

Ahora ya sabe que entender sus propios sentimientos es la piedra angular del *Nuevo Tradicionalismo*. Cuando se trata de *obediencia*, puede estar casi seguro de que adoptará una posición basada en sus propias experiencias.

Usted fue alguna vez niño y estuvo sujeto a la *obediencia* y la disciplina. Las lecciones que aprendió lo han afectado para bien o para mal. A medida que reflexiona sobre su pasado e infancia, y en su situación actual como padre o como madre, procure mantener una mente abierta y ser lo más imparcial posible. Empiece por asumir que la obediencia absoluta de su niñez no era el resultado de una crueldad deliberada. Pero no asuma que sus experiencias de infancia reflejan la única forma posible de establecer límites.

Puede abrir su diálogo interior consigo mismo preguntándose si hay aspectos de su forma de disciplinar a sus hijos que debe cambiar. Si les grita mucho, o si los límites se le han convertido en una lucha constante, tal vez las técnicas que utiliza no funcionan bien. Naturalmente, usted reconoce que enseñarle a su hijo *obediencia* y disciplina es un proceso continuo que dura muchos años. Pero hay métodos de crianza que animan a su hijo a ser obediente y disciplinado por motivación propia.

Regrese al comienzo de este capítulo y reflexione de nuevo sobre el ejercicio propuesto. La mejor forma de hacer cambios perdurables es la exploración interior.

Punto de Referencia No. 2:
Barra con los Comportamientos Que lo Amarran al Pasado

Mi trabajo como terapeuta me ha llevado a la convicción de que tener acceso a ciertos sentimientos guardados y, a veces, inconscientes, puede mejorar el funcionamiento general y mermar la hostilidad y la agresividad presentes en nuestro interior. Los comportamientos dolorosos del pasado no deben repetirse nunca más.

Si Usted No Entiende el Pasado, Está Condenada a Repetirlo

Muchos padres Latinos ejercen el tipo de disciplina que les tocó recibir a ellos cuando niños. Eso está bien si esa disciplina originó una perspectiva de vida flexible y bien adaptada. Por otro lado, si la adhesión a la *obediencia* no generó disciplina exenta de ira o de dolor, entonces reproducir las reglas con las que usted creció es una invitación al desastre disciplinario. Por ejemplo:

Mario y sus hermanos crecieron en un hogar en el cual la disciplina absoluta se ejercía con rigor. En lugar de orientarlos cuando hacían algo malo, los padres los regañaban y a menudo les daban palmadas. Ahora que es padre, Mario me contaba que aunque se había jurado a sí mismo nunca castigar físicamente a sus hijos, a veces cuando se ponen realmente difíciles se descubre haciendo exactamente lo contrario. Es como si sintiera en ese momento que la única técnica que funciona es la palmada. Mario está atrapado entre la forma en que creció y el estilo con el cual quisiera educar a sus propios hijos.

Cuando, motivado por la desesperación, vino a verme con Hernán, su hijo de ocho años, me di cuenta de que Mario no estaba consciente de hasta qué punto el pasado lo estaba afectando. Era como si su ira lo cegara y la única acción disciplinaria que lograba vislumbrar fuera castigar físicamente, o lo que su padre denominaba "puñoterapia." Mario sabía que a Hernán había que enseñarle a comportarse en la escuela y en casa. Aunque Hernán debía saber que no podía gritarle a su hermana menor, Ana, lo hacía y era obvio que las palmadas no estaban funcionando. Cuando le pregunté a Mario qué recuerdos de infancia tenía en relación con las palizas y la disciplina, Mario me contó varias historias en las cuales se le disciplinaba a punta de correa y puño. Una de éstas tuvo lugar el día que aprendió a montar en bicicleta, cuando recibió la paliza de su vida. Lo enviaron al supermercado a comprar algunas cosas para la cena, pero cuando tuvo oportunidad de irse a montar en bicicleta con sus amigos, sencillamente olvidó la compra. Me repitió varias veces que él no quería castigar físicamente a Hernán, pero que a veces el único método que funcionaba era el que él había recibido de niño. Resultado: Hernán es disciplinado de la forma que Mario piensa que más le conviene, pero que no está basada en las necesidades de Hernán. Veamos cómo sucede:

La Manera de Antes

Mario recibe una nota de la escuela en donde dice que a Hernán no le está yendo bien en sus clases. La actividad que más le gusta a Hernán es el fútbol. Mario le dice al niño que tiene que esforzarse o corre el riesgo de que decida sacarlo del equipo de fútbol. Cuando Hernán llega a casa con una mala nota en matemáticas, Mario cumple con su amenaza. Sobra decir que en la casa se arma el caos. Hernán grita y dice que su padre es un mal padre, Mario acaba golpeando a Hernán y, lo peor de todo, nada queda verdaderamente solucionado. A Mario nunca se le ocurre sostener una charla seria con Hernán para establecer reglas basadas en la comprensión que ambos tienen de la situación. Sus acciones son guiadas exclusivamente por los viejos hábitos.

La Nueva Forma

Mario aplica los *consejos* de O.R.G.U.L.L.O. que aprendió durante la terapia. Ha estado poniéndose en contacto con viejos sentimientos que operan como barreras en el presente y ha estado encontrando la conexión entre su comportamiento con Hernán y el comportamiento de su padre hacia él: si bien Mario decía conscientemente que no castigaría físicamente a sus hijos, lo que hacía era exactamente lo contrario. Mario se da cuenta de que ha estado regresando a los hábitos del pasado, pues es el único modelo que conoce para una crisis. Mario aprende a explorar con calma los asuntos a los que se enfrenta Hernán, los cuales incluyen ser un atleta excelente, pero no un genio de las matemáticas. Sin embargo, concentrarse en las fortalezas de Hernán aporta muchos mejores resultados en todas las áreas. Resulta que Hernán tenía dificultades con las matemáticas debido a un problema de aprendizaje, no por causa de la pereza. Veremos en el Capítulo 9 cómo identificar problemas de aprendizaje que no han sido diagnosticados, y qué hacer al respecto. Por el momento, el punto es el siguiente: Mario podría haber evitado una gran cantidad de conflictos desde el comienzo, si hubiera comprendido sus arraigados hábitos de disciplina, mermado las presiones y los castigos y dado a su hijo el tipo de ayuda que necesitan los estudiantes con dificultades de aprendizaje.

Punto de Referencia No. 3: Estímulo Milagroso

Los padres muchas veces no se dan cuenta de que la dureza, bien sea física o verbal, va siempre en detrimento de sus hijos. Es necesario tener en cuenta siempre la autoestima de sus hijos. Aunque la palabra sea utilizada hasta el cansancio, la autoestima es de todos modos un componente crucial y de suma importancia en relación con el futuro de su hijo.

Usted es el más influyente maestro de su hijo, tiene el poder de promover su amor propio prácticamente sin ayuda. Como tal, la disciplina constructiva y el estímulo pueden lograr milagros.

Pregúntese cuántas veces logró superar algo difícil por haber contado con alguien que le decía que creía en usted.

La Manera de Antes

Susana, de nueve años, tenía la costumbre de llevar la contraria: si era elogiada por un logro, insistía, "No lo dices sinceramente, lo haces porque te da lástima de mí." Si sus padres decían algo sobre sus notas, por ejemplo que no se preocupara por haber sacado una B, ella respondía, "Ustedes lo dicen porque quieren más a Mariela"—su hermana, que todo el tiempo sacaba A. Sus padres perdían la paciencia, y le decían que estaban desesperados. Con ella era imposible hacer lo correcto; era sumamente difícil apoyarla.

Cuando los padres de Susana vinieron a verme en busca de consejo, rápidamente me di cuenta de que fomentaban constantemente el comportamiento contrario con comentarios como, "Nada te satisface, eres la única en esta casa que no aprecia nuestros cumplidos; tu hermana es tan agradecida, tan diferente de ti," pero nunca le sugerían cómo podía expresarse de otra forma. Lo que necesitaba era una comprensión diferente de sus sentimientos.

La Nueva Forma

Gracias al trabajo que hicimos juntos, los padres de Susana aprendieron a ayudarle a aceptar los cumplidos a base de reconocer sus sentimientos, no de compararla con su hermana o calificarla de difícil—aunque lo fuera. Empezaron por decirle cosas como, "Cuéntanos por qué no sientes que somos sinceros cuando te decimos que no hay problema con que hayas sacado una B." Resultó que Susana era perfeccionista y tenía muchos celos de su hermana. Al permitirle expresar sus sentimientos, sus padres le ayudaron a Susana a sentirse más competente. Los sentimientos de Susana fueron enfocados como algo válido, no como desafío o desobediencia.

Punto de Referencia No 4: Democracia Meritoria

Muchos padres Latinos con quienes he hablado sienten que la democracia no funciona bien cuando se trata de la crianza. Son conscientes de que la dictadura no es efectiva, pero sienten que hay ocasiones en que la *obediencia* requiere una aplicación forzosa; al fin de cuentas, los padres no pueden esperar que un niño cumpla angelicalmente sus peticiones de que se comporte bien. Sé de qué hablo, pues eduqué a dos hijos propios; la crianza democrática nunca debe confundirse con permitirle al niño un lugar de igualdad con los padres, donde el niño hace y deshace. Significa darles a los niños la oportunidad de ser escuchados y de participar en la construcción de soluciones efectivas a los problemas de disciplina. Aboga por que los niños participen en establecer las "reglas de la casa." Esto no solamente aumenta las probabilidades de que obedezcan esas reglas independientemente de usted, sino que les enseña los componentes esenciales de los ejercicios democráticos, como la disciplina, la libertad de pensamiento y la moralidad. En el Capítulo 6 hablaremos en mayor detalle sobre la aplicación de los ideales democráticos y cómo enseñarlos desde el momento en que el niño es capaz de entender algunas palabras. Por el momento, observemos cómo puede funcionar el proceso:

La Nueva Forma

¿Recuerdan a Osvaldito, el muchacho del Capítulo 5? Era el niño a quien la sobreprotectora madre Latina no le permitía interactuar con sus compañeros, por ejemplo para ir a comer *pizza* con sus amigos después de la escuela. Estas son las técnicas específicas que ellos aplicaron para arreglar la disputa entre los padres y los hijos, utilizando el *consejo* de O.R.G.U.L.L.O. de dialogar:

PADRES: Osvaldito, sabemos que quieres ser como los otros niños, pero nos preocupamos mucho por ti. ¿Entiendes por qué?

OSVALDITO: Porque creen que soy un bebé y porque ustedes se preocupan por todo.

PADRES: No se trata de eso en absoluto. ¿Recuerdas lo que te dijimos de las tareas y las notas? Estamos preocupados de que no tengas suficiente tiempo para hacer tus tareas si sales a comer *pizza* todas las tardes y ver televisión todas las noches.

OSVALDITO: Pero a todos los otros niños los dejan ir a comer *pizza*. Además, me va muy bien en la escuela.

PADRES: Es cierto, pero es igualmente cierto que pasar el rato con tus amigos y ver televisión durante horas podría limitar seriamente tu tiempo de estudio. ¿Dónde crees que encontrarás el tiempo adicional que necesitas para estudiar?

OSVALDITO: ¡Ya sé! Grabo los programas de televisión y los veo en el fin de semana.

Finalmente, eso fue exactamente lo que Osvaldito hizo, y funcionó porque se le permitió participar en diseñar las reglas. Las reglas anteriores eran claras, pero no tomaban en cuenta aspectos importantes de su desarrollo social, y no le permitían a él sentirse comprendido por sus padres. La nueva solución le ayudó a Osvaldito a practicar las habilidades asociadas a la responsabilidad y la disciplina que lo acompañarían por siempre, porque sabe que para poder salir a comer *pizza* después de la escuela debe cumplir su parte del trato haciendo las tareas y manteniendo un buen nivel de calificaciones. Si no lo hace, no podrá gozar del privilegio de hacer aquellas cosas que valora. Sus padres también se aseguraron de que las actividades realmente no fueran peligrosas, visitaron el lugar de la *pizza* y conocieron a los amigos con quienes Osvaldito pasa el rato. Se percataron de que en realidad se trataba de una buena oportunidad para que Osvaldito desarrollara habilidades sociales con niños norteamericanos, y para que practicara la *simpatía*.

Punto de Referencia No. 5: Independencia Que Vale la Pena Fomentar

La independencia es una característica que vale la pena promover desde el primer día. Veremos en la Parte 2 de este libro cómo fomentar la independencia en niños de todas las edades. Por el momento, considere que la mejor forma de proteger a su hija de las drogas, el alcohol y otras tendencias autodestructivas es promover en ella la sensación de originalidad, inculcando disciplina y características de liderazgo.

La mejor forma de hacerlo es ayudándole a sentirse competente, a sentirse capaz de reconocer con elegancia sus cualidades, a alimentarse de sus fortalezas y a sentirse orgullosa de ser quien es. A continuación, un ejemplo de cómo se puede fomentar una independencia sana.

Eva, la hija de dieciséis años de Anita, y Pedro, su hermano de catorce, quieren preparar sin ayuda de nadie la cena del día de la madre. Han tomado una decisión en cuanto al menú, y han elegido uno que han visto preparar en innumerables ocasiones especiales: pernil y moro (frijoles con arroz). Anita tiene sentimientos encontrados en cuanto al proyecto. Está conmovida pero también se preocupa de que los muchachos hagan un gran desorden o se quemen; a lo mejor no vale la pena el esfuerzo. Está a punto de decirles que no lo hagan, cuando decide aplicar los *consejos* de O.R.G.U.L.L.O.

Tras un diálogo sincero consigo misma, Anita enfrenta el hecho de que, aunque parecería que sus preocupaciones están basadas en el orden y la seguridad, en realidad está preocupada por sí misma: cuánto le cuesta aceptar el afecto y su necesidad de controlar. Cocinar un pernil, al fin de cuentas, solamente requiere condimentar y asar en el horno a la temperatura adecuada. El arroz y los frijoles se cocinarán en su olla especial, que prácticamente hace sola el trabajo. De modo que Anita deja de lado sus sentimientos de preocupación, les dice a sus hijos cuánto aprecia el maravilloso gesto, y les responde alegremente las preguntas que se presentan durante la preparación de la cena.

Por fin, comprende que Eva y Pedro se sienten orgullosos de ser autosuficientes, y se da cuenta de que les ha enseñado la disciplina que necesitan para manejar la tarea que tienen entre manos. ¡El resultado es la mejor celebración del día de la madre que puedan recordar!

Punto de Referencia No. 6: Entienda la Validez de las Emociones

Somos humanos, y a veces perdemos la paciencia con los hijos. Pero nada debilita más la autoridad de los padres que perder los estribos delante de los hijos. ¿Qué puede hacer para recuperarse tan pronto como sea posible? Aplique los *consejos* de O.R.G.U.L.L.O.

El *consejo* más importante en momentos así es el No. 1, que tiene que ver con el autoanálisis: Organice sus sentimientos: pregúntese si su falta de paciencia y frustración están relacionadas con su hijo, o si más bien están relacionadas con su jefe, su compañero, sus padres, sus suegros o un amigo. Si las cuestiones que la irritan realmente están relacionadas con su hijo, debe tener mucho cuidado de no permitir que sus emociones la hagan descender al nivel de su hijo, ya sea rogándole que sea amable con usted o acusándolo de hacer las cosas con el propósito concreto de irritarla.

Enseguida, utilice una comunicación abierta para determinar por qué su hijo es difícil. Pregúntele si tiene problemas en la escuela, o si tal vez haya escuchado una conversación difícil que usted tuvo con su compañero y que no iba destinada a los oídos de otros. ¿Puede ser que esta información haya generado una serie de sentimientos confusos que él no sabe cómo manejar?

En ese caso, lo deseable es aclarar las cosas antes de que la ira de su hijo crezca:

La Manera de Antes

A veces Mercedes no puede evitar gritarle a su hija Marisa, de doce años. Le grita que es insensible, despistada, irresponsable y egoísta, y la acusa de hacerla enojar deliberadamente. Ha llegado a gritarle, "¡No te aguanto! ¡Aléjate de mí!"

Por ejemplo, hace poco Mercedes perdió la paciencia porque Marisa dejó descolgado el teléfono después de hablar con una amiga cuando Mercedes esperaba una importantísima llamada de negocios. Mercedes específicamente le había dicho a Marisa que esperaba una llamada importante.

La Nueva Forma

Mercedes se da cuenta de que los insultos y los gritos no son lo mejor para el desarrollo de Marisa. Es cierto que Marisa estaba equivocada y que debía haber sido más cuidadosa con el teléfono, y que habrá ocasiones en que la madre de Marisa se sentirá furiosa y desesperada con ella. Pero cuando Marisa rompe a llorar y le dice, "¿Por qué me hablas así? ¡Tú no me quieres!" Mercedes se da cuenta de que ha ido demasiado lejos y lo reconoce frente a su hija.

Ella da comienzo a un diálogo con su hija, en el que primero acepta su responsabilidad por perder la paciencia y admite que hizo mal en insultarla. Le dice que perdió la paciencia y que este no es el ejemplo que ella quiere darle. En ese punto, Marisa le dice a su Mami que olvidó colgar el teléfono porque la llamada de su amiga le produjo mucho malestar. Mamá le ofrece ayuda para recomponer sus sentimientos dolidos. Después de una productiva conversación entre madre e hija, Marisa le dice a Mercedes, "Lo siento, Mami, te fallé; lo olvidé y eso no está bien."

Mercedes cuenta que Marisa ha empezado a cambiar a través de la comprensión de que es necesario revisar las emociones y hablar sobre ellas, y que a veces Mami pierde la paciencia, pero que eso no significa que no la quiera o la valore. Madre e hija están aprendiendo que es importante mantener las emociones bajo control.

Punto de Referencia No. 7:
Negociar No Es Claudicar o Darse por Vencido

Negociar con su hijo no implica que usted esté cediendo. De hecho, esa actitud puede inculcar en los hijos un fuerte sentido de disciplina, responsabilidad y la capacidad de ser enérgicos.

En primer lugar, reflexione sobre el significado que tiene para usted negociar. Si lo percibe como lo contrario de la confrontación, como un proceso de dar y recibir, como una forma de colaboración, entonces queda claro que este tipo de trabajo en equipo es extremadamente benéfico.

Pero también es muy importante tener en cuenta que a veces la negociación debe llevarse a cabo consigo misma. No le ayudará a su hija, por ejemplo, si resuelve todos los problemas menores a los que ella se enfrenta. Es necesario lograr un equilibrio entre ofrecer ayuda y permitir los fracasos necesarios. Puede ser muy difícil resistirse al impulso de intervenir. Tiene que reiterar para sí misma que usted no está abandonando a su hija ni fracasando en su labor con ella, sino inculcando un sentido de perseverancia y competencia. Ambas cosas pueden constituir los mejores regalos que le pueda dar.

La Manera de Antes

Otile, de diez años, es una niña básicamente responsable y simpática, pero es olvidadiza. Betty, su madre, se entera cuando ya está lista para irse a dormir que Otile tiene que entregar al día siguiente un proyecto de ciencias que determinará en gran medida la nota definitiva del curso. Claramente, no existe posibilidad de que Otile pueda manejar el proyecto sola a esta hora, pues hay que investigar, escribir, recortar y pegar. Otile necesita ayuda. Betty se pasa toda la noche ayudándole.

Eso es lo que muchas madres Latinas dedicadas harían: sacar a sus hijos de apuros, brindando la ayuda necesaria. Pero el problema de Otile va más allá de una fecha de entrega: a Otile no le gusta pedir ayuda y tiene un problema de manejo de tiempo. Nunca aprenderá a hacerlo de otra forma si su madre sale al res-

cate cada vez. La constante es que Betty muchas veces hace sugerencias, pero Otile siempre dice: "Tengo que hacerlo sola, es mi
proyecto." No obstante, Betty siempre acaba ayudándole cuando
la fecha de entrega se acerca. En este caso, era necesario que
Betty le ayudara a Otile, pero cambiando ella primero, compren-
diendo primero sus propios sentimientos, siguiendo el *consejo*
No. 1 de O.R.G.U.L.L.O., Organice sus sentimientos.

La Nueva Forma

Betty decide no ayudarle a Otile con su tarea; como consecuencia, el resultado final no es muy bueno. Otile, que es buena estudiante, se fastidia con el resultado, pero empieza a darse cuenta
de que necesita organizar mejor su tiempo. En esta situación, la
negociación empieza solamente cuando Betty le ha dado espacio
a Otile para fracasar. Betty negoció primero consigo misma,
luego con Otile.

Betty le dice a Otile que requiere ayuda para saber cómo es-
tructurar el tiempo, y le aclara que nunca piensa volver a ayudarle a última hora. Entre las dos diseñan un calendario en el cual
anotan todas las tareas de Otile. En el momento en que le asignan
una tarea, ella establece una fecha razonable para terminar el trabajo, y anota la tarea en el calendario—el cual Betty y ella revi-
san una vez a la semana.

Betty es una buena madre que quiere ayudarle a su hija a seguir
siendo buena estudiante, y ha encontrado una manera más constructiva de hacerlo. Se dio cuenta de que Otile necesitaba sentirse a cargo para poder desarrollar un mejor manejo del tiempo.
La estrategia de disciplina que negociaron le permitió a Otile
practicar esas habilidades. La estrategia incluyó explorar con
Otile las razones por las cuales se resistía a pedir ayuda. Tenía que
ver con que Otile pensaba que uno es menos competente si pide
ayuda en lugar de hacer las cosas por uno mismo. Betty le explicó
a Otile que pedir ayuda, cuando es necesaria y cuando se trabaja
en equipo, es una señal de madurez, y puede dar mejores resultados. Pero Betty también se dio cuenta de que Otile estaba reac-

cionando a su constante vigilancia, en la cual le hacía sugerencias todo el tiempo. Le tomó a Betty una gran cantidad de trabajo interior y de reflexión cambiar ese comportamiento. Pero Betty estaba motivada: no quería ser modelo para su hija de comportamientos negativos.

Punto de Referencia No. 8: Canalice la Energía Natural del Niño

Creo que no necesito decirle que un niño saludable posee energía ilimitada. Si los padres no se dan cuenta de esta realidad y no le ayudan al niño a reducir la posibilidad de ser destructivo, entonces el niño será percibido como una molestia.

El niño que se tropieza con la mesa de los adornos porque no ha podido jugar afuera en todo el día no puede ser culpado por su excesiva energía. Si hace mal tiempo, existen innumerables actividades que son divertidas para toda la familia, incluida la lectura de cuentos, hacer rompecabezas, ver vídeos educativos o jugar juegos educativos. Muchos padres Latinos actúan con recelo frente al Internet, pero recuerden el *consejo* No. 4 de O.R.G.U.L.L.O.—Utilice los medios de comunicación y manténgase al día. En Internet hay muchos sitios educativos (por favor remítase al Apéndice).

Por lo pronto, sencillamente sea consciente de que no puede esperarse que un niño se comporte de la misma forma que un adulto. Muchos padres Latinos llevan a sus hijos a la iglesia, al cine o de visita, y esperan que el niño se comporte a la perfección, cuando para los niños se trata de una especie de "castigo" por un crimen que no pueden evitar cometer. Suele suceder que los niños se comportan de forma mucho más adecuada cuando tienen espacio para jugar, bien sea en el parque o en cualquier lugar al aire libre.

Margarita Elena y Juana Elena, mellizas de cinco años, son difíciles de controlar en casa pues el espacio es limitado. Sin embargo, cuando visitaron a su tía en Nueva Jersey, y gozaron de un jardín donde correr, fueron dos angelitos felices que lograron sentarse a comer con muy buen comportamiento. No ocurría lo mismo cuando visitaban a los abuelos en su diminuto apartamento en la ciudad, o cuando iban a la iglesia los domingos.

Los padres de las mellizas tuvieron que aprender nuevas formas de ser menos exigentes, tanto en su pequeña casa o cuando visitaban amigos en espacios limitados. Aprendieron a llevar rompecabezas cuando iban de visita o cuando llevaban a sus hijos a los restaurantes o a los consultorios de los médicos. Sus padres me informaron satisfechos en una de nuestras sesiones que en días lluviosos les ayudaban a las niñas a armar rompecabezas, y que se divertían muchísimo con esto. La madre también le dio prioridad a llevar a las niñas al parque, en lugar de llamarles la atención constantemente para que se portaran bien mientras ella llevaba a cabo las labores domésticas. Una vez ella empezó a percibir la importancia de mantener ocupados a los niños, en lugar de exigirles buen comportamiento pudo darse cuenta de que era un asunto que convenía a todos, y dejó de insistir en que las niñas se sentaran a la mesa como dos pequeñas *señoritas*. Las niñas tenían que excusarse antes de retirarse de la mesa, pero sus padres tomaron conciencia del nivel de energía que normalmente tienen los niños de cinco años, y se volvieron más tolerantes.

Punto de Referencia No. 9:
Inconsistencias Que Promueven la Desobediencia

No hay nada que más confunda a un niño que enfrentarse a reglas disciplinarias contradictorias. Por ejemplo, cuando los padres van a hacer una fiesta o están ocupados, y el niño insiste en ver un programa de televisión que se pasa de la hora establecida, muchos padres no cumplen sus propias reglas sencillamente porque en ese momento están muy ocupados. Si lo hacen sin explicación, no obstante, y luego le niegan a su hijo el mismo comportamiento que aceptaron en otra ocasión, el niño se confunde en cuanto a las reglas. ¿Y qué hará? Insistirá hasta que logre lo que quiere. Al fin de cuentas, funcionó en otra ocasión. A veces la inconsistencia se origina en que los padres no se ponen de acuerdo para establecer límites, quizás porque tienen diferentes formas de ver el mundo, o porque están separados o divorciados, o porque permiten que los niños los pongan en cónflicto para poder lograr lo que quieren. Por lo tanto, la disciplina que es inconsistente sirve tan solo para incitar a los niños a probar cada vez más los límites y ver hasta dónde pueden llegar. Muchas veces no lo hacen con malicia, sino por auténtica confusión: los niños se sienten perdidos y no saben cómo se espera que se comporten.

Desarrollar el Control de la Ira

Las situaciones más retadoras y las que llevan a aplicar un tipo de disciplina inconsistente tienen que ver con castigar por desesperación o bajo una tremenda rabia. En estas ocasiones uno llega a perder la compostura, y aplica castigos que más adelante tienen repercusiones graves.

Por ejemplo, si se supone que su hijo de seis años sea el paje de bodas durante un matrimonio del fin de semana, y usted lo castiga por una falla de comportamiento, diciéndole, "Quedas castigado sin poder salir de la casa todo el fin de semana," ¿piensa entonces decirle que no puede cumplir su compromiso en la boda? ¿Le va a impedir que disfrute la fiesta? Si le dice, "te aplicaré el castigo mañana," de todos modos no ha cumplido con su palabra. Perder los estribos ha dado pie a una complicada situación disciplinaria. Por ello, es crucial mantener la serenidad al establecer límites, y no actuar por impulso o por ira. No son buenos ingredientes para establecer una buena disciplina con los hijos.

Al estar permanentemente en contacto con sus sentimientos, puede dar pasos para evitar exigirse demasiado y estresarse por ello. Le aconsejo que cuando sea necesario, pida el apoyo que necesita. En el Capítulo 9 exploraremos en detalle cuándo es importante pedir ayuda profesional y cómo saber cuándo necesita esa ayuda.

Es mejor darse un tiempo para recuperar la calma que responder bajo la ira que ha producido el mal comportamiento. De niña, una de las cosas que mi madre hacía todo el tiempo cuando me portaba mal, fuera de casa o delante de invitados en nuestra casa, era decirme, "Hablaremos más tarde." Nunca se le olvidaba hablar después conmigo, y yo lo sabía. Puesto que era consistente, yo sabía qué debía esperar. El efecto disciplinario era igual o mejor a haber reaccionado con furia en el momento. Ella se concedía un tiempo para organizar sus sentimientos e ideas, y yo tenía tiempo de corregir mi comportamiento.

Punto de Referencia No. 10: Agresividad Contagiosa

Nunca se les deben dar a los hijos palmadas, golpearlos, darles puños o utilizar palabras humillantes y duras con ellos, ya que todo lo anterior es una agresión directa. Puede que al causar dolor se logre una sumisión temporal, pero no se logrará inculcar una disciplina perdurable, solamente sentimientos innecesarios de rabia y hostilidad. He hablado con muchos padres que me cuentan que cuando les estaban dando palmadas o correazos en su infancia, asumían el castigo de forma estoica, y se decían para sus adentros, "Pronto pasará, no es gran cosa." Lo que pensaban no era, "No debo decir mentiras porque no está bien," sino, "La próxima vez que lo haga tengo que fijarme bien para que no me agarren." Lo que los padres realmente les están enseñando a los niños cuando les dan palmadas es a esconder sus malos comportamientos, no a evitarlos.

Un gran número de mis pacientes adultos me ha contado que cuando recibían palmadas, una vez terminado el castigo ya no volvían a pensar en lo que habían hecho mal. De modo que es evidente que cuando se emplea la humillación verbal o física, el aprendizaje logrado no es lo que usted tenía en mente. Se aprende solamente a ser hostil y a tener rabia, y muy probablemente, a transferir este comportamiento a otros. Es imposible hacer demasiado énfasis en cuánta imitación de la agresividad he visto en adultos y en niños durante los años en que he trabajado como terapeuta de familia. El caso de Ramiro y su familia es tan solo uno entre muchos:

Ramiro y Francisca tienen tres hijos: María, de seis años, Manuel, de cinco, y Agustín, de tres. Vinieron a mi consulta porque María y Manuel eran muy difíciles de controlar, y Agustín daba golpes como por costumbre. Explorando la situación, esto fue lo que encontramos:

Ramiro y Francisca: La situación en la casa es muy difícil, pero también hemos visto que Agustín imita a María y Manuel, porque ahora él también golpea a todo el mundo en el parque, y las madres se quejan.

MARÍA: Le pegamos al bebé porque él rompe los juguetes y lloriquea todo el tiempo y a nosotros nos echan siempre la culpa. Ustedes le dejan hacer todo lo que quiera. Además, ustedes nos dicen que no le peguemos al bebé, pero ustedes nos pegan a nosotros.

Me entero que de vez en cuando Ramiro pierde la paciencia y le grita a todo el mundo, los insulta y les da palmadas a los niños cuando se han portado mal.

En esta familia era necesario llevar a cabo muchos cambios de comportamiento, en niños de diferentes edades. En el Capítulo 6 veremos cuáles son estos cambios y su aplicación. Por ahora hay dos asuntos importantes: (1) el castigo físico y el lenguaje áspero no solamente son improductivos y dañinos para los niños, sino que será imitado por ellos; y (2) es irónico que un padre golpee a un niño para castigarlo porque golpea a su hermano. La culpa excesiva que produce en el niño el castigo demasiado duro puede ser también una forma de maltrato.

LAS REFLEXIONES

Mientras escribe sus respuestas a las preguntas que hay a continuación, compare sus respuestas con los resultados de la prueba que presentó al comienzo del capítulo. Pregúntese: "¿Qué tanto ha cambiado mi perspectiva?" "¿Qué tanto he avanzado en el espectro de la adaptación cultural?"

- ¿Qué tipo de vivencia tuvo usted en cuanto a disciplina en su infancia? ¿Cómo afecta esto la forma en que usted aplica hoy en día la disciplina con su hijo?

- ¿Teme que a menos que el niño sea castigado físicamente o reprendido con dureza cuando desobedece, se volverá rápidamente malcriado e indisciplinado?

(continuar)

- ¿Como establece límites? ¿Según la infracción? ¿Según sus instintos? ¿Según lo que sus padres o sus suegros determinan como adecuado, de modo que no la califiquen como una mala madre o un mal padre?
- ¿Cuál es su opinión de estos relatos que uno oye sobre palmadas, en los cuales los padres cuentan que, de niños, casi le daban la bienvenida a la paliza, tan solo para salir de eso? ¿Alguna vez ha estado en esa situación?
- ¿Usted se considera una persona disciplinada? ¿Cómo se siente con su respuesta?
- ¿Evalúa primero cuál fue la infracción del niño antes de aplicar disciplina, excluyendo, desde luego, situaciones de emergencia?

El *Orgullo* y la **Nueva** *Obediencia*

Pienso que la manera de antes de concebir la disciplina se adhiere al mito de que disciplinar a los niños o enseñarles a ser obedientes es una tarea fácil: los padres dicen: harás lo que yo digo, punto, y el niño obedece. Si no lo hace, se gana una paliza. Ha sido mi meta en este capítulo convencerlos de que castigar físicamente no solo no sirve, sino que causa más daño que bien.

Tenga presente que el castigo físico no es la única forma dañina de disciplinar a un niño; es posible humillar a los niños con palabras. Decirle a un niño, "Me has fallado, eres un desastre total," o repetir sin cesar admoniciones acerca de un tema sobre el cual hay desacuerdos puede ser una tortura tan grande como dar palmadas o golpes. Las palabras pueden ser muy poderosas, de modo que fíjese bien en la forma como disciplina a sus hijos.

Recuerde que la disciplina es enseñanza, y que lograr la meta de la enseñanza toma tiempo. Muchos niños requerirán una gran dosis de paciencia en el proceso de su instrucción. Uno siempre tiene la opción de calificar una acción equivocada como tal en lugar de aplicarle los calificativos al niño. En esos casos es muy útil recordar los *consejos* de O.R.G.U.L.L.O. Piense cómo se siente usted cuando sabe que ha cometido un error y alguien le dice, "Es su culpa, usted se lo buscó." Comprenda que los niños no tienen el nivel de madurez de los adultos, y que es necesario enseñarles un tipo de disciplina que puedan interiorizar. Esta enseñanza se logra aplicando los componentes de la *Nueva Obediencia* dentro del O.R.G.U.L.L.O.

Piense en lo bien que lo hará sentir educar a sus hijos con O.R.G.U.L.L.O., y en sentir *orgullo*—orgullo en la transmisión de los maravillosos valores Latinos, ¡Pero solamente los que son maravillosos!

Asuntos Generales de la Crianza

La Segunda Parte enfoca el desarrollo, analizando problemas concretos que se espera aparezcan desde la etapa de bebé hasta la adolescencia. Incluye el mundo del niño en el hogar, en la escuela, en la comunidad, con los amigos, los parientes, los vecinos, los compañeros de equipo y otros en la vida del niño. Los asuntos van desde el bilingüismo hasta las salidas románticas, desde el castigo físico hasta la presión de los compañeros.

La Parte Dos termina con una mirada a los problemas que se les presentan a los niños y a las familias en relación con la adaptación a la nueva cultura. Se verá la relación entre la cultura y algunos de estos problemas, y usted recibirá una guía para saber cuándo es conveniente buscar la ayuda de un profesional. Estas advertencias le informarán a usted, a la luz de las etapas del desarrollo, sobre qué manifestaciones en el comportamiento de su hijo deben ser motivo de preocupación, y cuándo una crisis familiar requiere de orientación profesional. También describiré exactamente cómo elegir el mejor tipo de ayuda profesional para distintos problemas.

El Mundo del Niño en Edad Preescolar. Inculcar O.R.G.U.L.L.O. Desde el Primer Día

Por favor califique la frecuencia con que estas preguntas se aplican en su caso.

5=Siempre 4=A menudo 3=A veces 2=Rara vez 1=Nunca

1. ¿Le preocupa sáber cuándo es el momento apropiado para que el niño deje el biberón, o para que empiece a aprender a ir al baño? _____

2. ¿Le preocupa establecer qué idioma debe enseñarle a su hijo? _____

3. ¿Siente que no es capaz de contarle a su hija de cuatro años que su mascota murió? _____

4. ¿Le permite a su hija de dos años dormir con ustedes con tal de que no llore? _____

5. ¿Siente que es mejor esperar hasta que el bebé nazca para decirle a su hermanito de tres años que tiene compañía? _____

6. ¿Siente que es necesario llevar a su hijo a todas partes para poder sentir que es un buen padre? _____

7. ¿Siente que no es esencial que su niño en edad preescolar tenga amigos? _____

8. ¿Se siente culpable de estar cansada y de no querer levantarse a la media noche a alimentar al bebé? _____

Ana María, quien nació en este país, se describe como una Latina que anhela que Eliza, su hija única, conserve algunos de los valores con los cuales ella creció. Se encuentra en medio de un mar de confusión:

Su hermana mayor le recomienda que le hable a Eliza únicamente en español. Su mejor amiga, que no es Latina, le dice: "¡No pensarás que lo mejor es que tu hija vaya a la escuela y no sepa hablar inglés correctamente! Sufrirá social y académicamente. Además, estamos en los Estados Unidos; el inglés es el idioma que debería hablar." Su madre la sermonea, "Te falta ser más firme con Eliza. Déjala llorar. La hará fuerte."

Cuando Eliza llega a los dieciocho meses, Ana María quiere ayudarle a pasar del biberón a una taza con pico, pero la abuelita anota, "Déjale el biberón. ¡Mímala! Es mejor así."

Cuando Ana María empieza a considerar ayudar a Eliza a aprender a ir al baño, su suegra le dice, "No te preocupes por ese tema. Ni siquiera tenemos en español una palabra para eso. La naturaleza lo hará en su momento. Así lo hacemos los Latinos. Así lo hice con tu marido, y mira, ahí está, sin problemas."

El marido de Ana María no quiere que el bebé duerma con ellos. No solamente teme que pueda aplastarlo, sino que está convencido de que los niños deben dormir solos. Pero Ana María siente que no hay nada de malo en ello, ya que ella solía dormir con sus padres.

~

A lo largo de los años, he oído muchas historias semejantes a las de Ana María, ya que, cuando tienen hijos, muchos padres Latinos tienden a regresar a las tradiciones, y eligen los valores con los cuales crecieron, sin considerar si se aplican al mundo contemporáneo. Al igual que Ana María, se encuentran abrumados por las contradicciones entre las tradiciones culturales y los tiempos modernos, y no saben a dónde dirigirse o qué hacer.

En la primera parte de *Criando a su niño con Orgullo Latino,* usted aprendió a equilibrar los principios culturales Latinos tradicionales con las exigencias de los tiempos modernos, aplicando los principios del *Nuevo Tradicionalismo*—o el O.R.G.U.L.L.O. en acción, y redefiniendo el *orgullo,* el *respeto,* el *familismo,* la *obediencia,* y la *simpatía.* Se le proporcionaron también las guías básicas del *Nuevo Tradicionalismo* a través de los siete *consejos* de O.R.G.U.L.L.O.:

1. O Organice sus sentimientos
2. R Respete los sentimientos de sus hijos
3. G Guíe y enseñe a su hijo; no le ordene
4. U Utilice los medios de comunicación y manténgase al tanto de lo que aparece en ellos
5. L La importancia de amar al niño o a la niña por ser quien es
6. L La importancia de escuchar
7. O Opere con canales de comunicación abiertos siempre

En la segunda parte de *Criando a su niño con Orgullo Latino,* recibirá orientación sobre cómo aplicar las herramientas descritas a los problemas específicos que a los padres Latinos les resulta difícil resolver con éxito.

Para iniciar nuestro debate, quiero hacer una lista de las formas más importantes en que el *Nuevo Tradicionalismo* se distancia de las prácticas de crianza tradicionales de los Latinos:

- *Una regla no se aplica para todo el mundo: cada niño es un individuo.* Cada persona crece con una historia única, e incluso los niños que crecen en el mismo hogar tienen diferentes interpretaciones de sus experiencias. Los niños nacen con su propio temperamento, y cada uno es único en términos de su comportamiento, su capacidad de aprender y en la forma como sus padres se relacionan con él.
- *Una edad no encaja para todos. Lo que se puede esperar de un niño depende de su etapa de desarrollo.* Esto es muy importante para saber cuándo dar libertad, y para fomentar en el niño la independencia y la responsabilidad.

- *Un sistema de crianza no sirve para todos: las circunstancias alteran los casos y los tiempos cambian.* Los padres pueden ceñirse a los valores con los cuales crecieron, o pueden rechazarlos. Las circunstancias cuentan a la hora de determinar cuál es el método a seguir en la crianza de los niños. Por ejemplo, cuando se trata de decidir cuál debe ser el primer idioma que aprenda el niño, la mayoría de los Norteamericanos dirá que debe ser el inglés, pero muchos Latinos no opinan lo mismo. Sienten que a sus hijos hay que enseñarles primero español o español e inglés al mismo tiempo.

- *Un solo sistema de valores no encaja a todo el mundo: usted creció entonces; sus hijos están creciendo ahora.* No hay duda de que las diferentes épocas traen consigo diversas tendencias que confunden a los padres, como cuándo se considera aceptable dormir con el bebé, cuándo introducir alimentos sólidos, cómo relacionarse con los parientes y muchas otras cosas.

Las guías anteriores le ayudarán a criar a su hijo al estilo Latino en tiempos modernos; nos remitiremos a ellas con frecuencia en los siguientes capítulos en la medida en que sirvan para ilustrar una idea. Sigamos adelante con la descripción general de los temas que exploraremos en este capítulo:

- Los bebés tienen una enorme capacidad de aprender, pero necesitan una gran dosis de enseñanza
- La enseñanza de los Valores Latinos
- ¿Debemos dejar que nuestro bebé duerma con nosotros?
- Lo que es aconsejable y lo que no es aconsejable cuando se trata de enseñar a ir al baño
- Cómo sobrevivir la terrible etapa de los dos años (y de los tres y de los cuatro)
- Nuevo cuidado infantil tradicional
- La selección de una guardería: Un plan práctico para soltar con O.R.G.U.L.L.O.
- Proteger a su hijo con O.R.G.U.L.L.O.

Los Bebés Tienen una Enorme Capacidad de Aprender, Pero Necesitan una Gran Dosis de Enseñanza

Uno de los aspectos más hermosos de la enseñanza es la enorme capacidad de aprender que tienen los niños, aunque cada uno aprende de una forma diferente. La opinión científica del momento es que *antes* de los tres años la capacidad de procesamiento de datos del cerebro de un niño es igual a la de un computador—y mejora en adelante. Lo que también sabemos es que los bebés nacen con una disposición biológica para el aprendizaje.

Mediante una serie de experimentos que emplean computadores especializados que miden las ondas cerebrales y las reacciones, sabemos ahora que los recién nacidos reconocen la apariencia de su propia lengua y que desde los seis meses identifican las diferencias entre dos idiomas, así como los cambios en expresiones faciales (por ejemplo si los padres sonríen o fruncen el ceño). Se trata de evidencias muy importantes, ya que nos dicen que desde muy pequeños, los niños tienen la capacidad de percibir una cantidad significativa de información. Esto no se comprendía en el pasado. De hecho, se creía que los bebés eran una "tábula rasa" o un pizarrón en blanco y que no poseían una capacidad biológica programada para el aprendizaje. Naturalmente, poner en práctica la capacidad para aprender requiere de instrucción y de que se presenten oportunidades de aprender mediante el ejemplo. En otras palabras, mientras más le enseñe usted, más aprenderá el niño. Conocer a su hijo, y trabajar con él desde los comienzos de su vida establece una base sólida para la adquisición del equilibrio bicultural que se desea, y para desarrollar buenas relaciones entre los padres y los hijos.

Sus Expectativas Deben Ser Realistas

Cuando mi hijo Jaime tenía unos dos años, me golpeó el ojo derecho con una llave. Yo me asusté y los ojos me lloraban, y él empezó a tranquilizarme, diciendo, "No llores, Mami," y dándome besos. Jaime sabía que algo me estaba pasando y quería hacerme sentir mejor, como lo había hecho yo con él en otras ocasiones. Ahora sabemos, a través de experimentos científicos, que los bebés "vienen equipados" con capacidades aparentemente adultas para sentir empatía, las cuales se desarrollan aún más con el tiempo. Por ello es que usted debe tener mucha claridad en cuanto a qué esperar según la edad. Sus expectativas deben ser realistas. La enseñanza de los valores, aun en niños muy pequeños, debe tener en cuenta la importancia de saber qué es adecuado para la edad en el desarrollo de la disciplina y la autonomía.

Si se trata de un niño de cinco años que sufre de temores nocturnos y quiere dormir con usted, la solución será totalmente diferente a la que se necesite para el caso de un niño de tres años que viaja con usted a otro país y no se siente cómodo con la nueva experiencia—y diferente del caso de un niño que llora porque está enfermo y necesita a uno de los padres en medio de la noche. No obstante, no es realista esperar que usted pueda anticiparse a cada una de las necesidades de su hijo a cualquier edad. Espero que esta sección del libro lo prepare mejor para muchas eventualidades, pero como se dice en el mundo del *baseball,* "Nadie batea mil." Ningún padre percibe correctamente las necesidades o deseos de su hijo el cien por ciento del tiempo.

Cuando Usted Establece Límites, Fomenta la Disciplina y el Autorrespeto

Por increíble que parezca, desde el día en que el niño nace, los padres, consciente o inconscientemente, empiezan a enseñarle mediante los límites.

Cada límite que se le impone a su hijo tiene que ver básicamente con la privación de un deseo: él quiere algo que no podemos darle. Los límites son aún más difíciles en el caso de los bebés, cuyo llanto nos impulsa a ver cuál es la fuente de su malestar. Automáticamente queremos tranquilizarlo y aliviar la fuente de incomodidad. La tarea básica de la crianza es descubrir el equilibrio entre responder a las necesidades del niño y hacer cumplir con sabiduría los límites apropiados para la edad.

Ceñirse a horarios estrictos o la adhesión a una manera rígida de relacionarse con el bebé no es mejor que ceder constantemente. Será necesario hacer uso del criterio. A los niños no puede manejárseles como si fueran un plato que vamos a preparar para la cena con una receta a prueba de error. Cada niño es único. La conciencia de la originalidad de cada niño y la necesidad de hacer uso del criterio en la labor de educar se aplica a *todos* los aspectos del desarrollo, incluyendo la transmisión de los valores lingüísticos y culturales, aprender a ir al baño, la superación de la timidez y muchos otros. Poner en práctica estas enseñanzas muchas veces requiere de ejecutar un número de equilibrista que para usted y para su hijo no está exento de sacrificios. Muy a menudo puede ser más fácil desistir o no tratar, pero sabemos que no es lo mejor para todos. El punto es que cuando se le enseña a un niño el comportamiento adecuado, se le está dando un hermoso regalo, no quitándole algo. Aunque el proceso a veces sea difícil y requiera mucho trabajo, el resultado final es el desarrollo de una persona que tendrá más éxito con los demás y en todos los aspectos de su sociedad, incluyendo la capacidad de adherirse a ideales democráticos de autorrespeto y disciplina.

Continuemos ahora con los asuntos de base de los años de edad preescolar. Casi todos hemos encontrado dificultades en estos años:

La Enseñanza de Valores Latinos

La Enseñanza del Idioma— Los Comienzos del O.R.G.U.L.L.O. en Acción

En los Estados Unidos se da por descontado que cuando el niño inicia su etapa escolar, hablará en inglés con sus compañeros. Para el niño Latino y para sus padres, el asunto del idioma es considerablemente más complejo. Una y otra vez, los padres Latinos me preguntan: "¿Debemos enseñarle primero inglés y luego español, o debe ser al contrario, o ambos a la vez? ¿Y a quién debo pedirle consejo en cuanto a esto?

Es Difícil y Confuso

Julia, una joven madre Latina deseaba fervientemente tomar la decisión más acertada para su hija Martita en cuanto al asunto del idioma, pero no sabía dónde comenzar. Su hermana, Amelia, quien estudiaba para ser profesora bilingüe, la sermoneaba con gran autoridad: "No debes enseñarle a Martita los dos idiomas a la vez, la confundirá y no aprenderá ninguno de los dos bien, porque el aprendizaje del uno interferirá con el aprendizaje del otro." Amelia luego agravaba el problema con una teoría que había malinterpretado: que algunos niños que aprenden inglés y español a la vez desarrollarán problemas de aprendizaje.

Julia me consultó sobre su dilema y yo le ayudé a ver que la preocupación de su hermana se basaba en que estaba mal informada. Aprender dos idiomas a la vez no tiene que ser dañino. De hecho, puede propiciar logros académicos en todas las áreas. Ciertos estudios científicos han encontrado que aprender un segundo idioma mejora el dominio del primero. En otras palabras, el bilingüismo promueve el aprendizaje y ayuda a lograr mayor inteligencia.

Aun así, Julia no estaba segura por dónde debía empezar ya que su esposo no hablaba español. Le ayudé a ver que si asignaba a una persona la responsabilidad de enseñarle al bebé español (el método una persona—un idioma), otra persona podría asumir la enseñanza del inglés. Contrató una niñera que hablaba español, y Julia también le hablaba a Martita solamente en español durante los primeros años, mientras que su esposo le hablaba solamente en inglés. Me siento satisfecha de poder informar que el bebé va maravillosamente bien con su bilingüismo.

Quiero hacer énfasis en varios puntos:

- No existen evidencias científicas de que sea dañino para un niño enseñarle dos idiomas a la vez; de hecho, la capacidad de hablar varios idiomas es sin duda una fuente importante de *orgullo,* un enriquecimiento y expansión de la mente y de la capacidad de comunicarse que promueve el *respeto* por sí mismo y la capacidad de *simpatía.*

- Los Latinos que quieren emprender la ruta bilingüe con sus hijos sencillamente no siempre saben cómo hacerlo.
- A los padres Latinos les parece que el prospecto de enseñarle al niño simultáneamente español e inglés requiere de un gran compromiso de tiempo, pero no tiene que ser tan difícil.
- ¡La clave es la consistencia! El idioma requiere práctica. En los primeros años, sería mejor que el niño oyera solamente inglés por parte de una persona y español por parte de la otra (el método, una persona——un idioma). Muchas veces, en familias que siguen el *Nuevo Tradicionalismo,* los abuelos asumen la responsabilidad de enseñar español. Así lo hicimos con mi hijo Jaime. Es un maravilloso ejemplo del *Nuevo Familismo,* darles a los abuelos una forma de conservar un lugar muy importante dentro de la familia Latina en los Estados Unidos.

No Tienen Idea de lo Ocupada Que Estoy

Muchos padres Latinos dicen que sencillamente no tienen tiempo de enseñarles español a sus hijos. Puesto que hoy en día es muy frecuente que el padre y la madre trabajen fuera de casa, en las noches están agotados. El fin de semana está lleno de tareas por hacer relacionadas con la casa, los hijos e incluso con sus propios padres. Muchos padres Latinos sienten que tienen que moverse a la velocidad de Speedy Gonzalez.

No obstante, tenemos en español un dicho: "La escasez es la madre de la invención." Con ese espíritu, muchos padres Latinos han encontrado soluciones que funcionan bastante bien:

- Si es posible, enviar regularmente al niño a visitar a sus parientes en el país de origen, proporcionándole así lo que se conoce como una experiencia de inmersión en el idioma. (Si lo hace de esta forma, y el niño viaja sin usted, asegúrese siempre durante los primeros años de que el niño viaje y se quede con un pariente que conoce; de otra forma, la separación de sus padres puede afectarlo adversamente).
- Mantener un enfoque consistente pero separado para la ense-

ñanza de cada uno de los idiomas. Esto indica que cada una de las personas le hable al niño en un solo idioma. La tarea puede repartirse entre ambos padres, o entre los padres y la niñera, o la suegra, o cualquier pariente que interactúe regularmente con el niño.

- Hacer un esfuerzo para conocer a otros padres Latinos e invitarlos a su casa para que los niños jueguen juntos y hablen en español.

- Reunirse regularmente con amigos y parientes de habla hispana. La mejor forma de aprender un idioma es a través de la comunicación y la exposición. Las reuniones habituales serán algo que el niño puede disfrutar, y le proporcionan una experiencia de socialización que promueve la *simpatía* para todos. Si las familias se turnan para ser las anfitrionas de las reuniones, el trabajo no tiene que tocarle siempre a la misma familia.

- Utilice los medios y manténgase al día en ellos (es el consejo No. 4 de O.R.G.U.L.L.O.). Hay programas educativos de vídeos, libros, música y juguetes en español y en inglés, o en ambos, y que abarcan todas las edades. Por ejemplo, en la página en Internet *SpanishToys.com,* se pueden conseguir programas adecuados para cada edad, como *El Conejo Lector* (o *Peter Rabbit* en inglés), y otros programas en español producidos por *Educativo.* En este sitio hay que comprar los productos, pero en los Recursos Recomendados hay un listado de posibilidades gratuitas.

Estos programas educativos en español vienen en forma de juegos, lo cual les permite a los niños divertirse a la vez que aprenden vocabulario, lectura, pronunciación y matemáticas de una forma progresiva según la edad.

Implementar el Bilingüismo

Pregúntese: Si existe evidencia de origen científico que indica que el bilingüismo no es perjudicial, sino que, por el contrario, sirve para mejorar el lenguaje y la inteligencia en general, ¿no valdrá la pena intentarlo? Desde luego que es una decisión que le corresponde a usted, pero lo que digo es que sí se puede lograr.

Es importante no perder de vista que el grado de bilingüismo que logre el niño no depende de que los dos idiomas se aprendan a la vez o por turnos. No obstante, si es posible y desea enseñarle al niño los dos idiomas desde que nace, los padres y los hijos sienten el proceso como algo más natural.

Sea cual sea su decisión, debería estar basada en los datos disponibles acerca de la crianza bilingüe. Mis dos hijos son bilingües, pero permítanme contarles cómo mi esposo y yo manejamos el asunto de los dos idiomas con Jaime, el mayor.

El primer idioma de Jaime era el español. Todos nos esmerábamos por hablarle exclusivamente en español, y era atendido por una niñera que le hablaba en español. Visitaba a sus abuelos en nuestro país de origen, y así se le reforzaba constantemente el español. Más adelante, recibía cursos de español durante los veranos en que iba a visitar a mis padres. Pero teníamos amigos que solamente hablaban inglés, y cuando ellos venían de visita, Jaime estaba expuesto al inglés, como también lo estaba cuando veía programas de televisión en inglés como *Plaza Sésamo*. Cuando Jaime empezó a asistir a la guardería no hablaba inglés, pero agarró el otro idioma con rapidez. Hoy en día es un adulto bilingüe y bicultural.

Nosotros le permitimos en gran medida "hacer lo que fuera más natural," es decir, aprender español primero y luego inglés.

Recuerden que una de las cosas más maravillosas de los niños es su fantástica capacidad de aprendizaje. Si uno se ciñe consistentemente a la enseñanza, mediante el sencillo esfuerzo de hablarle al niño primero en español, es muy posible que aprenda los dos idiomas a la vez.

La Simpatía *Empieza por "Gracias"*

Para inculcar la *Nueva Simpatía,* los padres harían bien en prestar atención especial a los *consejos* 2 y 5 de *O.R.G.U.L.L.O.:* respete los sentimientos de su hijo y la importancia de amar a su hijo por ser quién es. Los buenos modales—lo que cae en la categoría de lo que los psicólogos llaman "socialización"—se enseñan a los niños mediante el ejemplo. Las expectativas siempre deben ser ajustadas a la edad.

Si usted da las gracias cuando su hija le pasa un juguete o hace algo agradable, su hija aprenderá a dar las gracias cuando sea indicado, y seguramente convertirá de por vida la expresión en parte de su vocabulario. Enseñar buenos modales incluye el aprecio por las buenas cosas que hace el niño, incluso desde que empieza a caminar. De hecho, muchos aspectos de la *simpatía* se pueden enseñar desde el momento en que uno empieza a hablarle al bebé. Cuando el bebé sonríe, usted puede decirle "gracias." Muchos padres lo hacen automáticamente, pero a veces es un hábito que hay que aprender, especialmente cuando hay expectativas de *obediencia* absoluta y cuando a los niños se les enseña más a base de órdenes que de *respeto.*

Por ejemplo, una Latina tradicional que vino a consultarme me contaba que había crecido recibiendo órdenes, "Dame eso" o "Haz lo otro," y que nunca se le daban las gracias por las cosas que hacía. Ahora le resulta muy difícil darle las gracias a su esposo, y todavía más enseñarles a los niños estas cortesías. No quiero de ninguna manera dar a entender que a los niños haya que rogarles para que se porten bien. Sencillamente estoy sugiriendo que se utilice el respeto: "Marquito, ¿podrías por favor pasarme ese libro?" y luego decirle, "Gracias, corazón."

Ser Simpático: *El Comienzo de la Autonomía*

Como un paso hacia la autonomía, para su hijo es muy importante aprender a estar con otros. Por ejemplo, el bebé aprenderá a utilizar el lenguaje para pedir lo que quiere en lugar de hacerlo mediante gestos o gruñidos que solamente los padres entienden. A medida que el lenguaje se desarrolla y el niño crece, las expectativas de la socialización pueden volverse más consistentes, pero siempre deben ser adecuadas para la edad.

El creciente sentido de independencia de su hijo en edad de aprender a caminar puede ser respetado y reforzado, si permite que haga ciertas cosas que a lo mejor no sabe hacer tan bien en el momento, pero que dominará con su ayuda, su tiempo y su paciencia. Si tiene dudas en cuanto a dejar a su hijo practicar sus habilidades, considere el *consejo* 1 de O.R.G.U.L.L.O., Organice sus sentimientos, y evalúe si usted está manejando bien su necesidad de estar en control o de mantener la dependencia de su bebé. Luego respete los sentimientos y la individualidad de su hijo. Cuando diga, "Déjame hacerlo a mí," escuche y permítale vestirse solo, si ese es el asunto, aunque no lo esté haciendo muy bien.

Si se trata de tareas como cepillarse los dientes, se le puede decir algo por el estilo de, "Te mostraré, mira cómo lo hace Mamá." Luego déle la oportunidad de probar. Si quiere marcar el teléfono, muéstrele cómo se hace. Soy consciente de que los padres están ocupados y puede que les resulte difícil ser pacientes, pero muchas veces a los niños no se les permite intentar hacer las cosas por sí mismos simplemente porque los padres no se dan cuenta de qué tan importantes son esas cosas para aprender independencia.

Corte la Timidez y la Agresividad en el Capullo

Rosa y José, al igual que muchos padres Latinos tradicionales, creen que sus hijos deben ser *bien educados* y *simpáticos*. Sienten gran *orgullo* de poder decir que Magda, de seis años, y Pascual, de cuatro, siempre son amorosos, extrovertidos y amistosos en las reuniones familiares. No puede decirse lo mismo de Enrique, de dos años. En situaciones sociales, Rosa y José perciben que Enrique siempre luce *mal educado*: llora y grita, se resiste a sonreír o a darles besos a sus tías y tíos y es muy tímido.

Rosa y José se sienten incómodos y resienten el comportamiento de Enrique, porque lo asumen como un mal reflejo de su competencia como padres. Piensan que si no le enseñan a comportarse bien desde el comienzo, será tímido y poco sociable toda la vida. Insisten en arrastrarlo con ellos a reuniones, asumiendo que exponerlo a diversas reuniones lo hará menos tímido y lo volverá *simpático*—como sus hermanos—pero el comportamiento de Enrique no mejora. Los únicos enfoques correctivos que se les ocurren consisten en reprenderlo o simplemente dejar de hacerle caso, ambos poco efectivos. A continuación, los errores que cometen Rosa y José:

- Las técnicas que están utilizando para modificar el comportamiento de Enrique se basan en expectativas poco realistas; por ejemplo, no toman en cuenta factores como la edad y la circunstancia particular.
- No están aplicando los *consejos* de O.R.G.U.L.L.O. En este caso, el *consejo* 2, Respete los sentimientos de su hijo.
- Lo juzgan bajo los patrones establecidos por sus hermanos sin apreciar que el niño es un individuo diferente, lo cual infringe el *consejo* 5 de O.R.G.U.L.L.O., La importancia de amar a su hijo por ser quien es.

Cómo Manejar un Bebé Tímido

Si bien es cierto que la *simpatía* o las capacidades de socialización se inculcan desde muy temprano, Rosa y José no tienen justificación para preocuparse por la timidez de Enrique. Es demasiado pequeño para ser social y todavía no se siente cómodo en las reuniones familiares, porque éstas no constituyen su mundo cotidiano.

Los niños de esta edad son dados a reaccionar ante los extraños de manera semejante a como reaccionan ante ruidos fuertes y desconocidos—con señales de angustia como el llanto o las pataletas. Es poco realista esperar que la mayoría de los niños de dos años *no* dé señales de malestar cuando hay demasiado estímulo y un ambiente abrumador. El nivel de timidez de los niños varía según el temperamento innato del niño. Intentar obligar al niño a dejar de ser tímido casi siempre lleva al fracaso. Poner en práctica el *Nuevo Familismo* requiere tener en cuenta las necesidades de Enrique y darle menos importancia al hecho de contar con él en las reuniones familiares para poder hacer gala del *familismo* tradicional. La unión es una hermosa parte del *familismo,* pero hay situaciones en las cuales el *Nuevo Familismo* requiere explicarles a la abuela y a otros miembros de la familia que para Enrique es mejor quedarse en casa con la niñera hasta que se sienta más a gusto en las reuniones familiares. Es muy probable que esté en una etapa que pronto superará, pero lo que Enrique necesita por el momento es que sus padres se concentren en las necesidades del niño más que en las de ellos.

Cómo Manejar al Bebé Agresivo

Aunque el bebé esté aprendiendo a volverse independiente y autónomo, los padres necesitan orientarlo y no permitirle ciertos comportamientos, como golpear o morder. Aun a esta edad, los niños necesitan saber qué cosas no están permitidas. Es parte importante de empezar a inculcar *simpatía*. Pero tenga siempre en mente que el proceso de inculcar habilidades de socialización toma tiempo y depende mucho de la madurez.

Además, no espere que su hijo en edad preescolar dé las gracias todo el tiempo. Habran días en que esté cansado, aburrido o enfermo, y quizás no sea capaz de producir mucha *simpatía*. No se preocupe. Utilizar los consejos de O.R.G.U.L.L.O. logrará comprender estas vacilaciones comunes en el comportamiento del niño, y le ayudará a saber cuándo insistir en la docilidad, en caso de que el comportamiento se esté convirtiendo en una mala costumbre que puede desencadenar problemas reales en la escuela, en una fiesta de cumpleaños o en el patio de recreo.

La agresión física exige atención inmediata de los padres para evitar que se convierta en costumbre, en cuyo caso el niño acabará teniendo muy pocos amigos. Si sigue golpeando a otros niños, tenga en cuenta su edad. Necesitará que usted le ayude, retirándolo de la habitación para que tenga otro espacio donde pueda organizar sus sentimientos. A lo mejor necesita un receso, o está cansado o lo abruman las multitudes, como a Enrique. Ya tendrá muchas oportunidades de volverse *simpático*. No le grite, no lo castigue físicamente; su agresión serviría tan solo para reforzar la del niño.

La Disciplina Circunstancial Podría Devolverse, Como un Bumerán

La disciplina circunstancial se refiere a padres que permiten ciertos comportamientos en casa porque los niños están pequeños, pero esto puede generar problemas más adelante en la adaptación a otros lugares, como la escuela. Por ejemplo:

Marcelo solía irse a dormir a las once de la noche o más tarde, porque Clara y su marido sentían que las horas de la noche eran las únicas que tenían para estar con él. Lo anterior, a mi modo de ver, es una mala interpretación del *Nuevo Familismo.* Si este comportamiento continúa, y a Marcelo no se le enseña a dormir según un horario, en las noches cuando ellos decidan irse a dormir más temprano él opondrá tanta resistencia como lo hace al uso de la bacinilla. En este caso en particular, los padres harían bien en empezar con un horario ajustado que lleve a Marcelo gradualmente hacia una hora más temprana para irse a la cama.

A continuación hay una lista de pasos para implementar lo que llamo "disciplina ilustrada." Le ayudarán a desarrollar una estructura general dentro de la cual ubicar estrategias concretas de disciplina. Han sido útiles para muchos padres Latinos a quienes he aconsejado, y para mí fueron de gran utilidad durante la crianza de mis propios hijos:

- Proporciónele a su hijo pequeño una rutina organizada. No lo haga acostarse a las 11:00 p.m., para poder estar más tiempo con él, como hacían los padres de Marcelo. Esto es sólo para el beneficio de los padres; puede ser divertido para ellos, o aliviarles la culpa por estar en la oficina todo el día, pero no beneficia al niño.
- Mantenga la consistencia en su disciplina, e incluya a la niñera en este proceso. Por ejemplo, si usted no está de acuerdo con que el niño coma en la cama, no lo permita según su propio estado de ánimo; es decir, dejándolo a veces comer si usted está de buen ánimo y luego prohibiéndolo cuando esté disgustada o llena de culpa por haber sido demasiado permisiva. Asegúrese de que su niñera se ciña también a sus reglas.
- A medida que su hijo crece, empiece a mostrarle cómo guardar los juguetes en la canasta o en el baúl. Quizás no le obedezca inmediatamente, pero persevere. Tal vez sea más fácil recogerlos usted misma, pero su labor es inculcar buenos hábitos. Si los

niños están pequeños, se puede hacer mediante juegos, por ejemplo cantando algo por el estilo de, "A guardar, a guardar, todo, todo en su lugar." Lo importante es establecer rutinas.

- Si durante las comidas le permite al niño levantarse de la mesa, y usted lo sigue por todas partes para rogarle que se coma el siguiente bocado, está sentando un mal precedente. Se debe comer en la mesa y a una hora establecida.

- Esta es la edad propia para empezar a ayudarle a su hija a manejar la agresión. Si deja que rompa los juguetes de su hermana y le parece lindo porque ella está muy pequeña, podría estarle enseñando que también lo puede hacer en la escuela y con otros niños. Es necesario decirle, "No puedes hacer eso." Manténgase en esa posición. No le dé palmadas, y aléjela de la situación después de explicarle que los juguetes no se deben romper.

Elija Sus Batallas

Si no está muy segura de cuál debe ser el primer paso por el largo camino de la disciplina ilustrada, siga el primer *consejo* de O.R.G.U.L.L.O., organice sus sentimientos. Puede bien ser que usted haya sido educada en un ambiente de obediencia absoluta y que le resulte difícil imaginar una alternativa, especialmente en vista de que lo más probable es que hayan miembros bien intencionados de su familia que la presionan para que utilice los métodos que ellos han usado para educar hijos. El primer paso hacia el dominio de la disciplina ilustrada es alejarse del enfoque "una regla para todos" y empezar a seleccionar sus batallas. Permítame dar un ejemplo de cómo funciona:

Su niña tiene un año y medio y se mete en todo, con especial fascinación por los utensilios de cocina, las ollas y las sartenes. Ya les ha puesto el seguro a los gabinetes donde se guardan objetos potencialmente peligrosos, y se asegura de que las agarraderas de ollas que están calientes no estén a su alcance. Pero también tiene que enseñarle a su hija que es peligroso tocar una estufa caliente. Para hacerlo, la mayoría de los padres utilizan el sentido común y enseñan mediante la representación: señalan la estufa o el horno y le dicen al niño algo por el estilo de, "Ayayay, no se debe tocar." Además de hacer lo anterior, es necesario tomar precauciones para que el niño siempre esté seguro.

Una noche, cuando usted está preparando la cena, su pequeña decide que quiere jugar con todo lo que tiene a la vista. Usted puede actuar de la forma tradicional y gritar, "¡Juanita, no toques eso!" pero no funcionará porque a esta edad los pequeñitos sienten un fuerte impulso de explorar su mundo y el de sus padres; su curiosidad está por el tope.

Usted también puede empezar a implementar el *Nuevo Tradicionalismo:* aunque la interrupción es irritante, usted se da cuenta de qué puede esperar de los niños que tienen la edad de su hija. También se da cuenta de que ella está demasiado pequeña para razonar. Así que usted selecciona sus batallas: la deja jugar con aquellos objetos que le fascinan. Ningún padre "se las gana todas," y esta batalla definitivamente no vale la pena. Le da a Juanita varias ollas y cacerolas para que juegue con ellas en alguna parte de la cocina donde no haya peligro. Pronto encontrará otras cosas más interesantes qué hacer, y superará la etapa de ese interés.

¿Deberíamos Permitir Que Nuestro Bebé Duerma con Nosotros?

Este es otro tema que confunde a muchos padres Latinos tradicionales, dado que muchos psicólogos y pediatras Norteamericanos advierten que dormir con el bebé no es una buena idea; pero en muchos países Latinos esta costumbre es vista como algo natural. La verdad es que existen diferentes teorías al respecto, y las diversas culturas enfocan la crianza de formas variadas, lo cual puede dar pie a tensiones en el hogar.

Antes de decidir si dormir con el bebé o no hacerlo como algo rutinario, haga uso del primer *consejo* de O.R.G.U.L.L.O., organice sus sentimientos. Pregúntese, "¿Por qué quiero hacerlo?" Si se trata de algo que le genera una lucha interna, tenga presente que muchos padres le permiten al recién nacido dormir con ellos porque es más fácil, especialmente si la madre le da pecho al bebé. Pero en este caso es algo que hacen para su beneficio, no el del bebé. El asunto se torna más complejo cuando el niño ya no es un recién nacido. En última instancia, se trata de una decisión personal; muchos profesionales no sienten que dentro de un marco razonable sea una costumbre necesariamente mala, pero las cosas cambian cuando el niño tiene tres o cuatro años y duerme con los padres habitualmente. Siempre se trata de algo problemático cuando genera fricción entre la pareja.

A algunos padres les parece que dormir con el bebé es una experiencia positiva, incluso un aspecto del *Nuevo Familismo,* pues les ayuda a compensar por su atareada vida, lograr su descanso y procurarse un tiempo de alta calidad con el bebé. De hecho, por esas razones parece haber una tendencia hacia la costumbre de dormir con el bebé, incluso entre los no Latinos.

Si Establece una Regla, Debe Cumplirla

Si entre sus planes está que el bebé duerma habitualmente con ustedes, es necesario estar bien claro sobre por qué quiere dar este paso. Aunque es su decisión, siempre y cuando a la familia le resulte funcional. Piense que uno no puede traer al bebé a la cama a menudo, y luego esperar que duerma solo plácidamente cuando usted así lo quiera. Muchos niños se quedan dormidos en la cama de los padres o llegan en la noche llorando porque tienen mojado el pañal. A veces tienen miedo por causa de un sueño, o están de mal genio porque no se sienten bien. Estas situaciones son diferentes a permitir que el niño duerma con ustedes regularmente, pues esta última es una decisión consciente de crianza sobre la cual ambos padres deben estar de acuerdo.

Minerva y Francisco vinieron a consultarme su caso: Andrés, su hijo de tres años, se resistía a dormir en su cuna e insistía en unirse a ellos todas las noches. Puesto que Francisco estaba muy descontento con esta situación, la pareja discutía y estaba mutuamente descontenta. Pregunté por qué a Andrés se le permitía hacer esto. Me explicaron que cuando ponían a Andrés a dormir en su propia habitación, pegaba gritos tan fuertes que molestaba a los vecinos. La verdadera razón, no obstante, era que Minerva había dormido con sus padres durante casi toda su primera infancia. Ella sentía que esto formaba parte de amar a un niño, cuando de hecho la situación vivida por ella se originaba más bien en la estrechez de la vivienda que tuvieron cuando llegaron a este país. De los dos, Francisco era el que más se oponía a la presencia constante de Andrés a la hora de acostarse, y sus sentimientos estaban provocando tensiones en el matrimonio. Estos padres necesitaban implementar un programa para cambiar los hábitos de Andrés antes de que el problema se convirtiera en una crisis doméstica de grandes proporciones.

Lo Que los Padres Hicieron

Cuando Minerva siguió el primer *consejo* de O.R.G.U.L.L.O., organice sus sentimientos, descubrió que se sentía muy culpable por tener que ir a trabajar y dejar a Andrés con una niñera. Lo percibía como una indicación de que no era una buena madre Latina y como una privación para su hijo. Minerva también llegó a comprender que estaba enojada con Francisco, porque ella tenía que trabajar para sostener a la familia mientras que él terminaba sus estudios médicos, y que lo había estado castigando mediante la estrategia de traer a Andrés a la cama. Además, Minerva se dio cuenta de que las exigencias combinadas de su trabajo y de la maternidad la dejaban exhausta. Para ella era menos fatigoso traer a Andrés a su cama que ayudarle a superar un hábito que era cada vez más pesado para ambos padres— pero ambos necesitaban descansar y no lograban dormir bien con un niño de tres años entre los dos. Cuando trataban de cambiar el hábito, Andrés expresaba su descontento con fuerza y claridad.

Yo le aconsejé a la pareja prepararse para el llanto de Andrés unas cuantas noches cuando lo dejaran en la cuna. Una vez que comprendieran que no lo estaban privando de amor, lo percibieron no solamente como el comienzo de la disciplina, sino como la finalización necesaria de un comportamiento que tenía sentido cuando su hijo era un bebé pero que ya no era pertinente. Esta costumbre le había ayudado a Minerva, porque no tenía que levantarse de la cama a dar pecho cuando Andrés era un bebé; pero él ya no lo era, y mientras estuviera con ellos en la cama, no descansarían bien.

Fortalecida con el conocimiento de que estaban siguiendo los dictados del *Nuevo Tradicionalismo,* Minerva y Francisco pudieron cambiar la forma de dormir de Andrés sin sentir que lo estaban privando de afecto. Se turnaban para sentarse al lado de la cuna, le cantaban y lo tranquilizaban. Después de llorar un rato, Andrés se cansaba y se quedaba dormido.

Recuerde que las reglas de crianza no le encajan a todo el mundo: utilice su sentido común acerca del tema, como lo haría con cualquier otro asunto. Si, por ejemplo, acaba de llegar a casa con otro bebé, o se ha mudado, es muy posible que su niño en edad preescolar reaccione a estos cambios estresantes, y quiera meterse a la cama con usted. En estos casos, un juguete favorito en la cuna y una atención especial a la hora de dormirse, como cantar, leer u oír música suave puede ser de gran ayuda. Un niño de esta edad tal vez verbalice que no le gusta su hermanita. Al hacerle saber que la niña está en casa para quedarse, pero que usted entiende sus sentimientos, usted aplica *consejos* útiles de O.R.G.U.L.L.O. Aun a esta temprana edad usted está escuchando sus sentimientos, respetándolos y abriendo los canales de comunicación, (*consejos* 6 y 7). No hay necesidad de decirle, "No debes sentirte así" o "No le hables así a tu hermana."

Reglas de Oro Para Aprender a Ir al Baño

El aprendizaje de ir al baño puede ser visto como una de las primeras oportunidades que tienen los padres para enseñarles a los niños a tener disciplina y autonomía; como tal, debe ser enfocado como una forma de entregarle amor al hijo o a la hija. Cómo y dónde ofrecer esa enseñanza, aun dentro de la cultura tradicional Latina, varía según la familia y puede ser un asunto rígido o flexible. No obstante, no se puede demorar el proceso hasta que el niño tenga más de cuatro años y pretender luego que el niño colabore. No es que el niño no vaya a aprender a ir al baño eventualmente—puesto que un niño normal tarde o temprano lo hace—sino que es importante que su hijo o su hija esté a la par con sus compañeros cuando empiece a asistir al jardín infantil. Estará en desventaja si otros niños se ríen de ella, la señalan en aquellas ocasiones en las que se haga evidente lo que ha ocurrido. Por otra parte, si empieza a enseñarle a ir al baño a los doce meses, debe saber que casi con seguridad tiene expectativas irreales, puesto que los niños necesitan madurar más antes de estar listos para un éxito pleno en este aspecto. Si bien los expertos se abstienen de dictaminar "una edad que sirva para todos," sí indican que la edad apropiada para iniciar el entrenamiento es entre los veinte y los treinta y seis meses de edad.

El entrenamiento para aprender a ir al baño también se ajusta a creencias culturales y varía según las épocas. Cada diez años, más o menos, las opiniones cambian en cuanto a la forma adecuada de enseñar a ir al baño. Siempre es muy importante llevar a cabo la enseñanza de una manera agradable: llena de amor, besos, abrazos, elogios y paciencia.

El método elegido para enseñar a ir al baño reflejará necesariamente su estilo de crianza. Como Latino y Latina en Norteamérica, tiene tres opciones: *obediencia* absoluta; lo contrario, permisividad absoluta (lo que llamo el otro extremo del péndulo) o *El Nuevo Tradicionalismo*. Le daré ejemplos de los dos primeros estilos, los cuales les ocasionan a los padres muchos problemas, y luego describiré cómo, a través de las prácticas de crianza por las que abogo, esos problemas se pueden resolver o evitar desde el comienzo.

Cómo Aprender a Ir al Baño y la Obediencia Absoluta

El aprendizaje de ir al baño lleva a una mayor autonomía e independencia, pero también está conectado con la disciplina y con la *obediencia*. Como tal, puede conducir a luchas de poder entre los padres y los hijos.

Yamila se siente muy orgullosa de poder decir que a ella le enseñaron a ir al baño a los nueve meses de edad, y lo relaciona con el comienzo de sus buenos hábitos disciplinarios. Ella quiere que Nelly, su hija, siga sus pasos, y a los ocho meses empieza a ponerle el pañal de entrenamiento. El resultado no es bueno: a Nelly le dan pataletas siempre que Yamila le muestra la bacinilla o la sienta en ésta. De hecho, Nelly empieza a tener dificultades para ir al baño, y debe ser llevada a donde el pediatra. Yamila no entiende por qué sucede, puesto que a todos sus hermanos les enseñaron a ir al baño en su país de origen mucho antes que a los niños de este país. Desde luego, fueron supervisados por un sinnúmero de familiares en la casa de Yamila, quienes básicamente se anticipaban al momento en que los niños querían ir al baño. Yamila no tiene tiempo para esto, pero espera resultados similares. Yamila se enoja siempre que Nelly quiere ir al baño detrás de las cortinas, o en otros lugares, y la reprende con severidad.

Yamila vino a consultarme, porque tenía muchos problemas con Nelly, a quien le costaba trabajo dormir, comer y hacía pataletas. En este punto, Nelly tenía tres años y Yamila estaba muy angustiada. Yamila sentía que algo malo pasaba con Nelly, y se empeñaba más en que obedeciera. Pero mientras más trataba de detener las pataletas de Nelly y de hacerla cumplir sus normas, más se resistía Nelly a hacer lo que Yamila quería.

Yamila y yo trabajamos para ayudarle a aplicar una actitud más relajada hacia el aprendizaje de Nelly para ir al baño. Primero, empezó a utilizar muchos abrazos, elogios y besos, y le permitía a Nelly llevar una muñeca al baño. Cuando ocurría un "accidente," le decía, "No te preocupes, mi amor, no pasó nada." Yamila aplicó el primer *consejo* de O.R.G.U.L.L.O., organice sus sentimientos, y se dio cuenta de que sentía que para ser buena madre y buena Latina debía educar a Nelly exactamente de la forma en que ella había sido criada. Aprendió también a seguir los *consejos* 2 y 3 de O.R.G.U.L.L.O., respete los sentimientos de su hijo y guíe y enséñele a su hijo, no le ordene, procurando no enojarse, respetando los sentimientos de Nelly, guiándola sin enojarse, de una manera divertida. Estas tácticas le ayudaron a Nelly a aprender a ir al baño con menos controversia y a ser más complaciente en general.

El Movimiento del Péndulo Mientras Su Hijo Aprende a Ir al Baño

Clara, la hija de una Latina—Americana de segunda generación—creció en un hogar en el cual la *obediencia* absoluta era evitada a toda costa. La madre de Clara quería como fuera evitar que los valores

Latinos con los cuales ella había crecido le fueran impuestos a Clara. De hecho, su estilo de crianza era extremadamente permisivo. Ahora que es madre, Clara no impone ningún tipo de disciplina a Marcelo, su hijo de cuatro años y medio, lo cual incluye no orientarlo en el uso de la bacinilla y dejarlo irse a la cama cuando quiera, es decir, muy tarde en la noche. La niñera, obedeciendo las órdenes de Clara, también le permite más o menos hacer a su antojo sin ningún control. Ahora, cuando solamente faltan unos meses para que empiece a asistir al jardín infantil, Clara ha entrado en pánico. Es imperativo que Marcelo aprenda a ir al baño, pues la mayoría de los programas escolares no aceptan niños que no han aprendido a hacerlo (aunque los "accidentes" se asumen con comprensión), pero Marcelo se resiste con obstinación. El asunto se ha convertido en una batalla entre madre e hijo.

Además de los problemas que tiene Marcelo de no saber ir al baño y la *obediencia,* está su aislamiento de otros niños. Debido a las múltiples ocupaciones de Clara y de su esposo, no tienen tiempo para llevar una vida social, ni tampoco lo consideran importante, de modo que Marcelo no tiene contacto con otros niños.

"Estamos ya en julio," me dijo Clara, obviamente angustiada, "y tiene que haber aprendido a ir al baño para septiembre, ¡cuando entre al colegio! Pero es tan desafiante, que grita de solo *ver* la bacinilla." Continuó explicando que el pediatra no estaba alarmado, pero que había sugerido que programara el entrenamiento para que Marcelo aprendiera a ir al baño. "Yo no sé nada de programas," me dijo. "A mí no me educaron con horarios, mi madre no creía en ellos."

En nuestro trabajo conjunto, Clara utilizó el primer *consejo* de O.R.G.U.L.L.O., organice sus sentimientos. Clara llegó a comprender que su propio estilo de crianza, sin estructuras, era una continuación de la rebeldía de Francisca, su madre, contra la rigidez de su propia crianza. Clara puso en práctica el *consejo* 5 de O.R.G.U.L.L.O., la importancia de amar a su hijo por ser quien es, diferente a sus hermanos y diferente de usted misma cuando niña. "Yo fui siempre una niña juiciosa," reconoció una tarde. "Supongo que necesitaba mucha aprobación, y por cualquier razón, no necesité mucha estructura. Más o menos hacía lo que percibía que mi madre quería de mí. Marcelo definitivamente ¡no es como yo en ese aspecto! Parece necesitar orientación pero no sé cómo proporcionársela sin sentirme culpable, sin sentir que lo estoy castigando." Clara sentía que ser buena madre significaba no ponerle ningún límite a su hijo. También reconoció que la permisividad de su madre le había convenido en ciertos aspectos, pero le había hecho daño pues había sido una permisividad extrema que no le enseñó a funcionar dentro de límites ni establecerlos para los demás.

Clara llegó a comprender que, al no haberla disciplinado a ella correctamente, su madre estaba malinterpretando muchos de los *consejos,* incluyendo el *consejo* 3 de O.R.G.U.L.L.O., guíe y oriente a su hijo, no le ordene. Como consecuencia, a Clara le resultaba muy difícil orientar a Marcelo en aspectos relevantes de su desarrollo.

A continuación, dos ideas útiles sobre la enseñanza de como aprender a ir al baño que Clara aprendió. Serán útiles independientemente del estilo de crianza que usted practique:

• Cuando se trata de enseñar a ir al baño, es tan contraproducente el exceso como la falta de intensidad. Al igual que en todos los aspectos de la crianza, el equilibrio es la clave. Según aprendió Yamila, presionar a un niño para que utilice el inodoro es casi una garantía de que no lo hará, bien porque no está listo desde el punto de vista del desarrollo, o porque está en una edad en la que cualquier petición—y ni qué decir de las exigencias—son motivo de rebeldía. En el caso de Clara, la permisividad absoluta fue igualmente ineficaz. Aunque pensaba inicialmente que estaba respetando y amando a Marcelo al darle carta blanca, tuvo que enfrentar el hecho de que estaba demasiado ocupada en su propia vida para concentrarse realmente en las necesidades del pequeño. También estaba tan aislada de otros padres que no podía compartir experiencias ni aprender de los demás cómo resolver problemas semejantes.

• Asegúrese de que su hijo interactúe con otros niños de su edad para que le puedan servir de modelo y animarlo a adquirir comportamientos que tienen que ver con la autonomía. Puesto que Clara no entendía la importancia de que Marcelo estuviera con otros niños, no le daba prioridad a salir al parque o a que Marcelo visitara a otros niños. Era más fácil para ella que a Marcelo lo cuidara en casa la niñera, puesto que de esa forma no tenía que preocuparse de peligros externos. Puesto que el niño no tenía mayor contacto con otros de su edad, insistía en andar por la casa todo el día en pañales.

Cómo Sobrevivir a la Etapa Terrible de los Dos Años (y de los Tres y de los Cuatro)

La etapa que va de los dos a los tres años se le llama con frecuencia "terrible," porque marca el comienzo de la capacidad de un niño para decir "no." Y una vez que saben que pueden hacerlo, ¡parece que no dicen otra cosa! Es el comienzo mismo de la independencia. Los niños a esta edad dicen que no a todo—aun a cosas que les gustan, por ejemplo comer o salir a caminar. Es como si de repente el niño comprendiera que es un ser independiente de los adultos, y se dedica a poner esa independencia en práctica. No puede verse como *desobediencia*. Es una etapa normal y pasajera.

Cuando Martín, de dos años, se sienta en el suelo y se resiste a caminar, si se tiene tiempo, se debe esperar. Permitirle sentarse no lo hará desobediente de por vida. Si, por otro lado, usted tiene prisa por llegar a la escuela a recibir a su otro hijo de cinco años, álcelo con suavidad y siga caminando, sin explicar. Sencillamente, siga caminando. Esto es lo que recomienda *El Nuevo Tradicionalismo*: se envía un mensaje de manera serena en el sentido de que usted debe proseguir, sin gritos y sin acusaciones.

A medida que el niño alcanza los tres o cuatro años, ya es capaz de hablar con frases completas y tiene una capacidad motriz mucho mayor. Quizás utilice estas habilidades para poner a prueba su paciencia, y ceñirse a las reglas de *La Nueva Obediencia* y de *El Nuevo Respeto* se convierta para usted en todo un reto. Pero es posible estar a la altura del reto si recuerda que las dos tareas esenciales son: enseñarle que ciertos objetos no se deben tocar, porque se pueden partir o pueden ser peligrosos para él; y saber que, si usted quiere que le escuchen, debe practicar la consistencia en la forma como se relaciona con el niño.

Por ejemplo, cuando Pedrito lanza un vaso, usted debe decirle en términos muy claros que no está permitido romper cosas. Debe asegurarse de comunicarle esta "regla de la casa" con claridad y reiteración hasta que la capte.

Lo que no debe hacer—aunque a lo mejor sus propios padres lo hayan hecho con usted—es procurar que se comporte después de gritarle o darle palmadas; tan solo lo hará más desafiante. Tampoco debe reírse, celebrando las payasadas. Esto es difícil, porque los niños en esa tierna edad pueden ser muy graciosos. Pero si usted se ríe, está coqueteando con el desastre, porque el niño asumirá que lo que hizo fue algo bueno, y continuará haciéndolo.

Nueva Crianza Tradicional

Seguramente ya lo sabe por experiencia: la tradición cultural Latina dicta que a los niños los cuide en primera instancia la familia, porque durante siglos hemos recibido de parte de los miembros de la familia el amor y la dedicación que son tan necesarios para enseñarles a los niños los valores Latinos que atesoramos. Según la forma tradicional, emplear niñeras es mal visto: si Mami tiene que trabajar fuera de casa (lo cual tampoco es considerado ideal), entonces la abuelita Leonora o la tía Luisa deben supervisar la educación de Angelita. Sabemos que las exigencias económicas de la vida de hoy son mucho más rigurosas que hace una década, sea donde sea que se resida. Sabemos también que la sociedad de la que ahora hacemos parte es profundamente diferente de la de nuestro país de origen. Como padres, debemos enfrentarnos a una serie de realidades y expectativas totalmente nueva, incluyendo la de la crianza. Pero eso no significa que no nos sintamos culpables por contratar una niñera, aunque sepamos que el sentido de culpa es injustificado y nos agrega presiones.

Aunque no estoy diciendo que el cuidado de los niños fuera de la casa por personas que no son de la familia sea necesariamente la mejor opción para todos, sí le pido que considere el hecho de que se trata de una realidad de la vida moderna. ¿Pienso que hacerlo constituye una situación libre de culpa y de problemas? Desde luego que no. No obstante, usted puede reducir la posibilidad de una serie de dificultades entrevistando exhaustivamente a las candidatas antes de contemplar contratar a alguna de ellas. Utilice su capacidad de observación y siga estas recomendaciones:

- ¿Cuál es su filosofía de crianza? ¿Pone en práctica los *consejos* 2 y 3 de O.R.G.U.L.L.O., respete los sentimientos de su hijo y guíe a su hijo y oriéntelo, no le dé órdenes? ¿Cree en la necesidad de respetar los sentimientos de los niños, en guiarlos y orientarlos en lugar de darles órdenes?
- Pregúntele si tiene hijos. Esta charla le dará la oportunidad de evaluar si tiene experiencia de primera mano en la crianza y si se trata de una experiencia gratificante para ella.
- ¿Qué opina de la *obediencia?* Su respuesta le dará una idea de cómo manejará a su hijo. Si cree en la *obediencia* absoluta quizás no haga caso de sus parámetros y utilice más bien los de ella, en cuyo caso tal vez es mejor que no sea esa persona quien cuide a su hijo.
- Si este es el caso, pregúntele cómo se siente de trabajar para alguien más joven. Si es que es mayor que usted, ¿considerará acaso que tiene más experiencia en asuntos de crianza y sentirá que eso le da licencia para hacer las cosas a su manera?
- Determine si ella es una sabelotodo, el tipo de persona que tiene la última palabra. Si le da esa impresión, quizás no sea la persona indicada para usted. Al fin de cuentas, influirá sobre su hijo. Si tiene una personalidad desagradable, ¿cómo va a enseñarle a su hijo *simpatía?*
- Visítela en su propia casa y analice sus costumbres como ama de casa. ¿La casa demuestra un nivel de aseo obsesivo, o es, por el contrario, demasiado desordenada?

- Pregúntele si es una persona a quien le atemorizan ciertas cosas. ¿Cuáles? No sería deseable que le transmitiera al niño sus temores.
- Háblele de su infancia. ¿Tiene buenos o malos recuerdos? Escuche con atención la forma como maneje la respuesta.
- Utilice los *consejos* de O.R.G.U.L.L.O. como base para las preguntas de la entrevista, para captar cómo piensa ella acerca de estos puntos y qué tan receptiva se muestra a seguirlos.
- Invítela a pasar un día en su casa, observe cómo juega con su hijo y cómo lo maneja. La respuesta de los niños es muy reveladora. Si el niño se siente cómodo con ella, y ella tiene calificaciones apropiadas para sus necesidades, entonces puede decidir contratarla. Al hacerlo, estará siguiendo los *consejos* 2, 6 y 7 de O.R.G.U.L.L.O.: respete los sentimientos de su hijo; la importancia de escuchar a su hijo; y opere con canales de comunicación abiertos siempre.

¿La Niñera Perfecta? ¡Tal Vez en Sus Sueños!

Aun si uno contratara la niñera ideal, inevitablemente surgen problemas. Esté preparada para "baches problemáticos" que se presentan a menudo cuando quien cuida al niño no es miembro de la familia:

- Aquel vínculo ideal en el cual la niñera se convierte en un miembro familiar sustituto era más posible en su país. Esperar ese tipo de vínculo afectivo hoy en día puede llevarla a sentir que su niñera es fría y distante, cuando en efecto tan solo trata de ser muy profesional. Por otro lado, si no se muestra amorosa con el niño, quizás sea necesario buscar otra persona para que lo cuide.
- Muchos padres Latinos me dicen que no pueden dejar de preocuparse cuando la niñera sale de casa con el niño, porque en muchos países Latinos se han secuestrado niños. Los relatos noticiosos sobre raptos agravan sus preocupaciones. Cuando se cuenta con una niñera competente, y de todos modos hay preocupación, quizás lo que esté originando el problema sea un

asunto de culpa, tal vez por no haber seguido lo que manda seguir la crianza tradicional o por no estar con el niño todo el tiempo.

- A veces el resentimiento de las madres contra la niñera es realmente un resentimiento contra la realidad de tener que trabajar en lugar de estar con el bebé. Si no hay más opción que trabajar, de todos modos puede ser una madre maravillosa cuando llega a casa o durante los fines de semana y otros tiempos libres. En esos ratos libres se le puede dar prioridad a estar con el bebé. La verdad es que si está con el bebé todo el tiempo, y por ello acaba sintiéndose agobiada, a lo mejor no sería tan buena madre como si regresa a casa ansiosa por pasar un rato de alta calidad con el niño. Muchas madres Latinas me cuentan que para poder calmarse y reducir sus preocupaciones, le dan a la niñera un teléfono celular. Así se mantienen en contacto y pueden revisar cada cierto tiempo para cerciorarse de que todo ande bien.

Tras haber encontrado la niñera indicada, quizás se descubra sintiendo celos de ella, temerosa de que su bebé "la quiera demasiado," o de que ella ame a su bebé "demasiado." Se trata de sentimientos normales y muy comunes. He descubierto que el primer paso para resolver esos conflictos es poner en práctica el primer consejo de O.R.G.U.L.L.O.: organice sus sentimientos. Posiblemente encuentre que está enfrentando viejos sentimientos inconscientes de rivalidad, quizás con una hermana que usted sentía era más amada que usted. Puedo decirle que aunque el sentimiento es muy real, se trata más de su temor de no ser amada como necesita serlo, pero no se trata necesariamente de que su bebé ame a su niñera más de lo que la ama a usted.

Si usted logra pasar ratos de alta calidad con su hija, ella la querrá siempre y no tiene que temer que la niña ame a la niñera más que a usted. Piense que su hija tiene ya un apego especial a usted, algo que formó a través de sus primeras experiencias. Además su hija es capaz de amar a más de una persona, y usted no será menos amada que la niñera. Lo más importante es que usted estará presente en la vida de su hija para todos los pasos especiales, como el primer día de escuela, los cumpleaños o el primer corte de pelo. Su hija siempre sabrá que usted es Mamá.

La Selección de una Guardería:
Guía Práctica Para Soltar con O.R.G.U.L.L.O.

Aunque el jardín infantil o la guardería se consideran un componente importante en el comienzo de las relaciones interpersonales, los padres de todos los orígenes étnicos tienden a sentirse ansiosos cuando el niño se aleja por primera vez de la seguridad de la casa. Los padres Latinos tradicionales dicen que para ellos esa experiencia es conlleva ciertas ansiedades, porque les parece que el lugar indicado para los niños es el hogar, en donde el hijo está seguro y rodeado de los padres o de la familia extensa. He oído a tantos padres Latinos decir, "¿Por qué no puedo esperar para que vaya al colegio cuando esté más grande y sea más capaz de cuidarse?" Otras familias en las cuales ambos padres son profesionales y trabajan fuera de casa prefieren emplear una niñera de tiempo completo que pueda monitorear a los niños de cerca en el ambiente de su propio hogar.

Desde luego que existen razones perfectamente racionales para sentir que el niño no recibirá en ninguna otra parte el mismo nivel de amor y de cuidado que recibirá en el ambiente seguro de su hogar. Los relatos sobre abusos o secuestros de niños obligan a ejercer una cautela absoluta. Pero una vez que se haga la selección correcta de niñera y de escuela, concéntrese en cómo se va a enriquecer el niño con la experiencia, no en los peligros o en el daño.

Proteger a Su Hijo con O.R.G.U.L.L.O.

Sí, afuera existen toda clase de peligros. Y no hay duda de que su papel como padre y como madre es proteger en la medida de lo razonablemente posible. También debe asegurarse de que su hijo reciba la mejor crianza posible, y eso incluye la posibilidad de socializar con otros niños. Existe un segundo inconveniente de la cautela absoluta: si usted se ciñe a esta forma de pensar, se sentirá cada vez más abrumada al tratar de proteger a su hijo, puesto que cada rango de edad trae consigo riesgos particulares. Debe darse cuenta de que ningún padre es capaz de anticiparse a todos los peligros potenciales para su hijo.

Muchos padres Latinos tradicionales sienten que al enviar a su hijo tan pronto a una escuela no Latina, reduce las probabilidades de consolidar las enseñanzas culturales Latinas desde una temprana edad: en conclusión, es mejor dejar al niño en casa tanto tiempo como sea posible. Entiendo que es mucho más fácil inculcar valores culturales cuando los niños están pequeños, sin que medien interferencias. No obstante, el contacto con otros niños en la guardería puede ser de gran utilidad para la socialización del niño. Aunque la exposición a un ambiente diversificado no es esencial desde tan temprano, puede ser una buena experiencia de aprendizaje en todos los aspectos.

Recuerde que en el pasado los niños tenían la oportunidad de jugar con todos sus primos o con amigos de la familia extensa. Hoy en día, la mayoría de los niños tienen que comenzar su aprendizaje de muchos aspectos sociales fuera de casa, en la guardería o en el preescolar.

Rosa y José, los padres de Mickey, de cuatro años, y a quienes ya nos referimos antes, debatieron el asunto del preescolar desde todos los ángulos, del viejo y del nuevo mundo, antes de dar con un proceso que les permitiera seleccionar un preescolar para él.

1. Al utilizar el primer *consejo* de O.R.G.U.L.L.O., organice sus sentimientos, Rosa y José descubrieron que les resultaba difícil no utilizar el mismo método de entrenamiento con el cual habían crecido. Ambos se habían criado en un vecindario peligroso, y a ninguno se le permitía bajar a jugar. Se dieron cuenta de que esa circunstancia ya no aplicaba: vivían en un barrio hermoso en el cual los niños podían estar bastante seguros cuando jugaban afuera con la supervisión de un adulto. Así que dejaron de lado sus viejos temores, y miraron a Mickey como un individuo separado, en un mundo muy diferente al mundo en el cual habían crecido. Procedieron a dar el siguiente paso, solamente cuando tuvieron claridad sobre sus propios conflictos internos.

2. Rosa y José decidieron matricular a Mickey en una escuela cercana a su casa y les pidieron recomendaciones a otros padres del vecindario. Averiguaron que existía una guardería bilingüe, pero decidieron que quedaba demasiado lejos de ellos, y que fácilmente le podían ayudar a aprender el español en casa.

3. Rosa y José visitaron los colegios, asistieron a las clases y hablaron con los empleados, asegurándose de dejar en claro de que, por opción consciente, Mickey hablaba ahora mejor el español que el inglés, algo hacia lo cual los empleados debían ser sensibles. Puesto que Rosa y José organizaron sus visitas hacia el final de la jornada escolar, también pudieron hablar con los padres que venían a recoger a sus hijos. Era claro para Rosa y José que aunque los empleados del jardín que eligieron no eran bilingües, sí prestaban debida atención a las necesidades de Mickey, como ir al baño o tener sed. Rosa y José también vieron esta experiencia como algo que ayudaría a Mickey a aprender el inglés a una mayor velocidad.

4. Una vez que eligieron el preescolar, Rosa y José empezaron a participar activamente: conocieron a los padres de los otros estudiantes, muchos de los cuales eran Latinos. Con el tiempo, el grupo de padres se unió para organizar eventos, como ferias culturales.

Rosa y José también siguieron el cuarto *consejo* de O.R.G.U.L.L.O., utilice los medios de comunicación y manténgase al tanto para descubrir los mejores programas de televisión para Mickey, tanto en inglés como en español.

Las Múltiples Formas de Criar a un Niño al Estilo Latino

Tal como lo muestra el ejemplo de Rosa y José, existen muchas formas de criar a un niño al estilo Latino. Al participar en las actividades de la escuela de Mickey, no solamente garantizaron que tuvieran la mayor posibilidad de opinar sobre la experiencia educativa de su hijo, sino que pudieron compartir su orgullo cultural, brindando la riqueza de la cultura Latina a otros padres y a sus hijos.

Una Integración de Culturas: Desde el Jardín Infantil Hasta la Escuela Secundaria

Antes de empezar a tratar acerca de los primeros años de escuela y los años intermedios, califique la frecuencia con que las siguientes preguntas se aplican en su caso:

5=Siempre 4=A menudo 3=A veces 2=Rara vez 1=Nunca

1. ¿Cree usted que debe quedarse con su hijo durante el primer día de colegio, aun tras percatarse de que le está yendo bien y la maestra le ha dicho que está muy bien que lo deje? _____

2. ¿Cree usted que la profesora y usted no se han puesto de acuerdo en cuanto al comportamiento que puede permitírsele a su hijo? _____

3. ¿Se siente usted preparado para dejar solo a su hijo y permitirle visitar amigos si usted conoce a sus padres? _____

4. ¿Cuelga la ropa de colegio de su hija cuando usted se lo ha pedido y ella no le ha hecho caso? _____

5. ¿Está usted enterado de las tareas que su hijo debe hacer cada día? _____

6. ¿Ha aprendido usted a usar el Internet y los computadores en general, de forma que pueda ayudarles a sus hijos y protegerlos de información inadecuada? _____

(continuar)

7. ¿Le pide usted ayuda a su cónyuge aunque él o ella no haga las cosas de la misma manera que usted? _____

8. ¿Compara usted el progreso de sus niños con el progreso de otros, y le comunica su modo de pensar en este respecto? _____

Claudia, la madre de Angelita, de cinco años de edad, lleva a la niña por primera vez al colegio. Cuando la maestra invita a Angelita a reunirse con los otros niños, Claudia se ve triste. Angelita se pega de la falda de su mamá y rehúsa juntarse con los otros niños. Habiendo ocurrido esto por dos semanas consecutivas, la maestra le sugiere a Claudia que se vaya calladamente para ver cómo se comporta Angelita por su cuenta. Claudia sale de la habitación, pero no de la escuela. Sucede que Angelita se involucra feliz en un proyecto de dibujo. Al día siguiente, Claudia, la única del grupo de padres que permanece en el salón, quiere quedarse, pero la maestra le hace señas de que salga. A Claudia se le hace difícil. Ha cuidado de Angelita desde el primer día en la casa, y nunca la ha dejado con otros que no sean familiares. Se siente culpable dejándola sola en el preescolar, y cree que al hacerlo no es buena madre. Teme que su hija no pueda defenderse si se presenta algún problema, o que no se alimente adecuadamente en la escuela.

~

He hablado con muchos padres latinos que se identifican íntimamente con la anécdota anterior. Muchos de ellos agregan que las ocho preguntas que formulo al principio de este capítulo constituyen temas que afrontan al procurar la transición del hogar a la escuela.

Antes de continuar esta discusión, repasemos las áreas más importantes en las que el *Nuevo Tradicionalismo* se aleja de las prácticas tradicionales de criar niños, y que habrán de guiarlo para criar a su niño al estilo Latino—con *orgullo*—en los tiempos modernos.

- La misma regla no sirve para todos: cada niño es un individuo.
- La misma edad no es igual para todos: la etapa de desarrollo es la que determina lo que se puede esperar de un niño.
- Un solo sistema de paternidad no sirve para todos; las circunstancias alteran los casos y los tiempos cambian.
- Un solo sistema de valores no sirve para todos: usted creció entonces; sus hijos están creciendo ahora.

Después de repasar los parámetros básicos referentes a todos los rangos de edad, prosigamos ahora con los temas fundamentales que definen nuestra exploración de los primeros años de escuela y los intermedios:

- Facilitar la transición del hogar a la escuela.
- Enseñanza continuada de valores Latinos.
- Enseñar independencia/autonomía con amor, al estilo Latino y en forma adecuada a la edad.
- Amar la individualidad de su hijo.
- Hablar de sexualidad con su hijo.
- Tomarle una buena ventaja en la lucha contra los demonios del alcohol, las drogas y el cigarrillo.
- Proveer las comodidades del hogar.

Cómo Facilitar la Transición del Hogar a la Escuela

Años de Tranquila Navegación Pero . . .

Durante los primeros años de escuela y los intermedios aparecen expectativas e interpretaciones culturales conflictivas entre el mundo del hogar y el mundo esterior. Esta etapa, que algunos profesionales llaman los años latentes, se mira generalmente como la calma antes de la tempestad de la adolescencia del niño. Usted como padre Latino puede, sin embargo, encontrar nubes negras alrededor de los conflictos culturales que se manifiestan en los siguientes asuntos:

- Aceptar la naciente independencia / autonomía de su niño.
- Desacuerdo con la filosofía de la escuela y del maestro, especialmente en cuanto a la mejor forma de auspiciar independencia o autonomía.
- Permitir que el niño visite amigos que no son latinos o parientes.
- Saber distinguir cuándo ser menos solícito o complaciente: por ejemplo, no recogerle la ropa, los juguetes u otras cosas que el niño desorganizó.
- Interés en saber cómo se compara el carácter o el progreso de su hijo con hermanos o compañeros.
- Tratar en forma diferente a sus hijos según el sexo.
- Confusión en cuanto a la conveniencia de continuar enseñando el idioma y las prácticas Latinas.

El comienzo de la etapa escolar marca para la mayoría de los niños el primer paso en una larga transición entre el hogar, la escuela y, eventualmente, el mundo exterior. Sin embargo, para muchos niños Latinos esta transición requiere no solamente acomodarse a nuevas reglas y reglamentos, sino también un ajuste fundamental en cuanto a las formas de ver el mundo exterior.

Tal como mencionamos en el Capítulo 6, muchos padres Latinos piensan seriamente que es mejor dejar a los niños en casa o con parientes que llevarlos al preescolar o a una guardería antes del inicio del jardín infantil. A veces lo hacen para proteger a sus hijos de peligros exteriores y a menudo para crear una fuerte base de tradiciones o costumbres Latinas. Pero este aislamiento inicial puede dificultarles al niño y a los padres el comienzo de la experiencia escolar. Cuando un niño entra a la escuela siendo mayor que sus compañeros, necesariamente encontrará más difícil la adaptación al jardín infantil que si hubiera comenzado en la guardería o en prejardín. Esto se debe en parte al hecho de haber tenido menos oportunidad de ajustarse a estar con otros niños. Es cierto, muchos niños Latinos juegan en casa con sus hermanos o parientes, pero muchos no, y es posible que los hermanos sean más tolerantes entre sí que los compañeros.

La cuestión es que hay mejores alternativas que el aislamiento para establecer una base sólida de valores culturales Latinos. Estos valores pueden conservarse cuando el niño asiste a la escuela, si se continúa con las enseñanzas iniciadas en el hogar. Mientras se enseñan y refuerzan tales valores, se debe ir preparando al niño para su primer día de escuela.

Veamos qué debe incluir la preparación de su hijo para la escuela:

- Empiece a jugar a la escuela con el niño lo más pronto posible.
- Háblele de lo divertido que va a ser para él estar en la escuela.
- Cuéntele a su hijo lo feliz que se siente de saber que él va a estar con otros niños que se volverán sus amigos.
- Propóngase estar lo más serena posible al llegar a la escuela el primer día.
- No le demuestre al niño ansiedad o temor.
- Conozca a los otros padres Latinos o no Latinos, y procure reunirse con ellos más adelante: averigüe si están interesados en enseñarles español a sus hijos, y forme un grupo de padres de familia.
- Busque la manera de participar en actividades de la escuela.
- Iniciado el colegio, pídale a su niño que le cuente sus experiencias del día.
- Haga que su hijo les cuente a su abuelita y a otros parientes cómo se siente de grande ahora que asiste al colegio.

La etapa de desarrollo de los primeros años de colegio y los intermedios, o la etapa latente, marcan el principio de la manifestación de diversas expectativas de los padres y otros adultos hacia niñas y niños. Es precisamente en estos años intermedios: sexto, séptimo y octavo años especialmente, cuando tales expectativas aumentan y, si no se manejan con cuidado, pueden dar pie a conflictos entre padres e hijos. Es la etapa en que las hormonas entran a funcionar, ocasionando el desarrollo del vello púbico, olores específicos del cuerpo, la menstruación, los senos en las muchachas, y el cambio de voz en los muchachos, entre otras cosas. En esta etapa las expectativas culturales de marianismo y machismo empiezan a tomar cuerpo. A las niñas se les protege y a los hombrecitos se les dice que deben ser "machitos," no llorar y no portarse como bebés.

Veamos ahora las implicaciones de continuar la enseñanza de valores Latinos:

Continuación de la Enseñanza de los Valores Latinos

La enseñanza de los valores latinos iniciada en los años preescolares adquiere una nueva dimensión en los años intermedios, pues en esta etapa el niño pasa más tiempo en el colegio y, probablemente, en un medio ambiente distinto al del hogar. Pero aún así muchas familias Latinas han tenido éxito enseñando sus valores a sus niños mayores.

Una familia Latina me dijo: "Sacamos nuestro orgullo cultural a relucir en el mundo exterior de nuestros hijos." Insistieron en que no bastaba con darle a un niño una cultura Latina solamente dentro de la casa, sino que había que sacarla a la luz y extenderla al colegio. Empezaron a participar en celebraciones. Se pusieron de acuerdo con otros padres de familia de la clase de su hijo para celebrar una fiesta multicultural en el colegio. Los padres de familia de diversas culturas aportaron platos especiales de comida y objetos de arte, y cada niño relató historias que describían a los héroes y heroínas de sus respectivos países. Es algo que han seguido repitiendo anualmente en la escuela intermedia. Esta familia ve su participación como un medio para brindarle seguridad al niño para que pueda comunicar su singularidad cultural y celebrar su participación en esa cultura. A los niños se les enseñaron cuentos en español y luego se leyó la traducción de esos cuentos a la clase.

En otra familia, a la hija de diez años de edad se le ha enseñado desde el principio a sentirse orgullosa de su idioma y de su cultura. Ha formado un grupo de siete niñas que se reúne semanalmente para hacer proyectos de arte, preparar galletas, escuchar y ver música y bailes hispanos, ver películas escogidas con el permiso de los padres y leer libros relacionados con la cultura latina como *When the Garcia Girls Lost Their Accent*. Felicia se siente muy bien hablando español o inglés.

La Cuestión del Idioma—Temas

La mayoría de los padres Latinos están muy ocupados y pueden encontrar dificultades para enseñarles español a su hijos de edad escolar, especialmente ahora que el niño pasa la mayor parte del tiempo fuera del hogar. Pero hay oportunidades en el colegio: ellos pueden recibir clases de español desde el cuarto año en muchos colegios. Se pueden visitar también muchos sitios de Internet y tomar prestado o comprar programas que convierten en diversión el aprendizaje del español. Se puede visitar la biblioteca pública y tomar prestado material educativo. Se puede también llevar al niño a programas escolares en español en el fin de semana. Mi hijo menor, Miguel, asistió a un programa de fin de semana en español en Queens, N.Y., denominado Escuela Argentina en Queens. Averigüe qué instituciones en su área ofrecen enseñanza formal de español para niños. Pregunte, revise el Internet y la guía telefónica para descubrir maneras de enseñarle español a su hijo. Usted también puede utilizar el método Una—persona un—idioma al que me referí en el capítulo 6.

Educar niños de esta edad no resulta tan agotador físicamente como en los años preescolares, cuando requería su plena y casi constante atención. En el colegio, su hija extenderá su conocimiento de los valores aprendidos en el hogar, incluyendo la autodisciplina, la socialización y, por supuesto, los conocimientos académicos. Pero el niño Latino no estará necesariamente en una situación en la que los valores Latinos aprendidos en el hogar sean reforzados en el colegio. He visto a muchos padres perfeccionar ingeniosamente la enseñanza de estos valores. Como he dicho, "La escasez es la madre de la invención." Al igual que en otros aspectos, es necesario tener en cuenta la edad de su hijo y tener expectativas realistas. Cada edad trae consigo su propio desafío. Su hijo quizás se niegue a hablar español, lo cual posiblemente le resulte a usted alarmante. El niño a lo mejor esté enfrentando las diferencias entre él y sus compañeros, y puede sentir el deseo de igualarse, es decir, de hablar sólo inglés. ¿Qué hacer en una situación así?

* Aplique los *consejos* 2, 3, 6 y 7 de O.R.G.U.L.L.O.: respete los sentimientos de su hijo; guíe y enseñe a su hijo, no le ordene; escúchelo; opere con canales de comunicación abiertos siempre. Los canales de comunicación se abren al respetar los sentimientos de su hija y evitar disgustarse cuando ella le diga: "Yo no quiero hablar español." Pregúntele por qué no quiere. Ayúdele a ver cómo puede hablar ambos idiomas y encajar bien en los dos mundos que habita.
* Proponga una reunión de sus amigos en donde se oiga música Latina y Norteamericana.
* Propóngale que entre las dos sugieran una feria cultural en el colegio en la que los estudiantes hagan presentaciones sobre sus respectivas culturas de origen. Se dará cuenta de que puede ser divertido y de que muchos de sus compañeros son únicos, al igual que ella.

Si nada de esto funciona, no se preocupe. Continúe practicando aquellos aspectos de su cultura que usted valora con *orgullo*. Mire las cosas como una simple etapa que será superada. Muy probablemente su niña acabará sintiéndose orgullosa de su idioma y de su cultura. Haga estas cosas con suavidad y persistencia.

Cuestión de **Nuevo Respeto** *en los Años Escolares*

Como vimos ya en el ejemplo de Angelita y de su madre Claudia, la mayoría de los padres Latinos están atrapados entre las diversas interpretaciones y aplicaciones del *respeto* que hay en la casa y en la escuela. Estas diferencias pueden causar conflictos culturales a menos que se logre una adaptación a lo que yo llamo *Nuevo Respeto*. El *Nuevo Respeto* requiere una comprensión de las necesidades del niño. En caso apropiado, se le debe permitir pedir explicación de las actuaciones de sus padres. El *Nuevo Respeto* incluye también asuntos como la independencia adecuada para la edad, la privacidad y la se-xualidad. El aspecto quizás más difícil del *respeto* en las enseñanzas primaria y secundaria es determinar cuánta libertad otorgarle al niño. Constituye un hecho de la vida que su hijo cada vez estará más en contacto con otros, y que necesita suficiente libertad para adqui-rir un sentido de independencia.

El *Nuevo Respeto* exige también comprender los sentimientos de su hijo. Quizás usted deba explicarle por qué a los Norteamericanos se les permite hacer cosas que a él no le están permitidas. Puede hacerlo en términos de lo que valora y de las reglas de conducta que rigen en su hogar pero no en términos de su origen étnico. Re-cuerde que no va a transmitir ningún orgullo cultural si dice, "Este es un hogar Latino y aquí hacemos las cosas a la manera Latina." De esa forma fomentará el rechazo, no el orgullo.

- El *Nuevo Respeto* al estilo Latino hace énfasis en la necesidad de no ser respondones con la madre, el padre, los abuelos o, para el caso, ningún adulto. Esto no tiene por qué cambiar.
- El *Nuevo Respeto* al estilo Latino podría incluir la regla de no mal-decir y de evitar las palabrotas.
- El *Nuevo Respeto* al estilo Latino podría incluir las reglas de com-portamiento que los padres consideran apropiadas en cuanto a la forma de comportarse dentro de la casa. Si su hija piensa que usted es demasiado estricto, escúchela, al menos para saber si tiene algo de razón. Consúltelo con amigos y personas de con-fianza para que lo guíen.
- El *Nuevo Respeto* al estilo Latino debe incluir *confianza* en su hijo. La confianza lleva con frecuencia al buen comportamiento. Cuando ésta se rompe, es necesario un diálogo productivo y, qui-zás, también un castigo que incluya retirar privilegios.

Recuerde que el *Nuevo Respeto* al estilo latino exige que no haya comparaciones con el comportamiento de otros, ni sus hermanos ni sus compañeros, pues sería una falta de respeto al carácter de su hijo.

Cómo Evitar los Conflictos Entre el Familismo *y la Escuela*

La anécdota inicial de este capítulo señalaba que la transición de Angelita del hogar al colegio resultaba más difícil para Claudia, la madre, que para Angelita. El comportamiento de Claudia no le ayuda a Angelita, pues ella percibe la ansiedad de su madre, y se llena de preocupaciones. Claudia se deja guiar por sus propias necesidades, no por las de Angelita. Claudia creció con nueve hermanos menores y para ella el apoyo de su familia fue maravilloso. Ella quiere que su hija tenga una experiencia similar, y por eso tomó la decisión de mantener a Angelita en casa, fuera del colegio, con ella y con su familia. Claudia me contaba con gran orgullo que había mantenido a Angelita aislada a propósito, para conservar la unidad de la familia, o el *familismo*. A partir de nuestra conversación, me quedó claro que ella igualaba el *familismo* con el aislamiento de otros que no fuesen miembros de la familia. Pero a Claudia le preocupaba también lo que le pudiera ocurrir a Angelita en el colegio. Temía que Angelita abandonara el salón de clases y cruzara la calle o se fuera con extraños. Si usted tiene temores similares, podría ser bueno que considerara estas ideas:

- *Juntos pero no revueltos:* el *familismo* se puede sostener con el apoyo mutuo entre los miembros de la familia. Su hijo lo percibirá y seguirá el ejemplo.
- La seguridad de su niño es un asunto primordial, pero hay maneras de proveer seguridad que no consisten en vigilar al niño todo el tiempo. Por ejemplo, una forma de hacerlo es preguntarle a su hija cómo le fue ese día en el colegio. Enseñe también medidas de seguridad desde el principio: no salir nunca con extraños, no cruzar sola la calle y muchas más.
- Enséñele a saber cuándo alguien es un extraño; qué hacer si un extraño se le acerca; y enséñele que es indispensable que le cuente a usted inmediatamente lo sucedido. Al enseñarle a su hijo a ser cauteloso y a tomar conciencia de los temas de seguridad, usted le ayuda a estar seguro en su ausencia.

- Pregúntese si su política de no permitirle a su hijo ir a jugar a *hogares Norteamericanos permisivos* se justifica en todos los casos. ¿Será cierto que su hijo Latino solamente está seguro en su presencia? He comprobado que transmitirle muchos de estos mensajes a un niño pueden afectar negativamente su paso por el colegio.

No hay duda que cuando el niño entra al colegio, su capacidad para tolerar la frustración y las estructuras está limitada. Él necesitará que usted le ayude a hacer la transición mediante una comunicación, ajustada a su edad, sobre sus temores, si es que los tiene, y sobre cómo desempeñarse en su nuevo ambiente.

También implica ayudarle a su hijo a hacer cosas para las cuales ya tiene la suficiente madurez, como ordenar la ropa, elegir qué ropa ponerse para ir a la escuela, abotonarse él mismo, ajustarse el cinturón y dejarlo solo con los maestros y otros niños cuando sea el momento adecuado.

¿Y Qué con la Nueva Simpatía?

La *simpatía* es un concepto muy pertinente al mundo de la escuela. Es necesario adaptarla pero bien vale la pena conservarla. Las diferencias culturales más prominentes que observará con el ingreso de su hijo a la escuela estarán en la forma como se relaciona con otros niños. Es aquí donde las famosas citas para jugar en otras casas se vuelven más problemáticas, pero donde es clave reconocer la importancia de los compañeros, la cual crece con los años. El reto primordial es cómo conciliar las diferencias de forma que su hijo pueda funcionar en ambos mundos: el Latino y el Norteamericano. He aquí varias estrategias:

- Valore y estimule activamente el que su hijo desarrolle amistades y las cultive.
- Escuche a su hijo. ¿Dice acaso cosas como, "Pero a los otros niños se les permite"? Me doy cuenta de que ésta no es una buena razón para permitirle al niño que haga lo que quiera, pero si usted

presta atención y considera que la popularidad y la socialización son importantes, encontrará la forma de oír las preocupaciones de su hijo sin limitarse simplemente a contestarle con un no.

- Estimule a su hija a ser partícipe activa en sus dos mundos.
- Permítale visitar los hogares de sus amigas una vez que usted las conozca a ellas y a sus familias. Si usted insiste en que "Los niños deben ser los que nos visiten a nosotros para poder saber siempre qué están tramando," está utilizando una forma tradicional de pensamiento que no le hará bien a su hija. De esa forma no proyecta una sensación de reciprocidad. En realidad, lo que le está diciendo es, "Todo debe hacerse a mi manera." Esto no conduce ni a la colaboración, ni a compartir, ni a la amistad. Uno de los requisitos de ser un buen amigo es saber cooperar.
- Invite a los amigos no Latinos, con sus respectivos padres, a sus fiestas culturales.
- Invite a una franca comunicación acerca de los amigos de su hija, es decir, pregunte cuando son las cosas que le gusta hacer a esos amigos. De esta forma, si no está de acuerdo con esos comportamientos, puede ser muy franco acerca de su forma de pensar, sin dar a entender ninguna superioridad o inferioridad étnica.
- Promueva la cooperación, así como una sana competencia, facilitando la participación de su hija en equipos y en deportes.
- Haga énfasis en la belleza de ser parte de dos culturas—explique las diferencias que pueden surgir con lo que usted espera de *simpatía*.
- Observe la forma como su hijo se comporta con sus compañeros: ¿Es demasiado mandón? ¿Siempre quiere salirse con la suya? De ser así, reflexione sobre dónde o en qué forma aprendió a comportarse así.
- Si a pesar de modelar comportamientos sociales que usted considera importantes, su hijo todavía carece de ellos, explíquele la importancia que tiene el ser *bien educado*. Dichos comportamientos pueden ser la capacidad de sostener una conversación apropiada para la edad, o decir *por favor, perdone* y *lo siento*.
- Involúcrese en las actividades escolares. Usted le servirá de mo-

delo al participar en su mundo y al asociarse también con no Latinos. Así, usted gozará de la oportunidad de observar a su hijo en el mundo de la escuela, para saber si hay habilidades en las que él necesita ayuda. ¿Es demasiado tímido? ¿Es muy mandón? ¿Se retira de los juegos cuando no los hacen a su manera? ¿Se disgusta o se frustra demasiado fácilmente? ¿Sabe cómo iniciar o terminar una conversación adecuadamente? ¿Es muy agresivo en el juego? ¿Es demasiado competitiva, o demasiado pasiva? Creo que lo anterior le da una idea de la importancia que tiene observar a su hijo en su mundo escolar.

Qué Hacer y Qué No Hacer en Materia de Obediencia y Disciplina Durante los Años Escolares

A medida que su hijo crece y progresa en la escuela, pueden ocurrir varias cosas.

- Puede observar diferencias entre él y otros niños que hagan que él le solicite a usted explicaciones de sus medidas disciplinarias.
- Quizás quiera hacer las cosas que otros niños hacen.
- Sus métodos disciplinarios y de crianza pueden llamar la atención de otros fuera de la familia. Se cuestionará cualquier moretón o cualquier señal de maltrato físico que se descubra en el niño.
- Exigir *obediencia* absoluta puede hacer que para su hija sea difícil defenderse, pues puede volverse excesivamente complaciente y sumisa a los criterios de otros.

Lo primero que debe hacer es percatarse de aquellos sentimientos que se describieron en el Capítulo 5 acerca de la *obediencia*. Cuando su hija pida explicaciones sobre sus decisiones de crianza, procure mantener un diálogo abierto, permitiéndole expresarse con libertad. Explíquele su modo de pensar, y ponga mucha atención a los sentimientos de ella, pero al mismo tiempo guíela para que haga lo que usted considera correcto, pues su hija necesita orientación de los padres y disciplina periódica.

Una madre Latina me contaba que su hijo de doce años había

regresado a casa con una nota de la maestra que decía que había sido castigado por interrumpir la clase y desobedecer a la maestra. "Me sentí disgustada, enojada y decepcionada de él al leer la nota. Mi primer impulso fue darle una palmada y castigarlo, pero recordé la *Nueva Obediencia* y decidí sostener una charla sincera con él para escuchar su versión."

"Me explicó, que su amigo Tom le había hecho cosquillas y que no pudo más que reír y tratar de zafarse; yo pude hacerle caer en cuenta de que había sido él y no su amigo quien había terminado en problemas. Le pregunté cómo lo iba a resolver. Le hice énfasis en que si esto volvía a suceder yo lo iba a castigar, y hablaría también con la madre de Tom, porque yo no podía aceptar que su progreso escolar y su comportamiento se vieran afectados en forma alguna. Mientras tanto, le dije, iba a dejar que encontrara una solución. Steven contestó que Tom era su amigo y que su amistad era muy importante para él. A través de nuestra charla pudimos llegar a una solución: Steven hablaría con Tom para pedirle que no volviera a hacer eso en clase, porque no quería meterse en problemas."

A través de un diálogo cuidadoso, esta madre y su hijo encontraron una forma positiva de resolver un problema escolar que lo orientó hacia la *obediencia* sin tener que gritar, dar palmadas, ni insultar.

El diálogo y la exploración de sentimientos constituyen herramientas poderosas para los padres de niños mayores. A un niño de dos años hay que mostrarle cómo se guardan los juguetes y ayudarle a hacerlo, pero quienes están en edad escolar o más adelante ya deberían saberlo. El problema es que a veces los niños saben lo que se espera de ellos, pero de todos modos rompen las reglas. Es aquí donde una charla paciente funciona mejor, suprimiendo privilegios en caso necesario. Al niño no se le da una recompensa por hacer lo que le corresponde, como cepillarse los dientes o darse un baño, pero ciertamente se le puede demostrar aprecio.

Enseñar Independencia y Autonomía con Amor

Los padres de familia y los colegios pueden estar en desacuerdo en cuanto a qué se considera adecuado para un niño en términos de independencia y autonomía. Como veremos en el próximo capítulo, el asunto surge con variada intensidad según la edad, especialmente durante los primeros años de escuela y en toda la adolescencia.

¿Existe algo así como independencia y autonomía al estilo Latino? He visto diversidad de prácticas en muchos padres Latinos. Es cierto que éstos no se proponen educar a sus hijos para ser dependientes, pero sus puntos de vista difieren frecuentemente de los de la escuela. Una madre me manifestó su preocupación porque la escuela considera que su hija, ya en quinto año, puede regresar sola a casa, y la madre está en desacuerdo. En opinión de los maestros, la madre está dificultando la transición a una independencia apropiada a la madurez, porque la hija es la única que no puede regresar sola y tiene que esperar en la escuela a que su madre o alguien más venga a buscarla.

Algunos desacuerdos indican que es necesaria una discusión seria con los administradores de la escuela, y usted debe ser tan firme como sea necesario. No obstante, si los desacuerdos involucran las actividades extracurriculares o su participación en deportes—como la natación—tenga cuidado de no ser demasiado exigente o de transmitirle sus temores a su hijo. Tal vez usted quiera discutir con él las ventajas o desventajas de sus decisiones, pero si su hija quiere tocar violín en vez de guitarra, que sea ella quien escoja.

Los padres a veces se preguntan, "¿Cómo puedo saber si voy por buen camino al aumentar el nivel de independencia de mi hijo?" En la cultura tradicional Latina se protege a los niños, quizás porque los padres disponían antes de más tiempo para estar con ellos, o contaban con un sistema de apoyo más extenso por parte de la familia y de la comunidad. Hoy en día esto es menos frecuente en las familias.

La independencia depende también del nivel de madurez del niño. Enviar a un niño a la escuela debería considerarse como el principio del establecimiento de la independencia y autonomía acordes con la edad. Cada niño es diferente, y una buena parte de los *consejos* de O.R.G.U.L.L.O. se funda en el conocimiento del temperamento y las habilidades de su hijo.

Ame la Individualidad de Su Hijo

Hacia los cinco años es muy probable que su hijo se haya desarrollado lo suficiente como para poder estar sin usted bajo la supervisión de un adulto responsable. Está en pleno derecho de pensar que a su hijo no le va a ir mejor con otra persona distinta de usted, pero ese no es siempre el caso. Mantener a su hijo aislado de otros niños y limitar sus contactos de modo que se relacione prácticamente sólo con usted, puede resultar no ser lo mejor para un desarrollo sin tropiezos del carácter del niño.

El grado de independencia y autonomía que se le dé a un niño depende en gran parte de la edad de éste y de su nivel de madurez. Por ejemplo: un niño de seis años no debe ir solo al colegio, pero uno de dieciséis sí. Otro aspecto importante de la autonomía es permitirle al niño resolver ciertos problemas por su cuenta. Hacerlo de este modo le servirá para adquirir un sentido de competencia en la vida. Los consejos de O.R.G.U.L.L.O. deben ser aplicados plenamente, porque le ayudarán a distinguir entre sus necesidades y las de su hijo, ayudándole simultáneamente a adherirse a sus valores primarios:

- Organice sus sentimientos
- Respete los sentimientos de sus hijos
- Guíe y enseñe a su hijo; no le ordene
- Utilice los medios y manténgase al tanto de lo que aparece en ellos
- La importancia de amar al niño o a la niña por ser quien es
- La importancia de escuchar
- Opere con canales de comunicación abiertos siempre

Recuerde que el colegio le representa a su hijo una experiencia diferente a la que vive en el ambiente del hogar, no solamente en términos del aprendizaje académico sino también en cuanto a congraciarse con otros, respetar límites, tomar decisiones independientes adecuadas a su edad y cumplir las reglas.

A medida que su hijo progresa a lo largo de los años escolares intermedios, es necesario que usted revise las razones por las cuales permite o prohíbe ciertos comportamientos inofensivos que difieren de los suyos. Durante los años escolares, los niños empiezan a percatarse de la forma como otros se comportan y viven. Usted necesitará escuchar para poder guiar a su hijo sin crear conflictos innecesarios.

Percatarse de diferencias y similitudes con otros puede causarle a su hija conflictos de identidad. Es aquí donde su presencia calmada y su diálogo con ella le proporcionarán un muy necesitado apoyo en términos de su idioma y origen étnico.

Al promover los siguientes comportamientos usted puede ayudarle a su hijo a tomar decisiones sensatas. Algunas de estas estrategias se refieren a actividades escolares específicas y otras a principios más generales; pero todas van a servirle a su hijo para aprender a tomar decisiones que constituyen el ingrediente primordial de la autonomía.

- Pregúntele a su hija qué piensa ella que debe usar para ir al colegio hoy según lo que acaba de escuchar en el pronóstico del tiempo. Si se equivoca, dígale con dulzura lo que sería mejor.
- Pídale a su hijo que escoja tarjetas de agradecimiento para enviarles a los miembros de familia que hicieron regalos en la fiesta de los Reyes Magos, en el cumpleaños o en otras celebraciones.
- Lleve a su hija a la biblioteca para escoger juegos, libros o música pero no trate de influir en sus decisiones.
- Permita que su hijo le ayude a preparar la comida, lavando y pelando papas, por ejemplo. Déle las gracias por su ayuda.
- En lugar de darle las respuestas, estimule el uso del diccionario para buscar palabras raras en inglés o en español.
- Pídale a su hijo ayuda para escribir sobres para la fiesta de su cumpleaños, las notas de agradecimiento o las tarjetas de navidad de la familia.

- Pídale a su hijo ayuda para poner la mesa. Para él puede ser divertido en sus primeros años y una gran ayuda para usted más tarde.
- Pregúntele a su hija qué instrumento le gustaría aprender a tocar en el colegio, y guíela al respecto sin imponerle ninguna decisión.
- Cuando su hija regrese a casa después de la escuela—o más tarde—saque tiempo para escuchar acerca de sus actividades escolares, sus amigos y profesores. Propóngase hacer preguntas que abran campo al diálogo, como, "¿Cómo te sientes sobre lo que te dijo tu amigo?" Trate de no juzgar sus reacciones como insensibles o infantiles; limítese a escuchar y a preguntarle cómo se siente al respecto. Pregúntele a su hija qué opina que se debe hacer para resolver un problema. Apóyela en sus sentimientos, diciéndole, "Me suena que estás triste, disgustada, etcétera." En lugar de decidir lo que se debe hacer, pregúntele qué ayuda necesita.
- Revise con cuidado sus tareas domésticas pero de modo que requiera la participación de ambas. Pídale que le muestre lo que hizo en clase durante el día y pregúntele cómo le va pareciendo la naturaleza de su trabajo. Averigüe si necesita ayuda: algo muy diferente a hacerle las tareas.

Quizás desee proteger a su hija de experiencias desagradables. Pero la sobreprotección no es provechosa. Si Peter, de cinco años, el hijo de Morayma, quiere abotonarse él mismo la chaqueta, pero su madre piensa que no lo está haciendo bien o con suficiente rapidez, y le dice, "Déjame yo lo hago," no le está enseñando nada por el hecho de hacer ella misma la tarea.

Puede ser de ayuda acostumbrar al niño desde temprana edad a mostrarle sus tareas, en lugar de abrir la maleta y buscarlas usted. Podría decirle, "Marcos, abramos tu maleta y muéstrame tus tareas." Si ha recibido alguna nota por parte del colegio, se presenta la oportunidad de dialogar y decirle, "Marcos, hablemos de esto." Él podría contestar que no tiene la culpa o que no sabe qué sucedió. Sea paciente y recuerde que le está enseñando a comunicarse. Respete sus sentimientos, diciéndole, "Marcos, sé que esto es difícil para ti, pero no estoy enojada sino preocupada. Esto es importante y quiero saber qué sucedió."

Para enseñar independencia se requiere permitirle al niño equivocaciones ocasionales, de modo que aprenda cuáles son las consecuencias de sus actos. No obstante, hay algunos asuntos que no permiten la libertad de cometer errores: lo cual me lleva al tema de la sexualidad.

Cómo Hablar con Sus Hijos Sobre la Sexualidad

No tengo como meta entrar en una discusión exhaustiva sobre la sexualidad, pero sí deseo explorar cuán difícil es para muchos padres Latinos hablar naturalmente con sus hijos acerca de la sexualidad. Generalmente se presenta como algo vergonzoso, horrible o pecaminoso. Esa manera de enfocar el sexo tiende a malinformar a los niños, a llevar a los niños a fuentes erradas de información (que generalmente resultan ser falsas), y acaba por bloquear la comunicación con los padres. Les mostraré métodos alternos que les han sido muy útiles a un sinnúmero de padres Latinos con quienes he trabajado.

Durante los años escolares intermedios, los niños empiezan a desarrollarse sexualmente. Aunque sin duda hay que proteger a los niños contra exploraciones sexuales inadecuadas, también es cierto que necesitan información concreta que no los asuste ni afecte su futura sexualidad. Es esencial que los niños aprendan a tomar decisiones responsables sin dejarse llevar fácilmente por la opinión de otros.

Es su responsabilidad como padre o como madre enseñarle a su hijo sobre sexualidad. De esa forma usted retiene el control de los datos y de la información que su hijo recibe, y lo guía de una forma ajustada a sus propios valores. La sexualidad es un tema que asusta a muchos padres, y quizás usted tienda a pasarla por alto. Me atrevo a sugerir que no lo haga. Considérela como un hecho de la vida que hay que abordar adecuadamente.

Muchos padres incluyen la sexualidad en la vida diaria de su hijo, pero lo hacen de una forma miedosa y negativa. Un ejemplo sería el temor de que la hija visite a un vecino o de que vaya a casa de un amigo a jugar. Muchos padres Latinos me han manifestado que no permiten que su hija visite sus amistades por temor a que sea el blanco de abuso sexual. Desgraciadamente, muchas madres Latinas me han revelado en terapia que han sido víctimas en su propia casa de abuso sexual por parte de un pariente o de un amigo de confianza, y no necesariamente cuando habían ido a jugar con un amiguito. Prevenir el abuso sexual es una buena razón para entablar con su hijo un diálogo franco y honesto acerca de la sexualidad. Las medidas de seguridad y de precaución deben inculcarse a través del diálogo, sin retener información. Veamos cómo hacerlo:

Lo primero que hay que tener en cuenta es el *consejo* 1 de O.R.G.U.L.L.O. Es necesario que usted organice sus sentimientos acerca de este tema y se sienta cómoda acerca de sus experiencias, para poderle hablar a su hijo en una forma relajada y tranquila que le resulte útil.

Su hijo absorberá su actitud acerca de la sexualidad. Tenga en cuenta que su hijo va a recibir educación sexual en el colegio, probablemente a los once o doce años de edad, o por la época cuando llegue al tercer o cuarto año. Usted querrá enterarse sobre lo que ha aprendido y ayudarle a comprenderlo más claramente de acuerdo con sus propios valores.

Aunque los temas de la sexualidad se hacen más relevantes durante la adolescencia, no espere hasta esa época para empezar a hablarle de ella a su hijo. Una forma de empezar a hablar de sexo con su hijo de seis a ocho años de edad es hablarle del cuerpo humano. Hay libros maravillosos que pueden ser útiles para empezar. (En las lecturas recomendadas hay algunas sugerencias).

• Durante los primeros años, háblele tranquilamente acerca de las partes del cuerpo que usted cree que debe conocer. De hecho, se espera que para los cuatro años el niño conozca dónde tiene algunas partes básicas del cuerpo, como los ojos, la nariz, la quijada, etcétera.

- Debe pensar en hablar de las partes privadas del cuerpo como un paso natural. Nuevamente, el grado de información variará según la edad del niño, pero sería deseable que su niña de seis años se dé cuenta de la importancia de lavarse los genitales cuando se bañe, o de que su hija de doce esté enterada de los peligros de salud, embarazo, o Sida. Esta enseñaza debe ser rutinaria y tener igual importancia que la relacionada con beber suficiente leche o comer alimentos adecuados.

- No aborde con sus hijos el tema de la sexualidad como si se tratara de algo vergonzoso o malo. Dígales que el sexo es un acto natural que los adultos hacen entre sí pero no con niños, que a veces, algunos adultos degenerados podrían querer usar el sexo para hacerles daño a los niños y que ningún adulto debe tocar los genitales a un niño.

La sexualidad tiene muchas dimensiones y es necesario empezar a hablar de ella con su hijo en forma adecuada. El niño pequeño quizás pregunte, "¿De dónde vienen los niños?" No responda, "Del cielo." Este es el momento de sacar de la biblioteca un libro que le sirva de guía; hay muchos libros responsables y maravillosos acerca de estos temas.

La sexualidad es fundamental para el desarrollo del individuo. La veo como parte del *Nuevo Respeto* en el sentido de que enseñar sexualidad es una forma de enseñar respeto propio, y a los padres de familia les corresponde la responsabilidad de decidir cuándo y cómo va a ser incorporada la sexualidad en la vida de su hijo.

Cómo Adelantarse en la Lucha Contra los Acechantes Demonios del Alcohol, las Drogas, el Cigarrillo

En forma similar a la enseñanza de la sexualidad, tema importante en el desarrollo del respeto propio y la autonomía en el niño, durante la escuela intermedia es necesario empezar a hablar sobre los acechantes demonios de las drogas, el alcohol, el cigarrillo y otras formas de autodestrucción a las que nos referimos en el Capítulo 5. El paso preventivo más importante que puede dar es abstenerse de decir cosas como, "¡Cuidado que no te pille haciendo eso!" y tratar, más bien, de establecer un diálogo. Explique su rechazo al consumo de drogas y sustente sus opiniones, diciendo por ejemplo que esas sustancias pueden crear hábito e interferir con el progreso en el colegio, que son ilegales y constituyen formas inadecuadas de afrontar la vida. Quizás tenga que contener su deseo de decir, "Te prohíbo salir con Regina, porque sus padres son demasiado permisivos." Sólo logrará romper la comunicación entre usted y su hija. Explique sus razones. Esta estrategia es especialmente útil en los años escolares intermedios. Es posible que el enfoque deba ser diferente en la secundaria, tema que analizaremos en el Capítulo 8.

La expresión clara y consistente de sus sentimientos acerca de estos temas debe empezar tan pronto se presenten esas situaciones. Usted debe mantener también una posición muy clara sobre estos asuntos ante sus parientes. Una madre Latina me dijo que cuando sus hijas tenían seis y siete años, se sintió muy mal al tener que rechazar a su único hermano por problemas de drogas y alcohol, diciéndole que no podía venir a vivir con ellas como había solicitado. Ella no aprobaba sus excesos y no quería que sus hijas se vieran expuestas a su ejemplo. Lo cual nos trae a la necesidad de ser muy conscientes del ejemplo que damos sobre estos asuntos. Su hijo está mirando y la disciplina que usted enseña debe ser la misma que usted modela.

Si usted fuma cigarrillos y no puede dejar el vicio, es posible que su hija ponga en duda su sinceridad. Mediante un diálogo franco, puede compartir con ella que el hecho de que usted lo haga no significa que esté bien, que lo hace porque nadie le dio a entender la dificultad de dejarlo y ahora está tan acostumbrado que no lo puede dejar. Ahora entiende mejor las cosas que cuando estaba joven y, por el hecho de no querer que fume, no la está privando de nada, sino protegiéndola como usted hubiera querido ser protegido. En el Capítulo 8 analizaremos la forma de enfrentar los demonios que acechan los años de bachillerato. Pero en cuanto a los años de escuela elemental:

- Empiece a educar a sus hijos acerca de los peligros de las drogas y el alcohol apenas entren al colegio.
- Comparta con ellos sus valores y puntos de vista tan claramente como sea posible, especialmente en los primeros años, cuando los niños están más inclinados a escucharlo.
- Manténgase lo más informado posible, de modo que esté al tanto de los datos precisos y pueda compartir ese conocimiento con sus hijos.
- Abra las vías de comunicación para que sus hijos le puedan hacer preguntas. No reaccione desmesuradamente, poniéndose muy ansioso sobre los temas, porque sus hijos se darán cuenta de su preocupación y dejarán de comunicarse con usted.
- Dé ejemplo: sea usted el modelo; no crea que usted puede hacerlo y que luego su hijo no lo imitará.
- Es aquí en donde puede serle muy útil estar al tanto de los medios (televisión, Internet, revistas y periódicos). Busque la manera de evitar que ciertos programas de mal gusto sean vistos en casa.
- Explique sus decisiones en términos de lo que constituye valor para usted y de las reglas de su casa, no en términos de su origen étnico.
- Dese cuenta de que es mejor establecer confianza que exigir obediencia. Si se atiene a la orientación de la *Nueva Obediencia,* tendrá un hijo encaminado a seguir lo que usted aprecia.
- Absténgase de buscar en los cajones de su hija. Si ya ha seguido los parámetros para desarrollar una autonomía sana en su hija, podrá hablarle abiertamente acerca de cualquier cosa. Más importante aún, ella podrá hablarle en igual forma. No necesita obrar a escondidas. No sería una forma de protegerla, pues si ella cree que usted le está rebuscando los cajones, encontrará otra forma de ocultarle las cosas si es que tiene algo que ocultar. Es mejor desarrollar confianza.

- Propóngase llevar a cabo estas discusiones a solas con su hijo o solamente en presencia de su cónyuge y de nadie más. La privacidad implica respeto a sus sentimientos, aunque se le siga haciendo responsable de sus actos.

- El *Nuevo Respeto* puede requerir planeación estratégica al aplicarlo. A estas alturas, su hijo y usted deberían haber establecido ciertas reglas sobre el comportamiento. Usted puede asegurarle que no lo va a regañar en presencia de amigos, siempre y cuando cumpla las normas. De no hacerlo así, usted le recordará que necesita estar a solas con él. En ese caso, usted espera que él tome la responsabilidad de despedir a su amigo.

- Es muy importante conservar los límites, es importante que su hija respete su habitación. Debe tocar a su puerta antes de entrar. Usted también debe tocar a la puerta de la habitación de su hija antes de entrar. No se trata de pedirle permiso para entrar, sino de un acto de respeto: un suave toque y después usted entra.

Cómo Conservar las Comodidades del Hogar Durante los Años Escolares

Durante los años escolares, un ambiente hogareño de apoyo incluye proporcionar un ambiente apropiado para aprender y hacer tareas, que haya estímulos intelectuales para su hijo, y que usted esté al tanto de la influencia de los medios. Ya hemos discutido la necesidad de hablarles acerca de hechos y mitos sobre la sexualidad.

Esta es la época ideal para ver películas con sus hijos y utilizarlas luego como fuente de discusión. Una vez que el niño cumpla seis años, usted puede usar las películas como ejemplos de comportamiento irresponsable, inmaduro, o que hace daño a otros. Busque también ejemplos de comportamiento comprensivo que vale la pena imitar. A continuación otros parámetros:

- Tenga en cuenta que lo que ocurre en casa acabará por ser usado como modelo por su hijo. Recuerdo que cuando mis hijos estaban en la escuela elemental tuvimos una fiesta en casa, y uno de nuestros huéspedes nos pidió permiso para "fumar marijuana."

Le contestamos, "Lo sentimos mucho pero no, nuestros hijos están en casa."

- Recuerde que el *Nuevo Respeto* incluye manifestarle con frecuencia a su hija que aprecia su buen comportamiento. El hogar es un buen sitio para poner en práctica estas guías. Agradézcale a ella por atender su solicitud de bajarle volumen a la música. Agradézcale a él por apagar la televisión cuando sale del cuarto. Manifieste su complacencia ante la limpieza de su habitación.

- Cuando sus hijos incumplan las reglas del hogar, dígales sin vacilar que no es aceptable. Sea claro y preciso en juzgar incorrecto lo ocurrido.

- En casa tendrá la oportunidad de desarrollar cercanía con su hijo, expresando su amor, sus expectativas frente a la *Nueva Obediencia* y su empatía.

- Su hijo tiene derecho a disponer de un ambiente tranquilo y ordenado en su casa, en donde no haya gritos, humillaciones, ni falta de respeto o abusos.

El hogar es el sitio en donde se puede establecer un equilibrio, ya que permite que se oriente y se de apoyo a la vez que se le permite al niño tomar, ocasionalmente, sus propias decisiones. Un punto de vista flexible le servirá para evitar caer en los errores de los padres de Bartolo.

Bartolo, de ocho años, inicia diariamente peleas con otros niños de su clase, y sus payasadas en la clase son muy perturbadoras. Sin saber qué hacer, la maestra se reúne con sus padres para discutir el problema. Cuando le preguntan a Bartolo por qué se comporta así, responde que es porque no le permiten llevar amigos a su casa ni jugar fuera de ella. Pero el centro de la discordia es el horario espartano que le imponen al muchacho: no ve televisión, no juega, solamente hace tareas.

Cuando iniciaron el diálogo con su hijo, los padres de Bartolo se dieron cuenta de lo importante que era dejarlo jugar, lo cual les exigió un gran ajuste, pues ambos habían crecido en un ambiente en donde les estaba prohibido leer novelas o jugar con amigos. Acabaron por darse cuenta de que tenían que vencer sus temores de echar a perder a Bartolo y de perjudicarlo en sus estudios si le permitían divertirse, lo cual era un modo de pensar anticuado. Los padres de Bartolo no tenían en cuenta la importancia que los compañeros y amigos ejercen para desarrollar un buen concepto de nosotros mismos.

Una Propuesta Donde Todos Ganan

La frase final de este capítulo será muy breve, pero creo que es poderosa. Es algo que me dijeron dos padres Latinos que vinieron a mi consulta. Después de concluir un tratamiento exitoso, me dijeron, "Si podemos conservar lo bueno de nuestra cultura, así haya que modificarlo, para salvar la autoestima de nuestros hijos, ¿por qué no hacerlo?"

CAPÍTULO 8

La Adolescencia en Medio de la Diversidad Cultural: Convierta los Años Tormentosos en un Trayecto Tranquilo

Antes de empezar a analizar los años de adolescencia, responda a las siguientes preguntas según la frecuencia con la que se aplican en su caso:

5=Siempre 4=A menudo 3=A veces 2=Rara vez 1=Nunca

1. ¿Piensa usted que su adolescente se está volviendo un extraño con características que no llegó a imaginar? _____

2. En cuestiones como la sexualidad, el consumo de drogas o alcohol, ¿sermonea al adolescente en lugar de comunicarse con él? _____

3. ¿Evade el contacto social con los padres de los amigos de su adolescente? _____

4. ¿Rebusca en los cajones de su hija adolescente o escucha sus conversaciones telefónicas, además de rechazar sus quejas de que está entrometiéndose en su vida privada? _____

5. ¿Impone sus propios valores a su adolescente sin tener en cuenta lo que él tenga que decir al respecto? _____

(continuar)

6. ¿Le prohíbe usted a su hijo o hija, sin previa explicación o diálogo, traer a casa amigos que a usted no le gustan? _____

7. ¿Reconoce usted la importancia de los amigos de la misma edad en la vida de su adolescente? _____

8. ¿Le permite a su adolescente estar en desacuerdo con usted sin sacrificar su propia posición inicial? _____

En esta ocasión, Virginia, de catorce años, se planta firme en su posición: irá al baile de la escuela sin Graciela, su mamá, quien hasta ahora ha insistido en acompañarla a todas las funciones de la escuela. Graciela dice que no confía en nadie más que en ella misma para vigilar a Virginia en los bailes, porque "hay muchos peligros allá afuera." La adolescente también está furiosa, porque su madre ha empezado a rebuscar en sus cajones. Además, no le permite cerrar la puerta de su dormitorio cuando su amiga Jennifer viene a visitarla.

~

Ya hemos establecido que cada etapa de desarrollo conlleva para los padres una serie de alegrías y dificultades. La temprana y mediana adolescencia no constituyen la excepción. Aunque esta etapa no tiene por qué ser necesariamente tumultuosa, es notablemente más difícil que cualquier otra, independientemente del origen étnico del niño, porque constituye el puente psicológico entre la niñez y la vida adulta, y está llena de cambios tanto biológicos como cognoscitivos. La adolescencia es también el período durante el cual los muchachos toman decisiones cruciales en asuntos de compañeros, el consumo de drogas, las citas amorosas, la sexualidad, el género y la identidad, la autonomía y la privacidad.

Tal vez los adolescentes Latinos se enfrenten a una dificultad adicional: darse cuenta de que su identidad cultural es diferente de la de los adolescentes Norteamericanos y de que es difícil conciliar las costumbres del mundo exterior con los valores tradicionales de sus padres en el hogar. Como lo demuestra la anécdota de Virginia, muchos adolescentes Latinos sienten que otros Norteamericanos tienen mucha más libertad que ellos.

Este capítulo guía a los padres Latinos de modo que puedan ayudarles a sus hijos adolescentes a manejar exitosamente los mundos del hogar, la escuela, y la comunidad. Usted descubrirá que aprender a funcionar en un clima bicultural amplía los horizontes de su hijo y lo convierte en un ciudadano de dos culturas, emocionalmente sano y seguro de sí mismo. También verá que le puede dar libertad a su hijo sin convertirse en víctima de la permisividad.

Repasemos primero las cuatro áreas en las que el *Nuevo Tradicionalismo* se aleja de las prácticas tradicionales de crianza, y que la orientarán en la educación de su hijo a la manera Latina (con O.R.G.U.L.L.O.) en tiempos modernos:

- Una regla no sirve para todos: cada niño es un individuo.
- Una edad no es igual para todos: la etapa de desarrollo del niño define lo que puede esperarse en cada caso.
- Un mismo método no sirve para todos: las circunstancias alteran los casos y los tiempos cambian.
- Un mismo sistema de valores no sirve para todos: usted creció entonces; sus hijos están creciendo ahora.

Pasemos ahora a los temas básicos que definirán nuestra exploración de la adolescencia:

- Independencia y autonomía: Cuánto es demasiado.
- Confianza: La puerta de entrada hacia una comunicación abierta.
- Proteger a su hijo es algo bueno . . . dentro de lo razonable.
- Temas básicos y términos de paz.
- Arraigar el O.R.G.U.L.L.O.
- Continuar enseñando valores latinos.
- Promover la independencia y la autonomía con amor, al estilo Latino.

- Cuándo su estilo y el de su hijo entran en conflicto.
- Redefinir las expectativas según el género.

Independencia y Autonomía: Cuánto Es Demasiado?

Muchos padres Latinos que desean transmitirles a sus hijos e hijas adolescentes valores tradicionales Latinos como el *respeto,* el *familismo,* la *obediencia* y la *simpatía* encuentran problemas ante la pregunta, ¿cuánta libertad es demasiada? Mi meta en este capítulo es darle a usted un entendimiento de lo que constituye un nivel adecuado de independencia/autonomía para su adolescente bicultural. Para empezar, es fundamental que usted pueda juzgar cuándo su hijo está listo para que se le conceda un cierto nivel de confianza.

Confianza: *La Puerta de Entrada a una Comunicación Abierta*

Puede ser que en muchos casos usted tenga mejor criterio que su adolescente, pero no en todos. Es posible también que cuando usted tenía la edad de ella, sus experiencias hayan sido totalmente diferentes, y muy probablemente usted no estuvo expuesta a lo que ella vive hoy en día. Por lo tanto, usted necesita escuchar directamente cómo percibe ella ciertos asuntos, y dejarla en libertad para opinar de distinta manera. Hágalo mediante el diálogo y compartiendo opiniones, especialmente en temas que conllevan menos riesgo como las modas, los amigos y los gustos musicales. En asuntos como el consumo de drogas y otros comportamientos autodestructivos usted necesita ser muy firme, permitiendo siempre una comunicación franca en la que usted confía pero verifica. La clave es mantener el equilibrio, porque la adolescente necesita de su supervisión y apoyo, pero también necesita saber que usted le tiene *confianza.* Debe tener mucho cuidado de no escandalizarse cuando ella le confía un asunto delicado. Volvamos al relato de Virginia para ver cómo una comunicación abierta resulta provechosa para usted y para su hija:

Al cabo de mucha vacilación, Virginia le confiesa a Graciela, su mamá, que su amiga Pamela le ha pedido que diga que pasó la noche en su casa, cuando realmente está pensando pasarla con su novio. Es crucial que Graciela escuche sin juzgar, pues si se precipita a juzgar romperá la comunicación:

GRACIELA: Virginia: ¿qué crees que Pamela nos está pidiendo?

VIRGINIA: Yo sé que quiere que la encubramos y que digamos lo que no es. Pero es mi mejor amiga y yo la quiero mucho.

GRACIELA: Quiero que pienses sobre el asunto y me digas si se trata de algo con lo que tú crees que yo estaría de acuerdo.

VIRGINIA: No, no lo creo, y es por eso que te lo digo. Pero, mamá, por favor no se lo digas a Pamela. Si lo haces ella dejará de ser mi amiga. Pongo mi confianza en ti. No me traiciones.

GRACIELA: No quiero que veas esto como una traición, pero la mentira no es aceptable bajo ninguna circunstancia. Dejo bajo tu responsabilidad el decirle a Pamela que nunca estaré de acuerdo con mentirle a su mamá. Piénsalo. Es mucho lo que Pamela nos pide y definitivamente no es correcto. No siempre podemos hacer lo que nos piden nuestros amigos, y menos si no estamos de acuerdo con lo que nos piden. Además, los buenos amigos nunca nos piden cosas que nos pueden hacer daño. Yo sugeriría que la llames ahora y le pidas que lo piense. Aprecio de veras la confianza que depositas en mí y espero que siempre me tengas confianza.

VIRGINIA: ¡No sabes cómo es su mamá con ella! ¡Nunca le pone atención! ¡La acusa de hacer cosas horribles. ¡Es una pesadilla!

GRACIELA: Virginia, ha habido ocasiones cuando tú pensaste que yo era tan pesadilla como la mamá de Pamela. ¿Recuerdas cuando te querías perforar la nariz? Discutimos el asunto y estuvimos de acuerdo en que podrías ponerte una argolla de presión que no requeriría perforación. Conozco a la mamá de Pamela. Admito que está pasada de moda. Trata a Pamela como si no fuera una persona independiente, pero apuesto a que su propia madre la trataba así. No guardo ningún rencor contra Pamela; de hecho, si ella quiere hablar conmigo acerca de estos temas, no hay ningún problema.

VIRGINIA: Gracias, mamá, creo que apreciará tu ayuda. Hablaré con ella al respecto.

No Poner Rótulos, No Juzgar

Muchos padres de adolescentes se quejan de que sus hijos no les hablan. Yo nunca tuve ese problema con mis hijos. Yo escuchaba y daba mi opinión cuando no me gustaba lo que estaba oyendo, pero nunca ponía rótulos ni juzgaba a mis hijos. Esa es la clave de la comunicación, no poner rótulos, no juzgar.

Para bien o para mal, las cosas no son iguales ahora que cuando usted estaba en la misma etapa que sus hijos. Los tiempos han cambiado. Hay diversas fuerzas culturales en acción. Si desea que su hijo conserve los valores Latinos habrá que cambiar la forma como interactúa con su adolescente.

No lo perciba como una pérdida de autoridad. Como padre, de todos modos tiene el poder. No lo perciba como tener que hacer lo que su hijo dice. Eso les hará daño a ambos, y no es lo que propongo. Lo que estoy diciendo es que existe necesidad de reflexionar si hay espacio para hacer concesiones, y tomar decisiones acordes.

Proteger a Su Hijo Es Bueno— Dentro de lo Razonable

Hablar de temas tan delicados con su adolescente no significa exponerla a esos asuntos o promoverlos. Es doloroso decirlo, pero por más protectora que usted sea, sería muy difícil que su hija no se viera expuesta a las drogas, al sexo y al alcohol provenientes de los medios de comunicación y de otras fuentes. Y si usted ha sobreprotegido a su hija con la mejor intención de cuidarla de peligros exteriores, necesita tener un franco diálogo consigo misma: al sobreprotegerla, usted le está negando acceso a las herramientas que necesita para resistir las presiones que le pueden imponer compañeros.

Asuntos Básicos y Acuerdos de Paz

Se logra una mejor comunicación cuando uno ve el punto de vista del otro. He visto muchos casos de mala comunicación entre padres y adolescentes Latinos como resultado de contradicciones culturales que se expresan en los siguientes temas explosivos.

La adolescente Latina que vive ahora en los Estados Unidos quiere:

- No tener que mantener informados a sus padres de dónde se encuentra a cada momento.
- No tener que obedecer tantas reglas y normas.
- No ser tratada como si fuera un bebé.
- No ver peligro en toda acción que emprenda.
- No recibir cantaleta ni sermones.
- No recibir amor condicionado—es decir, ser amada solamente si hace lo que sus padres quieren que haga.
- No tener que hacer las cosas—como salir en citas románticas o con amigos—exactamente como lo hacían sus padres a su edad.
- Que confíen en que puede ser responsable.

El padre de un adolescente Latino que vive en los Estados Unidos quiere ahora:

- Que se le informe todo lo que haga el adolescente que los padres consideren importante, es decir, casi todo. De hecho, muchos padres Latinos esperan ser los confidentes y mejores amigos de sus hijos.
- Que sus reglas y normas sean respetadas y obedecidas. La realidad es que sienten que aunque el menor de edad sea capaz de entender los hechos fundamentales de vida, necesita aún mucha ayuda.
- Sentir que su adolescente no se cree invulnerable, y verlo ejercer más sentido común y reflexión.
- Continuar su vínculo con el niño y ayudarle a ver el mundo como ellos lo ven.
- Asegurarse de que su hijo valora la familia, respeta a los adultos y es obediente—signos todos de que se está convirtiendo en adulto responsable.

Cuando le leía esta lista a una colega, madre de un adolescente, exclamó: "Dios mío, cuánto les pedimos." Sí, probablemente no es realista esperar respuesta total a todos estos deseos. Sin embargo, con un diálogo adecuado se pueden obtener muy buenos resultados. Lo hice con mis propios hijos y les he ayudado a muchos padres a hacerlo con los suyos.

Zonas de Batalla del Conflicto Entre Padres e Hijos Latinos

Muchos padres Latinos tradicionales enfrentan resistencia por parte de sus hijos adolescentes, fundamentalmente en los siguientes dominios específicos de la adolescencia:

- Cambios en su modo de ver las cosas: ahora piensa por sí mismo, exige explicaciones y tiene sus propias opiniones.
- Los procesos biológicos y de conducta sexual.
- La socialización y sus deficiencias.
- Diferencias filosóficas y de opinión con sus padres acerca del mundo.
- Diferencias de opinión en cuanto al grado de avance que deben lograr en cultura y lenguaje Latinos.
- Diversas opiniones en cuanto a lo que se considera un nivel adecuado de libertad.

Estas diferencias se pueden suavizar si se dan los siguientes pasos:

- Reconocer la diferencia entre sus necesidades y deseos personales y aquellas de sus hijos.
- Aprender a discernir cuando usted está siguiendo un libreto cultural simplemente porque eso es lo que conoce, en lugar de tratar de comprender y comunicarse con sus hijos adolescentes.

Les he ayudado a muchos padres Latinos a seguir estos principios con muy buenos resultados. Ellos han podido continuar el proceso de transmitir los valores Latinos y guiar al niño a la manera Latina a través de los años de adolescencia. Pero el traspaso de esos valores debe tener en cuenta la necesidad que tiene su hijo de un cierto grado de autonomía e independencia, los cuales, si no son reconocidos, pueden alejar a su hijo de los valores Latinos.

Protestas Clásicas del Adolescente

Las protestas más notables que oyen los padres regularmente de su adolescente son:

- No me digas que no sé lo que quiero
- Déjame cometer mis propios errores
- Tú fumas, ¿por qué no yo?
- Tú bebes, ¿por qué no yo?
- Yo me puedo cuidar solo
- A mi amigo se lo permiten, ¿por qué no a mí?
- Yo puedo conducir, préstame el auto
- No confías en mí
- Realmente no me conoces
- Detesto esa cosa Latina; yo soy Norteamericano
- Yo tengo la suficiente edad y sé lo que estoy haciendo

Los adolescentes Latinos también pueden tener una apariencia física diferente a la de sus compañeros: quizás tengan rasgos étnicos diferentes, como el color de la piel, el pelo, el peso u otros determinantes. No siempre son aceptados por algunos individuos en la sociedad Norteamericana, lo cual lleva al adolescente Latino a querer despojarse de su etnicidad o a sentirse confundido y disgustado acerca de lo que es. Los adolescentes Latinos requieren a menudo apoyo y comprensión para llegar a la aceptación de estas diferencias. Los *consejos* de O.R.G.U.L.L.O. le pueden servir de guía.

Arraigando el O.R.G.U.L.L.O.

Espero que a estas alturas usted ya haya tenido oportunidad de poner en práctica las técnicas de O.R.G.U.L.L.O., no solamente para resolver los problemas entre usted y su hijo, sino también para prevenirlos. Si los padres han educado a sus hijos de modo que se perciban como individuos bilingües/biculturales—o simplemente biculturales—respetados y amados, a quienes se les reconoce la importancia de la independencia y autonomía propias de la edad como sugiere O.R.G.U.L.L.O., probablemente se pueda prevenir la llamada crisis de la adolescencia o contribuir a que sea menos intensa.

Sin embargo, si usted no ha tenido la oportunidad de aplicar estas técnicas antes, y tiene que tratar ahora a un adolescente que necesita estos *consejos,* no se desespere. Aún puede seguirlas con muy buenos resultados. Por ejemplo:

Consejo No. 1 de O.R.G.U.L.L.O.: organice sus sentimientos. Cuando usted entiende en dónde se encuentra parado emocionalmente, adquiere una posición emocional muy segura que le servirá para ser muy claro al tomar decisiones y comunicarlas.

Consejo No. 2 de O.R.G.U.L.L.O.: respete los sentimientos de sus hijos. Si usted respeta los sentimientos de su hija, distinguiéndolos de los propios, ella lo notará. Puede que se sienta frustrada, porque no se le permitió lo que quería o porque usted estimó que no era lo más conveniente para ella, pero a todos nos gusta sentir que nuestros sentimientos son respetados.

Consejo No. 3 de O.R.G.U.L.L.O.: Guíe y enseñe a su hijo, no le ordene. Si usted guía y enseña en lugar de sermonear o dictar, no solamente obtendrá mejores resultados sino que contará con un hijo más colaborador.

Consejo No. 4 de O.R.G.U.L.L.O.: Utilice los medios de comunicación de manténgase al tanto sobre lo que aparece en ellos. Si actualiza todo el tiempo su información tecnológica y de medios de comunicación, llevará la delantera. Necesita saber cuáles drogas están al acecho; si la droga de moda es el éxtasis o la marihuana, los vapores de pegante, los estimulantes o calmantes, las hierbas o los medicamentos para perder peso. También debe estar informada acerca de la abrumadora realidad de que se abusa de las jóvenes echándoles drogas en la bebida. Estos temas deben ser abiertamente discutidos con su hija, no prohibiéndole salir ni insistiendo en acompañarla a todas partes, sino asegurándose de que desarrolle el mejor sentido común posible. Confíe pero verifique: usted debe ser lo suficientemente flexible para confiar en su hija, pero ser a la vez verificadora de lo que realmente sucede en su mundo.

Consejo No. 5 de O.R.G.U.L.L.O.: La importancia de amar a su hijo por ser quien es.

Consejo No. 6: La importancia de escuchar y *consejo* No. 7: Opere con canales de comunicación abiertos, siempre. He visto muy buenos resultados cuando los padres Latinos y sus adolescentes trabajan en equipo. Piense qué tan poderoso es el mensaje que le comunica a su hija cuando sus palabras le muestran que su amor por ella es incondicional—usted la ama como es, sin retirarle su cariño cuando no la escucha o no sigue su consejo—y cuando se lo dice claramente. Este mensaje afirmador es la mejor medida preventiva contra la autodestrucción. Una vez que establezca la rutina de escuchar a su hija, ella se dará cuenta de que le puede decir las cosas que usted necesita oír para guiarla y protegerla, y que usted hará tiempo para hablar con ella. Al escucharla con atención, usted la invita a que le cuente sus dilemas en lugar de protegerla, evitándole tener la oportunidad de correr riesgos por su propia cuenta. Tratar de estar presente físicamente en todas las actividades de su adolescente puede ser sofocante para ella y puede inducirla a la rebelión. Debe confiar en que le ha enseñado lo suficiente para que ella sepa sobrevivir a los riesgos que enfrente y sepa que puede recurrir a su ayuda cada vez que la necesite. Esta es la esencia de criar con O.R.G.U.L.L.O., y les ayudará a usted y a su hija a salir de los años de adolescencia con menos heridas emocionales y más *orgullo* cultural y éxito en la vida.

Continuar Enseñando Valores Latinos

La Adolescencia: Una Buena Etapa Para Enseñar Orgullo *Cultural*
Los estudios de investigación indican que los individuos no logran una identidad étnica hasta la adolescencia o hasta bien entrada la edad madura. Dado que el idioma es crucial para la propia identidad, se puede deducir que para el adolescente Latino quizás sea esencial hablar inglés, español, o ambos idiomas.

Aunque hablar español no constituye un valor cultural Latino en sí mismo, es altamente apreciado y es un eje central de la identidad étnica del Latino.

Probablemente sea un gran consuelo saber que la investigación acerca del desarrollo de la identidad étnica del adolescente da a entender que los adultos jóvenes muestran un mayor deseo de abrazar las creencias étnicas de sus padres si perciben que para los padres son importantes esas creencias, y si existe además una buena relación entre padres e hijos.

Dicho esto, tenga en cuenta que el idioma adquiere una dimensión diferente en la adolescencia, ya que los muchachos no quieren sentirse diferentes de sus compañeros. No solamente hablará su adolescente más que todo en inglés con sus amigos, sino que puede llegar a manifestar que no quiere hablar español. En lugar de entrar en pánico, discutirle o darse por vencido, tenga en cuenta que este problema es común entre los adolescentes Latinos. He aquí lo que puede hacer:

- Entender, entender, entender, que la adolescencia trae consigo cambios, y que ésta es una época en que la identidad étnica se consolida.
- Pregúntese si su adolescente está utilizando el idioma como una manera de sentirse en control. Será necesario que usted dé una cuidadosa mirada a lo que está permitiendo y a aquello que no, para ver si debe darle a su adolescente algún campo de acción en áreas apropiadas, como mantenerse a la moda.
- Comunicar, comunicar, comunicar. Opere con canales de comunicación abiertos y mire a ver si, por ejemplo, su adolescente se avergüenza del acento de uno de sus padres. En este caso sería útil reconocer sus sentimientos, dándole a entender que usted los comprende, pero proceda luego a hablar de su historia e idioma con gran *orgullo*. Trate de no ofenderse si su adolescente desprecia su origen étnico. Casi todos los adolescentes se avergüenzan de algunos aspectos de sus padres. Es una etapa pasajera.
- Pregúntese si usted u otros miembros de su familia están presio-

nando demasiado al adolescente para que hable español con sus hermanos o amigos. Es normal que a esta edad los niños quieran hablar inglés con sus compañeros. Persevere en ayudarle a su adolescente a ver la importancia de dominar otro idioma.

- Provea libros en español interesantes y apropiados para la edad.
- Propóngale a su adolescente que vean juntos películas en español.
- Observe si cuando visitan a los parientes alguien se burla del español de su hijo.

Los adolescentes pueden ser muy sensibles y se avergüenzan fácilmente. He aquí lo que usted puede hacer si su adolescente es bilingüe/bicultural pero necesita refuerzo en su español:

- Continúe expresando su opinión acerca de la importancia de mantener el español y de tratar de perfeccionarlo todo el tiempo.
- Siga reforzando el idioma viendo películas, programas o escuchando música en español. Reforzar sus creencias a través de su propio comportamiento es el mejor indicador de que sus hijos las seguirán.
- Comunicar, comunicar, comunicar. Opere con canales de comunicación abiertos, y empiece por respetar el lenguaje escogido por él en la escuela si no es español. No obstante, si no escoge el español, muéstrele la importancia de seguir mejorando el español. Es de esperarse que de esa forma se dé cuenta de que se trata de algo importante.

Respeto: El Pasaporte de Su Hijo Para Entrar a la Edad Adulta

Al tratar con un adolescente hay que mirar el *respeto* en forma diferente e incorporarle una dimensión adicional: respeto a la individualidad. El *Nuevo Respeto* debe incluir aquellos cambios que son parte de la adolescencia, como la capacidad de formarse opiniones, pedir explicaciones, tener ideas propias, contar con privacidad, ser sexual, hacer amigos y ser partícipe de su propio mundo.

Conciba su papel como el de quien le expide a su hijo un pasaporte para pasar de la niñez a la edad adulta. Puede exigirle, pero recuerde que darle órdenes no garantiza que las obedezca. Si ya le ha enseñado *respeto* hacia sí mismo y hacia los demás, la probabilidad de que puedan comunicarse abiertamente aumenta en gran medida.

Miremos la independencia a través de los asuntos candentes que desconciertan a todos los padres de adolescentes, pero que los padres Latinos encuentran especialmente difíciles de tratar.

Familismo: Reglas Caseras y Cómo Aplicarlas con Amor

Aunque su adolescente necesita que usted tenga en cuenta sus opiniones, usted puede aceptar que él tenga su propia manera de ver las cosas sin permitir por ello ciertos comportamientos que considera inaceptables en lo referente al *familismo*. Su hijo tiene ya la suficiente edad para entender que sus mayores, incluyendo los abuelos y los padres, tienen reglas que hay que seguir. Por ejemplo, seguramente ahora su adolescente tiene gustos musicales diferentes a los suyos y podría estar imponiéndolos a gran volumen sobre usted y el resto de su familia. Puede gritarle, "Bájale el volumen a eso ahora mismo, no lo soporto," o recordarle tranquilamente las reglas de la casa y sustentarlas con razones.

USTED: Mark, en esta casa no puedes poner la música a ese volumen.

MARCOS: Pero mamá, ésta es mi casa.

USTED: Sí, es tu casa, pero eres una entre varias personas que viven aquí. También vivimos tus padres y tus abuelos. Tus abuelos ya no son jóvenes y el ruido realmente les molesta. Algún día, cuando tú tengas tu propia casa y yo vaya a visitarte, escucharemos la música que a ti te gusta. Por ahora debo insistir en que seas respetuoso con los mayores.

Usted puede ser firme a la vez que le da opciones: sugiérale por ejemplo que oiga música con la puerta de su cuarto cerrada o que utilice audífonos. Independiente de la forma como decida manejar el problema, no se descomponga, no grite, manténgase en su posición y ofrézcale alternativas razonables.

Así, mediante el diálogo, usted pone en práctica los siguientes principios:

- Ha promovido el valor cultural llamado *familismo,* explicándole a su hijo que es muy importante tener en cuenta las necesidades de otros miembros de la familia tanto como las propias.
- Ha dado el mensaje de que tiene en cuenta su individualidad, puesto que reconoce que él es libre de escoger la música que quiere escuchar.
- Respeta sus sentimientos y le ofrece opciones razonables para escoger sus propios gustos. No le exige que piense en la familia a todo costo; se han tenido en cuenta sus sentimientos.

Muchos adolescentes son considerados y cariñosos con sus abuelos y otros adultos; otros no lo son. Entender que se trata de una fase le facilitará ser más paciente y continuar enseñando. Con frecuencia oigo a mis hijos, que ya están mayores, decir cosas que les enseñé de niños, pero que en ese entonces no me pareció que estuvieran escuchando. Me deleita oírles decir, "Mamá, soy como tú," "Me parezco a Papá," o "Papá me enseñó bien." Lo que esto significa es que los niños realmente escuchan lo que usted valora. Más que todo recuerde que lo utilizarán como modelo de comportamientos. Persevere en explicar lo que usted considera de valor y en demostrarlo también.

Los Asuntos de Familia Desde el Punto de Vista de Su Hijo

A su hijo no debería permitírsele ser irrespetuoso con sus abuelos o, para el caso, con ningún adulto, pero es igualmente perjudicial dejar que los abuelos les falten al respeto a sus adolescentes. Intervenir para proteger los sentimientos de su adolescente si fuera necesario puede constituir un nuevo reto para usted, pero es importante. Es posible que se requiera su intervención a favor de su hijo si cualquiera de lo siguiente ocurre:

- La abuela regaña o rechaza cuando Julito no la llama para saludarla.

- Ciertos miembros de la familia demuestran preferencia por un niño sobre otro.
- Algunos miembros de la familia esperan que su hijo sea su traductor y compañero de compras cuando él tiene otros planes.
- Algunos miembros de la familia esperan que su hijo vea el mundo a través de sus propios valores.
- Algunos miembros de familia critican sus métodos educativos.
- Ciertos miembros de familia beben en exceso.
- Hay miembros de familia que humillan a su hijo con burlas delante de sus amigos.

Hemos visto que el *familismo* es un valor fantástico, pero si se aplica a ciegas, en el estilo tradicional, puede originar problemas. El *familismo* adquiere particular importancia durante la adolescencia, porque a esta edad el adolescente tiende a alejarse, a ser menos dependiente y a tomar sus propias decisiones. No obstante, todavía necesita mucho el apoyo y la aprobación de la familia. Los siguientes son puntos importantes acerca del *familismo* que deben tenerse en cuenta:

- Los niños irán donde los amen. Aunque necesitan estar con sus compañeros y quieren ser aceptados, si saben que la familia está disponible para ellos, no se alejarán.
- No siembre culpas con frases como, "¿Es ésta la forma como me pagas después de todo lo que he sacrificado por ti?" Así no desarrollará el carácter de su hijo, tan solo lo estará manipulando.
- No espere que su adolescente vea las cosas a su manera: no estará dispuesto a sacrificarse como usted en muchos asuntos familiares.
- Siga expresando sus ideas acerca de la importancia que la familia tiene para usted.
- Recuérdele a su adolescente la importancia de apoyar a los hermanos.
- Propicie el diálogo entre sus hijos. Si tienen desacuerdos, trate de ayudarlos en forma ecuánime; procure no tomar partido, pero

exprese su opinión sobre la importancia de una buena relación entre los niños y de comunicar los sentimientos, en lugar de dejarse llevar por ellos con peleas.

- Propicie el respeto a los mayores, pero deje que sus hijos le comuniquen sus frustraciones acerca de la relación con ellos, y escuche sus argumentos.

- Entienda que un adolescente puede preferir asistir a una reunión de amigos que al octogésimo cumpleaños de su tío. Si es posible, pídale que venga a la reunión de familia por un rato y vaya después a reunirse con sus amigos.

- Recuerde que se ha demostrado en estudios de investigación que para un niño, contar con una familia que lo apoya es la mejor garantía de que quiera conservar los valores Latinos.

- Tenga en cuenta que algunos estudios sugieren que los adolescentes Latinos se afectan más cuando la familia tiene problemas que cuando algo les ocurre a sus compañeros o a ellos mismos.

Simpatía: La Presión de los Compañeros No Tiene Por Qué Ser Materia de Crisis

Ya establecimos en el Capítulo 4 que la *Nueva Simpatía* incorpora valores que consideramos preciosos pero que han sido adaptados al contacto del joven con la cultura Norteamericana. La *simpatía* pide que el adolescente se preocupe por otros a la manera Latina, pero incluye también caer bien, ser atractivo, divertir, ser fácil de tratar, ser flexible, digno y libre de comportamientos negativos.

Sin embargo, a veces algunos de estos atributos entran en conflicto con lo que el adolescente experimenta en su mundo. Quiere pertenecer e imitar a sus compañeros. Seguramente estará enfrentándose a la presión de sus compañeros. No olvide que es durante la adolescencia cuando los amigos llegan a ser especialmente importantes para su hijo.

Todos los *consejos* de O.R.G.U.L.L.O. serán muy útiles para auspiciar la *Nueva Simpatía,* incluyendo el *consejo* No. 2: Respete los sentimientos de su hijo acerca de sus amigos. El *consejo* No. 3: Guíe y enseñe, no de órdenes, será muy necesario cuando no pueda ver las cosas como las ve su hijo: prefiera guiar y enseñar a dictar. El *consejo* No. 4: Utilice los medios de comunicación y manténgase al tanto es también esencial porque hay que comunicarse con hechos, no con temores; de lo contrario su hija quizás lo escuche con respeto pero no lo hará con la seguridad de estar recibiendo la orientación correcta. El *consejo* No. 5: La importancia de amar a su hijo por ser quien es. El *consejo* No. 6: La importancia de escuchar a su hijo, y el *consejo* No. 7: opere con canales de comunicación abiertos siempre, también deben estar presentes en la *Nueva Simpatía,* así como es importante evitar una actitud crítica hacia los amigos de sus hijos.

Es fundamental reconocer la importancia que tienen para el adolescente sus amigos; incluyendo su deseo de gustar, divertirse, pertenecer y seguirlos. Es necesario que usted conozca a los amigos de sus hijos, trabe amistad con ellos y los incluya en su vida. Si usted demuestra interés y sigue los *consejos* de O.R.G.U.L.L.O., estará prodigándole a su hijo *Nueva Simpatía* en una forma bicultural equilibrada.

Introduzca una Buena Calidad de Tiempo en la Ecuación Equilibrada

Las conversaciones de familia cuando están sentados a la mesa no tienen por qué suspenderse aun cuando los adolescentes estén ocupados en actividades deportivas, tareas escolares y con sus amigos. Siempre que me entero de que una adolescente ha dejado de conversarles a sus padres me pongo a revisar si los siete *consejos* de O.R.G.U.L.L.O. han sido seguidos, y en la mayoría de los casos encuentro que no.

En mi casa, cuando mis hijos eran adolescentes, tratábamos de pasar juntos tanto tiempo de buena calidad como fuera posible, así que comíamos juntos frecuentemente. Durante la comida conversábamos de nuestras respectivas experiencias del día. Aún ahora, cuando nos reunimos, les digo, "Déjenme contarles qué hice hoy." Se burlan de mí, diciendo, "¿Qué hiciste hoy, mamá?" Pero cuando eran jóvenes, así era como yo establecía la conversación. Servía para abrirse y conversar, y siempre lo hacíamos. Mis muchachos me hablaban de sus amigos porque yo estaba interesada. Sabía de los amigos cercanos de Jaime: Jeffrey, Mike y Richard. Más tarde hablamos de los amigos de Miguel: Nick, Sunil y Katina, a quienes, junto con Miguel, los llamaban Los Cuatro Mosqueteros. Yo me interesaba genuinamente en los amigos de mis hijos, y teníamos una relación agradable. Conocía también a muchos de sus padres. Acostumbraba a invitar a los amigos de mi hijo a salir con nosotros a comer hamburguesas, a ver películas y obras de teatro, y todos disfrutábamos en estas ocasiones. Nunca me rehusaron una invitación, lo cual me hace pensar que se sentían bien con nosotros como familia y disfrutaban del rato tanto como yo.

Obediencia: Sofocar la Rebelión Adolescente Antes de Que Explote

Aplicar la *Nueva Obediencia* durante la adolescencia requiere del uso de los *consejos* de O.R.G.U.L.L.O., en particular el *consejo* No. 1: organice sus sentimientos, porque en esta etapa puede llegar a recibir muchas respuestas negativas por parte de su hija.

Durante esas confrontaciones es útil hablarle a su adolescente en forma firme pero serena. Cuando pregunte, "Pero mamá: ¿por qué no?" usted quizás se sienta tentada a responder, "Porque yo lo digo." Pero ponerse de mal genio no sirve para enseñar; la disciplina y la *obediencia* necesitan de enseñanza.

Usted desea inculcar valores de empatía, responsabilidad, moralidad e independencia. En lugar de sembrar temor y de manipular (que pueden inducir a su hijo a buscar la manera de no hacer caso a las reglas a la primera oportunidad) lo ideal es que desarrolle una voz interior que le ayude a distinguir el bien del mal. Si usted no tiene conciencia de sus propios sentimientos interiores, puede acabar por seguir lo que le enseñaron de niño, lo cual tiene dos versiones extremas:

- Haz lo que a mí me dijeron y me obligaron a hacer
- Haz lo que te dé la gana porque yo no te voy a obligar a hacer lo que a mí me obligaron a hacer

Ningún extremo funciona bien. Lo que usted quiere promover en su hijo es el *equilibrio*.

Elija Sus Batallas y Muestre el Camino

Caridad, de quince años, camina descalza sobre un piso de madera en un apartamento con calefacción. Sin embargo, su padre, Manuel, lo considera un piso muy frío, lo cual no le parece saludable. Cuando Manuel le ordena que se ponga los zapatos, ella responde de un modo respetuoso que ya tiene edad suficiente para que no le tengan que decir lo que se debe poner, especialmente dentro de la casa. En otras palabras, agrega: "Pero papá, tú sabes que a mí no me gusta usar zapatos dentro de la casa."

Manuel responde: "No quiero que me contradigas, haz lo que te pido, punto. Has tenido muchos resfriados este año y a mí me toca llevarte al médico y pagar las cuentas. Haz lo que te digo y no discutas. ¡Siempre estás discutiendo conmigo!"

Claramente Manuel se crió en un hogar del tipo, "Haz lo que digo y no me discutas." Necesita cuestionarse si pegado a viejas costumbres espera que Caridad las obedezca como él. Sucede, además, que a Manuel le va por esos días mal con su jefe en el trabajo, y se siente desgraciado. El *consejo* No. 2: Respete los sentimientos de su hija, debe aplicarse aquí, porque Manuel no está pensando en los de Caridad. A ella le gustaría estar sin zapatos y le parece que el asunto no tiene tanta importancia. El *consejo* No. 3: Guíe y enseñe a su hijo no le ordene, debe ser aplicado con prontitud, especialmente tratándose de algo tan inofensivo como no usar zapatos en la casa. Manuel se preocupa por Caridad y lo hace por amor, pero no demuestra su amor en una forma aceptable para ella. Corre también el riesgo de que Caridad no le haga caso en otros asuntos disciplinarios de mayor importancia. Si Manuel sigue el *consejo* No. 4: utilice los medios de comunicación y manténgase al tanto, se dará cuenta de que los resfriados no provienen de andar descalzo sobre un piso de madera en un apartamento con calefacción.

El *consejo* No. 6: la importancia de escuchar a su hijo, le habría servido a Manuel para preguntarle a Caridad por qué le gusta caminar descalza, y aceptar el hecho como una cuestión de gusto: se siente más libre así. Se trata de una opción que Caridad está en edad de tomar. Si Manuel lo enfocara de esa forma, evitaría muchas discusiones que se llevan a cabo como simple medida de control. Debe ver a Caridad como un individuo particular, con sus propias necesidades y preferencias. Convertir en batallas asuntos de tan poca importancia servirá solamente para crear animosidades y luchas de poder entre padre e hija. Escoja sus batallas y muestre el camino a seguir.

Cuando el Adolescente Enojado le Responde de Manera Agresiva

A menudo, los padres Latinos no saben qué hacer cuando su adolescente les responde, y solamente se les ocurre castigar o regañar. No quiero sugerir con esto que siempre sea aceptable discutir, pero he visto que si se aplica el *consejo* No. 7 de O.R.G.U.L.L.O. : opere con canales de comunicación abiertos siempre, puede decirle a su hija que esa forma de hablar no es aceptable y reconocer que desea hablar con ella cuando se sienta más calmada.

Los castigos demasiado frecuentes o la exigencia constante de obediencia absoluta son a menudo indicativos de que el padre no cuenta con otros medios de comunicación con su hijo. No confunda enseñar con hacer que su adolescente haga lo adecuado en términos de moral, responsabilidad y autodisciplina sólo por hacer que complazca sus deseos. Tenga en cuenta también que quizás le esté pidiendo a su hijo cosas que nadie más hace, que son caprichosas o que se basan en mala información, como en el caso de Caridad con su padre, Manuel.

En el otro extremo del péndulo cultural están aquellos padres Latinos que temen ponerles límites a sus hijos. Temen que sus hijos se disgusten o dejen de quererlos. Para ser un buen padre se necesita enseñar a equilibrar dos extremos de comportamiento, sirviendo usted mismo como modelo de ese equilibrio. A veces ese equilibrio requiere correr el riesgo de disgustar a su hijo. Una vez se sienta seguro de sus razones para establecer ese límite son justas y razonables:

- Recuerde que para enseñar a tener disciplina y autocontrol debe dialogar con sus hijos, siguiendo todos los *consejos* de O.R.G.U.L.L.O.
- Involucre a su adolescente en el proceso de tomar decisiones y resolver problemas. No le diga cómo debe hacer todo. Pídale su opinión y escuche su respuesta; no interrumpa para dar la suya.
- Cuando se rompe alguna regla recuerde que la idea es enseñar y no someter a su hija a sus deseos. Siéntese con su adolescente a recapitular la situación y a buscar maneras de evitar que se vuelva a presentar. No caiga en la vieja trampa de dar órdenes y reglas en forma severa y airada. Esto desemboca a menudo en irresponsabilidad y confrontación, y no en cooperación.
- A lo largo del libro he indicado que los golpes, los gritos o los insultos no son ni efectivos ni eficientes. Sería imposible exagerar la importancia de no utilizar ninguno de estos métodos durante la adolescencia. Sólo conducen a la ira y a más rebeldía.
- Utilice la democracia como se enseña en los capítulos 5 y 6: por ejemplo, si su hija le dice, "Mamá, siempre me estás gritando," escuche, considere y háblele para descubrir cuál es la causa de sus mutuas frustraciones.
- Discuta con su adolescente las consecuencias de una determinada acción, para que ella comprenda el resultado potencial de lo que quiere hacer.
- Si tiene que castigar a su adolescente, sea consistente y haga que el castigo sea adecuado a la violación. El retiro de recompensas es a menudo un buen freno, pero asegúrese de que su adolescente entiende qué hay de malo en su transgresión. Ponga muy en claro que se ha roto la confianza entre ustedes, y explore cómo reestablecerla.

Ni Regañe, Ni Grite

Ponga mucha atención cuando su adolescente le quiere hablar de algo doloroso para ella. Es posible que empiece diciéndole, "No me regañes porque ya aprendí mi lección." El regaño no servirá sino para impedir que su hija vuelva a confiar en usted en el futuro. Hay que oírla y orientarla. Por ejemplo, Adriana, de dieciocho años, perdió los estribos, y le gritó a una profesora que había sido injusta con ella. Aunque Adriana tenía razón en cuanto a lo injusto de la situación, gritar no era útil o respetuoso. Sus padres le dijeron, "Bueno: parece que estabas muy irritada y no podías hablar con firmeza, ¿es cierto?" A lo que Adriana respondió, "Cierto, ya sé que hay otra forma." Charlaron entonces sobre los métodos para conservar la calma; respirar profundamente, contar hasta diez, etcétera. Fue una conversación muy útil, en la que Adriana se sintió apoyada y que le sirvió de guía para saber cómo modificar su comportamiento. Si los padres hubiesen dicho, "Debías ser más madura" o "Siempre le estás gritando a la gente," muy probablemente la conversación se habría convertido en un alegato.

Promover la Independencia y la Autonomía con Amor: A la Manera Latina

La Lucha Contra los Demonios Que Acechan: El Alcohol, las Drogas, el Cigarrillo

Un elemento crítico en el desarrollo de la independencia del adolescente es manejar el asunto del alcohol, las drogas y el cigarrillo. Siento que entra en la categoría de *respeto* porque se relaciona con enseñarle a su hijo el respeto por sí mismo. Mi recomendación no es que su hija permanezca en casa, ni que se le impida ir a fiestas o salir con amigos conocidos por usted. Puede acompañarla a bailes del colegio, pero procure que no sea a todos los bailes, pues así comunicaría desconfianza. Túrnese con otros padres de familia. Es un poco más difícil estar siempre con su adolescente mayor: seguramente querrá ir al cine, a jugar bolos o a la casa de una amiga. Si usted ha estado siguiendo o poniendo en práctica los *consejos* de O.R.G.U.L.L.O., tendrá la ventaja para proteger a su hijo de los peligros de las drogas y el alcohol, porque ha estado comunicando claramente su posición sobre estos temas.

Se recomiendan además las siguientes tácticas:

- Sirva de modelo—no fume marihuana ni ninguna otra cosa. No es realista que usted sea fumador, y que a la vez espere que su hijo no lo sea.
- Mantenga abiertos los canales de comunicación, y conozca a los amigos de sus hijos y a sus familias.
- Sea muy clara al hablar de sus valores, informándose bien y compartiendo lo aprendido con su adolescente. Estar bien informada y disponer de la información adecuada sirve para que su hija tome mejores decisiones.
- Sea muy clara sobre la importancia de no conducir si se ha bebido alcohol, y ofrezca alternativas: por ejemplo, que alguien sea el chofer designado. Ofrézcase usted a conducir si su adolescente ha tomado más de la cuenta. Decir estas cosas no equivale a invitar a tomar. La realidad es que aunque en la mayoría de los estados hay un límite legal de edad para tomar, los estudiantes pueden utilizar tarjetas de identidad falsas para obtener alcohol. Por esa razón es importante mantener una comunicación abierta con su hijo, para poder hablar sobre la manera de manejar ésta y otras situaciones peligrosas.
- Hable con su hija sobre el hecho de que las mujeres se emborrachan con menos alcohol que los hombres.
- Quédese despierta esperando a su hija para poder charlar con ella cuando regrese de una fiesta.
- Recuerde que tener en casa un gabinete lleno de opciones de licor puede ser muy seductor, pero que los padres pueden ser los mejores modelos al no abusar de las drogas ni del alcohol. Antes bien, brinde amor y empatía a sus hijos para que no necesiten alterar su mente para poderse desempeñar.

La Transición a la Madurez Sexual

La sexualidad es parte de la vida. Hay niños muy pequeños que se masturban y sienten gran placer al hacerlo. En la adolescencia, la sexualidad toma un giro diferente y más intenso, puesto que las hormonas despiertan, lo cual presenta nuevos y significativos riesgos.

Es de suma importancia aplicar aquí los *consejos* de O.R.G.U.L.L.O.,

so pena de que su adolescente quede, no solamente mal informado, sino que tome las cosas por su propia cuenta y se enfrente a
consecuencias potencialmente desastrosas. Muchos padres y muchas
religiones defienden la abstinencia sexual. La idea en este punto no
es concentrarnos en eso, sino ayudarle a usted a comunicarse con
su adolescente sobre su sexualidad.

Debido a que su adolescente pasa por cambios biológicos y hor-
monales profundos que desatan necesidades grandes y agresivas, es
necesario cambiar de enfoque. Cuando su hija era menor bastaba
con decirle, "Las niñas juiciosas no hacen esas cosas," no solamente
en lo relativo al sexo prematuro sino a cualquier otra cosa a la que se
viera expuesta y que no fuera positiva. Ahora que la pequeña ya es
adolescente, no basta con decirle, "Te lo prohíbo, no quiero que tengas relaciones sexuales."

Usted debe ser muy clara en cuanto a sus sentimientos y muy
cuidadosa en no irse al extremo de demasiados límites o la falta de
éstos. Quizás lo más importante es no esconder la cabeza en la arena,
ya que su adolescente necesita su orientación ahora más que nunca.
Muchas de las madres Latinas que fueron entrevistadas para este
libro me dijeron que aunque encuentran difícil hablar con sus hijas
acerca de sexo, se esmeran por entablar un diálogo sobre el tema.
Me cuentan que lo que generalmente les dicen a sus hijas es que
prefieren que esperen para tener relaciones sexuales cuando estén
mucho mayores, y que cuando lo hagan deben ser sensatas y protegerse.

A mis dos hijos les dije que la sexualidad se parecía en cierta
forma a conducir un vehículo—es un privilegio que debe ser ganado. Hablamos de que hacer méritos para ese privilegio se basaba
en la madurez, la disciplina y el uso del sentido común.

El *consejo* No. 4: Utilice los medios de comunicación y manténgase al tanto, es de vital importancia, porque los padres necesitan tener información precisa acerca de los peligros o riesgos que
su adolescente debe conocer. Éstos incluyen las verrugas genitales, el herpes, el sida, la sífilis, la gonorrea y, por supuesto, el embarazo. Pero también los padres deben seguir el *consejo* No. 1 de

O.R.G.U.L.L.O.: organice sus sentimientos. Estar concientes de sus sentimientos les servirá a los padres a compartir esa información de una manera objetiva, no amenazadora. La sexualidad es algo normal y maravilloso que a su debido tiempo constituye un aspecto normal para muchos adultos.

Para muchos padres, éste no es un tema fácil. La clave está en no arriesgar el sentido de sí misma de la adolescente, y expresar y mantener los valores de los padres. Repito, muchos padres les dicen a sus hijas, "No quiero que tengas relaciones sexuales hasta que seas una persona madura e, idealmente, casada. Preferiría que esperaras, pero cuando tomes la decisión, sé sensata y cuidadosa."

La Política de Puertas Abiertas y Otros Asuntos de Privacidad

En muchos hogares Latinos, los asuntos de privacidad se convierten en fuente de conflictos que se presentan cuando el joven o la joven cierra la puerta de su habitación para disponer de privacidad muy a menudo sana, especialmente cuando los amigos están de visita. En esa circunstancia, es necesario confiar y verificar. La verdad es que no se puede esperar poder proteger a su adolescente tan completamente como lo hacía cuando era pequeño y usted lo alimentaba, cuando le tomaba la mano para cruzar la calle, cuando lo vestía de acuerdo con el clima, etcétera. Ha llegado el momento de que su adolescente empiece a cuidarse él mismo. Prohibirle que cierre la puerta de su habitación quizás le dé tranquilidad a usted, pero negarle la privacidad que tanto necesita le causará resentimiento y la pondrá a usted en el papel de reguladora, no de maestra. Es necesario que se pregunte a qué le tiene temor. ¿Al sexo? ¿A que fume cigarrillo o consuma drogas? ¿O es que usted se siente excluida y necesita participar en cada aspecto de la vida de su hijo? ¿Trata a su adolescente de una forma adecuada para su edad?

Si a usted le incomoda que su hija cierre la puerta de la habitación cuando la visita un muchacho, charle con ella y averigüe por qué quiere tener la puerta cerrada. Es muy poco probable que ella quiera tener relaciones sexuales allí mismo en su cuarto, en su casa, estando usted presente. A veces a los adolescentes les gusta cerrar la puerta para sentirse especiales, para poner una separación entre ellos y sus padres y para disponer de su propio espacio, no necesariamente para hacer algo malo. (Si desean hacer algo malo, no lo harían en su casa, cuando sus padres están presentes; son mucho más inteligentes que eso).

Pero si aún no está convencido, piense en hacer lo que muchos padres Latinos han hecho: llegar a un acuerdo. Permiten que el muchacho cierre la puerta para poder escuchar su música o hablar en privado, pero se han puesto de acuerdo en que los padres pueden de vez en cuando tocar a la puerta; ellos confían pero necesitan verificar. Si esto le funciona a usted, hágalo, pero la enseñanza debe ser inculcada, no impuesta. Cuando llegué a este país tenía dieciséis años de edad, y ni mi madre ni yo conocíamos muchas de sus costumbres. Al cumplir dieciocho quería empezar a salir en citas con jóvenes del sexo opuesto, que era lo que hacían mis contemporáneos. A mi madre le costó mucho trabajo aceptarlo, pues en nuestro país no se sale en citas. Tuvo el buen juicio de hablarlo conmigo y nos pusimos de acuerdo en las reglas. Tenía que estar de regreso a una determinada hora; no debía ni tomar ni fumar . . . y me dio buenos *consejos* sobre los riesgos del sexo. Me ayudó mucho el que mi hermano, quien me lleva casi cinco años de edad, le dijera a mi madre, "Si a estas horas aún no le has enseñado a distinguir qué está bien y qué está mal, ya es demasiado tarde." Seguí su forma de pensar cuando se trataba de mis hijos.

Cuando Su Estilo y el de Sus Hijos Chocan Entre Sí

Suponiendo que usted realmente desea que su adolescente desarrolle individualidad y autonomía ¿qué debe hacer si no da señas de saber cuidarse a sí mismo? El *consejo* No. 1 de O.R.G.U.L.L.O.: organice sus sentimientos, es claramente relevante en este caso, porque es muy importante que usted entienda porque se siente tan mal al ver la apariencia descuidada de su hijo. Por ejemplo, ¿es importante la apariencia porque usted siente que ésta refleja algo acerca de usted? ¿Piensa que su hijo debe vestirse según lo que a usted le gusta?

¿Lo nota descuidado y maloliente? Si ese es el caso, debe pensar en la posibilidad de que esté deprimido, a lo cual nos referiremos en el Capítulo 9. Si su hija pasa por la etapa de demostrar su individualidad llevando un peinado de moda que a usted le parece descuidado, podría considerar dejar quieto el asunto. Objetar puede conducir a afianzar la rebeldía. Por otro lado, si su estilo es sexualmente provocador o de mal gusto, sería muy apropiado tener una discusión seria para explorar el asunto. Igualmente, si su hija rehúsa vestirse para una ocasión especial, es importante hablar del *respeto* que en este caso se refiere a los huéspedes, los anfitriones o la ocasión.

Redefinir las Expectativas de Género

Otra fuente típica de fricciones en el hogar es el dormitorio descuidado y la falta de cooperación de los adolescentes en las tareas de la casa. Estos comportamientos a veces generan conflictos alrededor de las variadas expectativas culturales del marianismo o del machismo. El marianismo es una expectativa de género que tiende a catalogar a las mujeres como encargadas de cuidar a los demás. Se les pide que desempeñen funciones que se consideran femeninas u obligaciones de las mujeres. ¿Le pide usted a su hija que haga cosas que nunca le pide hacer a su hijo o a su marido? Entonces la está entrenando para ser extremadamente complaciente, para hacer sola las tareas domésticas. Es posible que ella se someta a estas expectativas, o que, por el contrario, se muestre irritada y rebelde. Más adelante no aprenderá que tiene derecho a la ayuda de su marido. Su hijo puede llegar a la conclusión de que tienen la obligación de cuidarlo. Es posible también que usted esté propiciando en su hijo una malsana dependencia al contar con mujeres encargadas de cuidarlo sin exigirle, por ejemplo, que ordene y limpie su propia habitación. Si su marido tiene reglas muy rígidas y claras de que ciertas cosas no son deberes de los muchachos, su hijo puede negarse a limpiar su habitación porque ese es trabajo suyo como mujer. Si tal es el caso y usted permite que continúe así, no le está ayudando a su hijo a ser un buen compañero en el futuro; le está enseñando a esperar que en casa lo cuiden las mujeres, sin que él tenga que brindar ninguna ayuda.

En resumen, proveer un ambiente hogareño de amor y de apoyo es el mejor seguro para lograr que sus hijos quieran estar con usted y deseen seguir sus valores al estilo Latino. Pero recuerde el equilibrio: confíe pero verifique.

Para despedirme, quiero terminar este capítulo en un tono de total empatía y apoyo. Concibo la crianza como algo parecido al embarazo y luego, dar a luz es una etapa llena de trabajos, y a veces llena de dolor ya que el momento de dar a luz va acompañado de dolores de parto. Pero el resultado final es precioso. Le deseo un trayecto tranquilo en la crianza de su adolescente al estilo Latino en los Estados Unidos.

CAPÍTULO 9

Cuando el Niño Latino Necesita Ayuda Profesional

"Sana, sana, colita de rana, si no sanas ahora, sanarás mañana."
—Arrullo que se les canta a los niños latinos cuando están enfermos
o se han hecho daño, de *Tortillas Para Mamá* por
Griego, M.C., B. L. Bucks, S. S. Gilbert, y L. H. Kimberball, (1981)

Cuando de niña me enfermaba, mi madre y mis abuelas me cantaban esa canción. Cuando mis hijos Jaime y Miguel estaban pequeños, mi madre y yo también se la cantábamos. Recuerdo lo maravillosamente bien que me sentía cuando me la cantaban a mí; sentía como si mi madre y mi abuela tuviesen el poder de sanarme. Cuando mi hijo menor, Miguel, tenía dolor de oído, me señalaba su oído, me pedía la canción y pedía que lo llevara al médico; entonces todo quedaría arreglado.

Qué maravilloso sería que tuviésemos el poder de sanar a nuestros hijos. Desafortunadamente, en muchas ocasiones no lo tenemos. Quizás esto se pueda comprender mejor en relación con la salud emocional, diciendo que los niños nacen con su propio temperamento y constitución genética, incluyendo la vulnerabilidad para desarrollar problemas psicológicos. Si su hijo requiere ayuda psicológica, usted debe confiar en la ayuda de un profesional *culturalmente competente*.

¿Qué Significa "Culturalmente Competente"?

Un especialista en salud mental culturalmente competente es alguien que está entrenado para entender y tener en cuenta la forma como la cultura y la sociedad ejercen su influencia sobre la gente. El término se aplica tanto a los profesionales que comparten el origen étnico de su paciente y comprenden las diferencias culturales, como a aquellos que han desarrollado la habilidad de entender tales diferencias cuando tratan personas de culturas diferentes a la propia.

No existen garantías de que un especialista Latino sea culturalmente competente—así como tampoco usted como Latino puede asumir que un especialista que no es Latino será culturalmente incompetente. No es crítico que su profesional de salud mental sea Latino, pero sí es imperativo que sea culturalmente competente y capaz de comunicarse en su idioma si es necesario. Por lo tanto, es importante que usted interrogue a los especialistas acerca de su filosofía de tratamiento, su experiencia y su entrenamiento.

Más adelante en el capítulo explicaré mucho más acerca de las prácticas de salud mental que son culturalmente eficaces y la manera de encontrar el apoyo más efectivo para las necesidades de su hijo. En primer lugar, quiero explorar con usted cómo saber si su hijo necesita ayuda profesional y qué factores específicos de los Latinos desempeñan un papel en la decisión de buscar ayuda profesional.

¿Cómo Saber Qué Es Normal y Qué No lo Es?

En muchos casos, un cambio repentino en el comportamiento del niño es una reacción a un cambio en la rutina del niño o del hogar. Es muy posible que su hijo necesite ser orientado según los *consejos* de O.R.G.U.L.L.O. Pero a veces estas dificultades persisten y se hace necesario que usted consulte con un profesional para determinar un curso de acción.

A continuación hay una serie de preguntas que le ayudarán a decidir si es hora de buscar ayuda profesional para los problemas de su hijo. Trate de contestarlas tan imparcialmente como le sea posible, valiéndose de las siguientes categorías: siempre, a menudo, a veces, rara vez y nunca.

Cada pregunta va seguida de dos espacios en blanco. Use el primero para evaluar la intensidad y el otro para la frecuencia.

No se preocupe al contestar estas preguntas. Imagine que está hablando con un profesional de confianza que está constantemente de su parte y que procura establecer lo que le pasa a su hijo.

Al escribir sus respuestas, anote también el tiempo que su hijo lleva experimentando estos problemas (semanas, meses, años). Es esencial considerar qué es lo apropiado para la edad de su hijo. Quizás no sea motivo de alarma que su hijo de seis años se ponga a llorar cuando lo deje en la escuela, pero si ese mismo comportamiento lo exhibe un adolescente, puede ser indicio de un problema que debe ser evaluado por un profesional con experiencia.

Cualquiera de las siguientes preguntas a las que usted conteste "frecuentemente" o "siempre" y que describen situaciones que han durado meses sin variar, indican la necesidad de que un profesional en salud mental evalúe la situación. En algunos casos puede ser necesaria apenas una breve intervención mientras que otros problemas quizás necesiten un tratamiento más prolongado, según la gravedad de los síntomas. Si las respuestas incluyen "a veces," o "rara vez," no se preocupe, limítese a observar si el comportamiento es transitorio. Si su hijo exhibe muchos de los comportamientos en el listado siguiente, entonces busque un profesional que evalúe la situación.

- ¿Tiene su hijo dificultades para irse a dormir o para permanecer dormido? _____ _____
- ¿Su hija rehúsa ir a la escuela? _____ _____
- ¿Su hijo escribe las letras al revés? _____ _____
- ¿Su hija prefiere estar sola y nunca quiere jugar con sus hermanos o con sus compañeros? _____ _____
- ¿Su hija exhibe constantemente comportamientos agresivos, como golpear o morder a otros niños? _____ _____

- ¿Su hijo tiene dificultades para relacionarse con otros de su misma edad? _____ _____
- ¿Su hija se manifiesta frecuentemente distraída o irritable? _____ _____
- ¿Su hijo habla de hacerse daño a sí mismo o le manifiesta que quisiera estar muerto? _____ _____
- ¿Roba o miente? _____ _____
- ¿Su hijo se muestra iracundo con usted o con otra persona? _____ _____
- ¿Su hija exhibe una ansiedad extrema (nerviosismo)? _____ _____
- ¿Es su hijo excesivamente agresivo, golpea a otros niños, se porta como un buscapleitos, discute constantemente? _____ _____
- ¿Su hija tiene una atención deficiente, le falta concentración o tiene mala memoria? _____ _____
- ¿Su hijo se escapa o deja de asistir a la escuela? _____ _____
- ¿Bebe o consume drogas? _____ _____
- ¿Su hijo se muestra nervioso, ansioso, temeroso o con miedo de salir de casa? _____ _____
- ¿Su adolescente se muestra interesada en el sexo de una forma precoz? _____ _____
- ¿Su hija ha sido acosada sexualmente por algún pariente o vecino? _____ _____
- ¿Se encuentra usted constantemente al borde del colapso, gritándoles a sus hijos, exigiendo obediencia absoluta en forma excesiva? _____ _____
- ¿Usted y su cónyuge se gritan o discuten airadamente? _____ _____
- ¿Han llegado a maltratarse física o verbalmente? _____ _____

No lo Atribuya a la Pereza

He observado con frecuencia que muchos padres Latinos llaman "pereza" a los problemas psicológicos o neurológicos de sus hijos, o piensan que es algo transitorio, una etapa que pasará. Esto ocurre porque hay ocasiones en que es muy difícil para los padres distinguir esto de lo que no es. También es difícil a veces distinguir un problema psicológico que involucra las emociones y la mente y un problema neurológico que involucra el cerebro. Aunque ambos pueden llegar a demostrar comportamientos similares, y a veces se mezclan el uno con el otro, pueden ser bien diferentes. Pero, más importante aún, comprenda que tales problemas no son culpa suya ni del niño.

Relación Entre los Valores Latinos y los Problemas Psicológicos de Su Hijo

A lo largo de este libro hemos explorado cómo las prácticas de crianza de los niños Latinos establecen reglas para que éste se comporte de cierta manera, de acuerdo con los valores culturales. También hemos incluido el desarrollo de valores lingüísticos como parte de este conjunto y hemos analizado cómo padres e hijos en los Estados Unidos pueden enfrentar conflictos entre dos idiomas y dos culturas. Examinemos cómo estos asuntos entran en juego al evaluar a los niños, de modo que se pueda establecer si hay problemas psicológicos.

Problemas de Lenguaje: ¿Cuáles Son los Temas Principales?

El padre Latino tradicional que busca asesoría profesional para su hijo puede tener que confrontar temas culturales y de lenguaje que son importantes para comprender a su hijo. Por ejemplo, ha habido casos en que un niño se rehúsa a hablar en el idioma paterno por rebeldía o como una forma de ejercer control. La falta de progreso de un niño en la escuela podría deberse a que aún no domina el inglés o a dificultad para aprender debido a una disfunción cerebral, como un trastorno del aprendizaje. El profesional necesita estar al tanto de estos problemas relacionados con el lenguaje en los niños Latinos y necesita entender las ramificaciones psicológicas del idioma tanto para los padres como para los niños que han inmigrado a los Estados Unidos.

Martina, de cinco años, llora cuando su madre, Roberta, se va para el hospital a dar a luz a un nuevo bebé y no regresa por tres días. Cuando su madre regresa con el nuevo bebé en brazos, trata de abrazar a Martina, quien la rechaza. En los meses siguientes, a Martina le dan pataletas y se evidencia un comportamiento destructivo hacia la madre: le parte los lápices de labios y le saca la ropa de los cajones. Cuando la regañan, se mece con rabia en la mecedora, haciendo mala cara.

Un año después del nacimiento de su hermanito, Martina entra al jardín infantil. Pesa gritos cuando la dejan allí por la mañana y solloza cuando Roberta llega a recogerla por la tarde. La profesora les informa que Martina no ha hablado en todo el día en el colegio, y los padres se dan cuenta de que Martina no le habla a nadie fuera de casa. Cuando este comportamiento no da indicios de mejorar, los padres de Martina deciden buscar ayuda profesional para su hija.

Al consultar con un psicólogo, estos padres pudieron no solamente ayudarle a su hija, sino también ayudarse ellos mismos. Recorrer la historia, motivaciones y comportamiento de los padres vierte luz sobre el comportamiento de Martina. Tanto Roberta como Manuel, el padre de Martina, fueron inmigrantes que llegaron a Nueva York en la adolescencia. Manuel fue inscrito en una escuela pública, en donde sus primeros días fueron "como para destrozar los nervios."

Él se describe como dolorosamente tímido e inseguro; pasaba trabajos en la cafetería, en los recreos y en clase, y no hablaba ni una palabra de inglés. La tensión llegó a tal extremo que ese primer año desarrolló una úlcera estomacal. También contaba que en los Estados Unidos, de la noche a la mañana, se convirtió en una persona diferente: era seguro y extrovertido en su propio país, pero ansioso y tímido aquí. Recordando sus antecedentes, alcanzó a identificar ciertos parecidos en su comportamiento con el de su hija.

Además de las terapias que recibió Martina, los padres también se beneficiaron de una asesoría para manejar sus sentimientos de aislamiento cultural. Habían alejado a Martina y se habían alejado ellos mismos, porque temían ser rechazados por padres no Latinos. Sentían que su inglés no estaba a la par con el de otros y no entendían muchos aspectos de la cultura Norteamericana. A Martina no se le permitía participar en deportes, jugar con otros niños o participar en reuniones de juegos con otros padres y sus respectivos hijos. A los padres de Martina se les ayudó a entender que no era sano para Martina que no se le permitiera participar en ningún deporte y no estar con otros niños. Siguieron nuestro consejo y empezaron a invitar a otros padres con sus hijos a su casa para jugar, aunque no fuesen Latinos. Ellos también empezaron a visitar esas familias en compañía de Martina.

Los padres de Martina lograron establecer una relación de confianza con un terapeuta en su lengua materna, y se les ayudó a hacer el tránsito cultural para beneficio de toda la familia.

La Importancia de Ser Comprendido

Me ha tocado ver familias Latinas en desconcierto porque sus hijos rehúsan hablar español. Un profesional que no entienda las ramificaciones de esta situación podría no ser capaz de ayudarle a usted o a su hijo a decidir si este atasco es una fase temporal típica de la edad, atribuible a que su hijo quiere ser como sus compañeros, o si puede indicar una crisis de identidad étnica más seria.

Ha habido muchas ocasiones en que un niño latino, en el proceso de aprender inglés, ha sido clasificado erróneamente como incapaz de aprender. Un profesional culturalmente competente entenderá que hay frecuentes errores de diagnóstico causados por malos entendidos culturales. Numerosos niños Latinos tienen problemas de adaptación a la escuela, pero funcionan bastante bien en casa y en su comunidad. Los profesionales convocados a ayudar deben percatarse de estos temas característicos de las familias Latinas.

Diferentes Maneras de Ver la Falta de Respeto

La falta de respeto puede ser asunto muy serio en la cultura tradicional Latina. Un niño puede estar enojado o ser insolente por muchas razones diferentes, incluso como consecuencia de la depresión, la ansiedad y el trastorno por estrés postraumático, los problemas de aprendizaje, trastorno de hiperactividad y déficit de atención (DDAH) y otros problemas de aprendizaje psicológicos o emocionales. ¿Cómo hacen los padres para saber cuándo su hijo necesita ayuda?

Permítaseme definir los dos problemas comunes que llevan a los padres a buscar ayuda para sus hijos, y que se perciben muchas veces como *falta de respeto*.

Trastornos de Aprendizaje: El trastorno de aprendizaje es la dificultad y deficiencia para aprender por causas neurológicas u otros problemas en el cerebro. Puede interferir con el adecuado aprendizaje del idioma, matemáticas, lectura o escritura. Se puede manifestar también en problemas de comportamiento, desorganización, torpeza o mala memoria.

Muchas personas exhiben debilidades en algun área del aprendizaje, pero acaban por leer, escribir y aprender si se concentran en el esfuerzo. Pero los niños que tienen trastornos de aprendizaje necesitan técnicas especiales para poder absorber y retener el material aprendido en la escuela. La ayuda debe ser proporcionada por los padres y por los profesores.

No todas las dificultades para aprender provienen de trastornos de aprendizaje. Tanto la depresión como otros problemas emocionales o neurológicos pueden ocasionar dificultades en la escuela. Un especialista calificado en salud mental puede ayudar a determinarlas.

Déficit de Atención / Hiperactividad (DDAH) es un trastorno de base *neurológica* que, según se cree, es el resultado de una deficiencia neuroquímica en ciertas áreas específicas del cerebro. Aproximadamente entre un 3 por ciento y un 5 por ciento de los niños en los Estados Unidos sufren de DDAH. No hay estadísticas que se refieran específicamente a niños Latinos con DDAH, pero sabemos que la experiencia de la inmigración, junto con factores de riesgo tales como el estrés psicológico y las dificultades económicas, pueden hacer que el DDAH sea más difícil de diagnosticar en los niños Latinos. Factores culturales como la expectativa de *respeto* y *obedien-*

cia absolutos pueden hacer más difícil para las familias Latinas tradicionales el manejo del DDAH. Se le hace muy difícil a los niños que tienen problemas de tipo DDAH cumplir con la expectativa de *obediencia* y *respeto*.

¿Qué Temas Dentro del Familismo Requieren Atención?

En la familia Latina tradicional, anticiparse a lo que un niño pueda desear es visto como una forma de prodigarle amor. Los profesionales que aconsejan a las familias Latinas necesitan una comprensión diferente del significado de dependencia, so pena de confundir la falta de oportunidad para llevar a cabo ciertas tareas con dependencia o incapacidad del niño para hacerlas él mismo.

Anticiparse a todas las necesidades del niño puede no ser enfermizo, y debe mirarse como un punto de vista cultural de la crianza. La familia Latina tradicional hace del niño el centro de su mundo y le proporciona todo tipo de ayuda. El único problema puede llegar a ser que el niño Latino que crece en los Estados Unidos se enfrente a dos expectativas contradictorias, una en casa y otra en el mundo más amplio. Es preciso tener en consideración el mundo exterior del niño; de allí la importancia de permitir independencia de acuerdo con la edad.

La ira también tiene que ser entendida en términos del *familismo*. La ira excesiva en un niño puede ser el resultado de exigencias desmesuradas por parte de los miembros de la familia, quienes a lo mejor tienen expectativas que no corresponden a la edad del niño. La ira puede ser síntoma de algo diferente, por ejemplo la pérdida de un ser querido o el haber presenciado actos desagradables o violentos. En esos casos, la ira puede ser parte de una reacción denominada estrés postraumático. Un niño con ese tipo de estrés también puede ser ansioso, deprimido, temeroso, tener pesadillas, tendencia al llanto, etcétera. La depresión puede manifestarse como dependencia excesiva o excesivo alejamiento de otras personas importantes para el niño, como su abuela, su abuelo, el tío, la tía, la niñera, un amigo u otros.

En estas circunstancias, los padres deben buscar los *consejos* de O.R.G.U.L.L.O., para tratar de descubrir lo que pasa con el niño. Si el problema no mejora, deben consultar con un profesional.

¿Qué Problemas Dentro de la Simpatía Requieren Atención?

Es importante darse cuenta de que la falta de *simpatía,* el retraimiento social o la rudeza pueden ser síntomas de las dificultades emocionales del niño. La habilidad para hacer amigos y conservarlos es esencial para todos los niños. Si un niño no es sociable, o lo que llamamos *simpático,* no encajará adecuadamente en la sociedad de sus compañeros. Si un niño carece de las habilidades adecuadas para formar parte de un equipo o no sabe perder, obedecer reglas, ser justo, ayudar a otros, etcétera, debe consultarse un profesional para que les ayude a enseñarle al niño a adquirir esas habilidades.

La timidez puede ser uno de aquellos comportamientos que los padres tradicionales Latinos traen a terapia sólo cuando está acompañada de otras cosas más desagradables, como la desobediencia o las malas calificaciones. Aunque la timidez puede ser superada con los años, pasar mucho tiempo padeciéndola, sin apoyo, puede generar en el niño sensación de aislamiento, lo que a su vez puede desencadenar problemas más complicados. Un profesional puede ayudarles a los padres a guiar al niño excesivamente tímido. Tanto los padres como los parientes bien intencionados probablemente fuerzan al niño a socializar o a que sea simpático. Esas presiones sólo sirven para hacerlo sentir peor.

Es necesario ayudarle al niño excesivamente tímido, orientándolo a salir de esta etapa sin presiones. La timidez excesiva debe ser corregida, porque a veces se perpetúa y acompaña al niño el resto de su vida, cerrándole muchas oportunidades y logros. La timidez no es culpa de su hijo. Es una forma de ansiedad; un temor a experiencias sociales nuevas o desconocidas. Hay estudios que demuestran que la timidez es predominante en niños de séptimo u octavo año, pero puede también presentarse desde el comienzo de la vida de su hijo. No tiene que sentirse solo en la labor de ayudarle a su hijo. Hay muchas técnicas útiles para ayudarle a vencer la timidez o la ansiedad social.

Dependencia / Independencia y Autonomía

A medida que el niño crece y los compañeros adquieren importancia, querrá hacer cosas con ellos. Los padres deben entender que a los niños hay que darles oportunidades de independencia adecuadas para su edad, aunque ello implique ciertos riesgos.

Es mucho mejor que ofrezca su orientación, pero que le permita al niño la libertad de manejar a su manera los problemas con sus amigos. Si los problemas se agravan, se requiere entonces de ayuda profesional.

¿Cuándo es la **Desobediencia** Materia de Preocupación?

Cuando su hijo es incapaz de cumplir ciertos requisitos necesarios para ayudarle a formar parte de la sociedad en la que vive—en casa, en el colegio y en la comunidad—entonces posiblemente se está frente a un problema. Los problemas de aprendizaje pueden desembocar en desobediencia en casos en que el niño carece de la capacidad de comprender o recordar lo que se espera de él, o cuando se distrae demasiado fácilmente debido a problemas neurológicos.

Yo asesoré a una niña a quien su madre la había confinado a la casa durante un año porque no le estaba yendo bien en la escuela; había asumido que era desobediente y perezosa, y no había investigado la posibilidad de que su hija tuviera trastornos de aprendizaje. De hecho los tenía, y era incapaz de cumplir los requisitos de la escuela, pero su madre esperaba absoluta *obediencia,* tal como se esperaba de ella cuando estaba creciendo en su país de origen.

Otra madre tenía muchos problemas con su hijo porque sentía que le faltaba al respeto. En la escuela se le enseñaba a ser enérgico y a expresar sus ideas, pero cuando trataba de hacer lo mismo en casa, se le consideraba desobediente, era tildado como malo y se le decía, "Haz lo que te digo y no me discutas." Estos mensajes contradictorios de parte de los dos mundos confundían terriblemente al niño, y debieron ser moderados con los *consejos* de O.R.G.U.L.L.O.

La desobediencia puede también ser el resultado de trastornos de la personalidad, de problemas emocionales como la depresión, la ansiedad o problemas mentales aún más serios que un profesional puede ayudarle a comprender. A veces los asuntos neurológicos coexisten con la depresión, los trastornos de aprendizaje, el trastorno de déficit de atención y otros problemas serios. Cuando la ira de su hijo aumenta a pesar de que usted haya ensayado todos los métodos adecuados, incluyendo los *consejos* de O.R.G.U.L.L.O., un profesional le puede ayudar a encontrar formas efectivas de manejar esos problemas. También le puede ayudar a establecer límites adecuados específicos para ayudar a un niño desobediente. Podrá entonces saber si espera demasiado de su hijo, o si, a pesar de tener las mejores intenciones, no está aplicando las técnicas específicas adecuadas para el problema.

No lo Haga Solo:
Cómo Escoger la Mejor Ayuda Profesional

Quiero hacer énfasis en que necesitar la ayuda de un profesional en salud mental no constituye una falla de su parte. Debe verse más bien en la misma categoría que la necesidad de ver un especialista cuando algo le pasa a su hijo, bien sea un oftalmólogo, un cardiólogo, un dermatólogo, un alergista u otros. Los problemas de salud mental, así como los de la salud física, requieren una persona competente para tratarlos. En el caso de los niños Latinos es ideal contar con un profesional culturalmente competente, ya que los aspectos específicos culturales y del lenguaje pueden ser muy importantes para el diagnóstico y el tratamiento. He visto cómo muchos padres Latinos tradicionales intentan tratar ellos mismos a sus hijos sin ayuda, cuando en realidad necesitan un profesional en salud mental, lo que acaba por ocasionar mucho sufrimiento innecesario, tanto para el niño como para ellos mismos. Un profesional competente no le hará daño a su hijo ni ofrecerá servicios que no sean necesarios. Recuerde también que el origen étnico por sí mismo no implica competencia. Un profesional no Latino está perfectamente capacitado si entiende los siguientes puntos:

- Que un hombre Latino llame diariamente a su mamá no significa automáticamente que todavía esté en "las faldas de mami."
- Los padres Latinos que se oponen a que su hija pueda salir de la escuela sin que ellos estén allí para buscarla no necesariamente son sobreprotectores.
- La madre Latina que insiste en recoger a su muchacho de quince años si está por fuera después de las 10:00 p.m., en lugar de dejarlo regresar en autobús por la noche, quizás no le está haciendo daño sino comportándose como madre Latina responsable.

El profesional culturalmente competente, que entiende que los padres Latinos tradicionales elijan criar a su hijo al estilo Latino, debe ser capaz de:

- Distinguir cuáles comportamientos son normales y funcionales en la cultura Latina y cuáles no.
- Entender los orígenes culturales de sus habilidades para criar y no considerarla automáticamente como entrometida o intrusa.
- Actuar como un intermediario cultural ayudándoles a usted y a su hijo a mantener una posición cultural equilibrada.

Los Asuntos Culturales Que Deben Ser Entendidos

En vista de la complejidad y la diversidad cultural de la población Latina en los Estados Unidos, un profesional culturalmente competente deberá ser versado también en los siguientes temas concernientes a la relación entre padre e hijo:

- Debe estar al tanto de la diversidad y las similitudes entre los subgrupos que definen la cultura Latina en los Estados Unidos.
- Respeto por los valores culturales Latinos y conocimiento de los conceptos esenciales que definen la cultura Latina como los que hemos discutido en este libro.

- Respeto por las diferencias culturales y de lenguaje del niño y su familia, por su nivel de adaptación cultural y por su manejo del inglés.
- Respeto por su lealtad familiar o *familismo*.
- Respeto por la reciprocidad Latina de ayudar a los padres, ya que se han sacrificado por los hijos y por lo tanto deben ser respetados a todo costo.
- Entendimiento sobre cómo darle a la familia las habilidades necesarias para mantener un equilibrio entre las dos culturas.
- Reconocimiento de los problemas que podrían atribuirse al proceso de aclimatación a la cultura.
- Capacidad de ofrecer diagnósticos y tratamientos con sensibilidad cultural. Pero la sensibilidad en el diagnóstico del tratamiento no es el único aspecto que debe considerarse. También se necesita alguien que tenga y aplique un conocimiento cultural cuando se le hacen exámenes psicológicos al niño.
- Comprensión de las posibles creencias Latinas acerca de la enfermedad mental, por ejemplo la *brujería,* y comprensión de cuáles de estas creencias son normales dentro de la cultura y cuáles no.
- Conocimiento a fondo de los comportamientos Latinos en sus relaciones; es decir, no malinterpretar o tachar negativamente lo que podría ser simplemente una forma diferente de ver el mundo.
- Conocer el papel que desempeña la religión en la vida del Latino y capacidad de entender la espiritualidad, no necesariamente como pasividad sino como fortaleza.
- Conocimiento y comprensión de las repercusiones que la inmigración tiene sobre la familia y sobre el niño, incluyendo la pobreza o un nivel social inferior al que tenían en su país de origen.

Como se mencionó, un profesional culturalmente competente debe estar entrenado para llevar a cabo los exámenes neuropsicológicos o sicológicos requeridos para determinar si su hijo tiene problemas neurológicos, de comportamiento, de aprendizaje u otros de carácter psicológico. Alternativamente, debe saber dónde remitirlos para que le hagan los exámenes al niño.

Si usted sospecha que su hijo requiere ayuda especializada, debe buscar un profesional con experiencia en el tratamiento del tipo de problemas que tiene su hijo. En ocasiones, éste puede referirlos a otros especialistas entrenados para llevar a cabo un examen neurológico pediátrico que determine si los problemas del niño son de origen neurológico que requiere tomar medicamentos, o si debe acudir a otro diagnóstico especializado.

Muchos padres se angustian ante la idea de medicar a sus hijos para resolver problemas psicológicos. Está fuera del alcance de este capítulo tratar enfoques específicos sobre medicamentos, pero baste con decir que en muchos casos la mejoría en calidad de vida del niño que necesita medicinas y las recibe hace que valga la pena probar. Al final del libro encontrará fuentes recomendadas sobre este tema.

El Fin de Sus Temores

La mayoría de los padres Latinos tradicionales no vacila en llevar a su hijo al pediatra, pero cuando se trata de buscar ayuda psicológica todos resultan expertos, y quieren resolver las cosas a su manera. Muchos de ellos piensan que para educar niños se necesita, fundamentalmente, de sentido común. Se necesita, pero hay problemas que requieren más que esto.

Los padres Latinos tradicionales temen a menudo ser culpados y vistos como la causa de los problemas de sus hijos. Aunque hubo teorías en el pasado que culpaban a los padres por estar demasiado involucrados en los problemas de sus hijos o por ocasionarles algunos de sus problemas mentales, hoy en día ningún profesional competente y responsable piensa de esta manera. Llevar a su hijo para ser evaluado por un profesional culturalmente competente, en caso necesario, no debe verse como algo vergonzoso sino como un acto de protección y de cuidado. Es cierto que para los padres puede ser doloroso que su hijo tenga problemas, pero cuando se necesita ayuda, un profesional competente en asuntos de salud mental es su aliado, no su enemigo. Una vez que encuentre a alguien que enfoque y entienda los problemas del niño en un contexto bilingüe/bicultural, ese profesional no solamente será un aliado sino que debería de verse igual que una comadre o a un compadre, alguien que está disponible para usted y para su hijo.

El Terapeuta Competente Como Promotor Cultural

Un profesional en salud mental culturalmente competente se parece a un promotor cultural: puede ayudarles a usted y a su hijo a aprender a funcionar en las dos culturas o en su propio lenguaje si fuera necesario; es alguien que la entiende y no la juzga por el hecho de que se relacione con sus familiares de una forma diferente a la acostumbrada entre los Norteamericanos. De lo contrario, la verdadera naturaleza de lo que ocurre con su hijo podría perderse en un mar de confusión. Ya que su hijo se relaciona socialmente con la cultura Norteamericana, usted necesita una adaptación equilibrada entre las dos culturas para usted y para su hijo.

Cómo Seleccionar un Profesional Culturalmente Competente

La mejor manera de encontrar un profesional en salud mental culturalmente competente es preguntar. Averigüe con amigos, con el pediatra o con otros profesionales con los que tenga contacto, y pídales que la refieran a alguien que cumpla sus requisitos y tenga experiencia con padres Latinos y con sus hijos. También puede contactar a su compañía de seguros o a las asociaciones profesionales locales que puede encontrar en el Internet o en el directorio telefónico. Lo expuesto hasta ahora ya debe haberle dado una idea de los puntos más importantes que debe tener en cuenta al hablar con la persona que está considerando para la evaluación de su hija.

Sería bueno que copiara los puntos mencionados en este capítulo y los discutiera por teléfono con el candidato al hacer la llamada inicial o durante la primera cita. Un profesional culturalmente competente entenderá la importancia de las respuestas a estas preguntas y no vacilará en responderlas. Si rehúsa contestarlas o les resta importancia, usted podrá concluir que no es la persona para ayudarles a usted y a su hija.

Una vez haya encontrado un profesional culturalmente competente, proceda a depositar su confianza en esa persona y recuérdese a sí mismo constantemente que el hecho de que su hijo necesite ayuda no es culpa suya. Recuerde que ciertas cosas escapan a su control, como cuando su hija necesita anteojos porque no ve bien. Cuando su hijo necesite ayuda, encuentre un aliado profesional y dígase esto, "Soy tan buen padre o madre como puedo ser."

Hasta Luego

Hemos llegado al final de este capítulo y del libro. Espero que los *consejos* de O.R.G.U.L.L.O. que le he dado sean tomados con el espíritu con el que me propuse comunicar: espíritu de *orgullo: orgullo* en nuestras tradiciones, en nuestros valores, en nuestra identidad. Los *consejos* de O.R.G.U.L.L.O. son el producto de muchos años de experiencia como madre y como profesional culturalmente competente. Pasé por muchas de las experiencias que compartí con usted. Estos *consejos* me han funcionado a mí y les han funcionado a las familias con quienes he trabajado. También les funcionarán a usted.

Recuerde siempre que sus valores Latinos de crianza son merecedores del más alto respeto, y que vale la pena adaptarlos de modo que sobrevivan para enriquecer la vida de sus hijos dentro de la cultura Norteamericana. ¡Puede lograrlo! Eduque a su maravilloso hijo al estilo Latino, pero con la capacidad de prosperar en Norteamérica. ¡Hasta luego y buena suerte! La dejo para que siga educando con *orgullo*.

Bibliografía

La siguiente lista incluye las fuentes que consulté o que me sirvieron de orientación durante la escritura del libro. Corresponden tan solo a una parte de todas las fuentes de investigación existentes sobre el tema. Haber incluido las fuentes que aparecen a continuación no tiene el propósito de excluir otras que podrían ser de igual utilidad. Más bien significa que la fuente citada fue analizada como parte de la investigación que realicé para escribir este libro.

Capítulo 1:
Criar con Orgullo—al Estilo Latino: El Nuevo O.R.G.U.L.L.O.

Aboud, F. "Ethnic Self-Identity." En *A Canadian Social Psychology of Ethnic Relations,* edited by R. C. Gardner and R. Kalin, 37–56. Toronto: Methuen, 1981.

Akhtar, S. *Immigration and Identity Turmoil, Treatment and Transformation.* Northvale, New Jersey, Jason Aronson, Inc., 1999.

Badillo, S. B. *Understanding Puerto Rican Traditions,* 98–102. National Association of Social Workers, 1982.

Berry, J. W. "Acculturative Stress." En *Readings in Ethnic Psychology,* edición de P. B. Organista, Kevin M. Chun, and G. Marin, 117–22. New York: Routledge, 1998.

Berry, J. W., y R. C. Annis. "Acculturation Stress; The Role of Ecology, Culture and Differentiation." *Journal of Cross-Cultural Psychology* 5, (1974): 382–406.

Bhagat, R. S., y S. J. McQuaid. "Role of Subjective Culture in Organizations: A Review and Directions for Future Research." *Journal of Applied Psychology* 67 (1982):653–85.

Bronfenbrenner, U. *Two Worlds of Childhood*. New York: Russell Sage Foundation, 1979.

Capsi, A. "Continuities and Consequence of Interactional Styles Across the Life Course." *Journal of Personality* 57 (1989):375–406.

Conyers, J. T. Kappel, y J. Rooney. "How Technology Can Transform a School." *Educational Leadership* 56 (1999):82–85.

Diaz-Guerrero, R. "Transference of Psychological Knowledge and Its Impact on Mexico." *International Journal of Psychology* 19 (1984):123–34.

Dicochea, P., y J. Mata. "Hispanic: What's in the Name?" Hispanic Graduate Student Association of Arizona State University newsletter, October–November 1997.

Gil, R. M., y C. I. Vazquez. *The Maria Paradox: How Latinas Can Merge Old World Traditions with New World Self-Esteem*. New York: Perigee, 1996.

Gopnik, A., A. Meltzoff, y P. K. Kuhl. *The Scientist in the Crib: What Early Learning Tells Us About the Mind*. New York: Perennial, 1999.

Henriquez, U. P. *Historia de la cultura en la América Hispánica* Buenos Aires: Colección Popular, 1964.

Hubert, J. M., y J. G. Kempen. "Moving Cultures: The Perilous Problems of Cultural Dichotomies in a Globalizing Society." *American Psychologist* 53, no. 10 (1998):1111–20.

LaFrambroise, T., L. K. Coleman, y J. Gerton. "Psychological Impact of Biculturalism: Evidence and Theory." In *Readings in Ethnic Psychology*, edición de P. B. Organista, Kevin M. Chun, and G. Marin. 123–55. New York: Routledge, 1998.

Novas, H. *Everything You Need to Know About Latino History*. New York: Penguin, 1991.

Oetting, E. R., R. C. Swaim, y M. C. Chiarella. "Factor Structure and Invariance of the Orthogonal Cultural Identification Scale Among American Indian and Mexican American Youth." *Hispanic Journal of Behavioral Sciences* 20, no. 2 (1998):131–54.

Padilla, A., ed. *Hispanic Psychology: Critical Issues in Theory and Research*. Thousand Oaks, California: Sage, 1995.

Phinney, J. S. "When We Talk About American Ethnic Groups, What Do We Mean?" *American Psychologist* 51, no. 9 (1996):918–27.

Phinney, J. D. "Ethnic Identity in Adolescents and Adults—Review of Research." En *Readings in Ethnic Psychology*, edición de P. B. Organista, Kevin M. Chun, and G. Marin, 73–99. New York: Routledge, 1998.

Rodríguez, D. E. *Historia de Santo Domingo.* 3ra. edición, nuevamente corregida y reformada por el autor con el consentimiento de don Emilio Rodríguez Demorizi, 1969.

Rutter, M. "Pathways from Childhood to Adult Life." *Journal of Psychology and Psychiatry* 30 (1989):23–51.

Sabelli, H. C. "Becoming Hispanic, Becoming American: Latin American Immigrants' Journey to National Identity." En *Immigrant Experiences: Personal Narrative and Psychological Analysis,* edición de P. H. Elovitz and C. Kahn, 158–79. Cranfry, N.J.: Associated University Presses, 1997.

Sami, N. Immigration Explained to My Daughter, *La inmigración explicada a mi hija.* DeBolsillo, 2001.

Shorris, E. *Latinos, A Biography of the People.* New York: Avon Books, 1992.

Sodowsky, G. R., and others. "World Views of White, American, Mainland Chinese, Taiwanese, and African Students. An Investigation into Between-Group Differences." *Journal of Cross-Cultural Psychology* 25, no. 3 (1994): 309–24.

Storti, C. *The Art of Crossing Cultures.* Yarmouth, ME. Intercultural Press, Inc., 1989.

Suarez, S. A., B. J. Fowers, y C. S. Greenwood. "Biculturalism, Differentness, Loneliness, and Alienation in Hispanic College Students." *Hispanic Journal of Behavioral Sciences* 19, no. 4 (1997):489–505.

Schwartz, S. H., y L. Sagiv. "Identifying Culture-Specifics in the Content and Structure of Values." *Journal of Cross-Cultural Psychology* 26, no. 1 (1995): 92–116.

Triandis, H. C. "The Self and Social Behavior in Differing Cultural Contexts." *Psychological Review* 96 (1989):506–20.

Capítulo 2:
Educar Hijos Es una Calle de Doble Vía: El Nuevo Respeto

Briggs, D. *Your Child's Self-Esteem: The Key to His Life.* New York: Doubleday, 1970.

Díaz, R. *Respeto y dignidad: Dos temas centrales en la cultura Puertorriqueña* Unpublished mimeograph.

Falicov, C. J. "Mexican Families." En *Ethnicity & Family Therapy,* edición de M. McGoldrick, J. K. Pearce, y J. Giordano, 134–163. New York: Guilford Press, 1982.

Flores, G., y otros. "The Health of Latino Children: Urgent Priorities, Un-answered Questions, and a Research Agenda." *JAMA* 288 (2002):82–90.

Garcia, J. G., y M. C. Zea, eds. *Psychological Interventions and Research with Latino Populations.* Boston Allyn and Bacon, 1997.

Lauria, A. "Respeto, Relajo and Interpersonal Relations in Puerto Rico." *Anthropological Quarterly* 37 no. 2 (1964):53–67.

M. McGoldrick, J. K. Pearce, y J. Giordano, eds. *Ethnicity and Family Therapy.* New York: Guilford Press, 1982.

Treviño, M. "Rising Numbers of Latina Teens Trying Suicide." *WE news,* 2002. www.womensenews.ors. Webster's Ninth New Collegiate Dictionary.

Capítulo 3:
Mantener la Paz: El Nuevo Familismo

Ainsworth, M. "Some Consideration Regarding Theory and Assessment Relevant to Attachments Beyond Infancy." En *Attachment in the Preschool Years,* edición de M. T. Greenberg, D. Cicchetti, y E. M. Cummings, 463–488. Chicago: Chicago Press, 1990.

Bernal, G. "Cuban Families." En *Ethnicity and Family Therapy,* edición de M. McGoldrick, J. K. Pearce, y J. Giordano, 187–207. New York: Guilford Press, 1982.

Cortes, D. E. "Variations in Familism in Two Generations of Puerto Ricans." *Hispanic Journal of Behavioral Sciences* 17, no. 2 (1995):249–55.

Downey, G., y J. C. Coyne. "Children of Depressed Parents: An Integrative Review." *Psychological Bulletin* 108 (1990):50–70.

Hamon, R., y R. Blieszner R. "Filial Responsibility Expectations among Adult Child–Older Parent Pairs." *Journal of Gerontology* 45 (1990):110–12.

Holmes, J. *Attachment, Intimacy, Autonomy: Using Attachment Theory in Adult Psychotherapy.* Northvale, New Jersey: Jason Aronson, Inc., 1996.

Kaelber, C. T., D. E. Moul, y M. E. Farmer. "Epidemiology of Depression." En *Handbook of Depression,* 2nd ed., edición de E. E. Beckham, y W. R. Leber, 3–35. New York: The Guilford Press, 1995.

Kaplan, L. *Onenes and Separateness: From Infant to Individual.* New York: Simon and Schuster, 1978.

Kaslow, F. *Handbook of Relational Diagnosis and Dysfunctional Family Patterns.* New York: John Wiley and Sons, Inc., 1996.

La Roche, M., C. Turner, y M. S. Kalick. 1995. "Latina Mothers and Their

Toddlers' Behavioral Difficulties." *Hispanic Journal of Behavioral Sciences* 17, no. 3 (1995):375–84.

Marin, G. "Influence of Acculturation on Familism and Self-Identification among Hispanics." En *Ethnic Identity Formation among Minorities,* edición de M. E. Bernal y G. P. Knights, 181–96. New York: New York State University of New York Press, 1993.

Menese, R., L. Feldman, y G. Chacon. "Estrés, apoyo social y salud de la mujer con roles múltiples." *Revista interamericana de psicología / Interamerican Journal of Psychology* 199 33, no. 1 (1999):109–32.

"Mental Health of Women in Childbearing Years: A Hidden Problem?" *MHR News,* spring/summer 2002.

Minuchin, S., B. L. Rosman, y L. Baker. *Psychosomatic Families:Anorexia Nervosa in Context.* Cambridge, Mass.: Harvard University Press, 1978, 51–73.

Olmos, E. J., L.Ybarra, y M. Monterrey, eds. *Americanos: Latino Life in the United States/LaVida Latina En Los Estados Unidos.* New York: Little Brown, 1999.

Padilla,Y. C., y J. E. Glick. "Variations in the Economic Integration of Immigrant and U.S.-Born Mexicans." *Hispanic Journal of Behavioral Sciences* 22, no. 2 (2000).

Rodriguez, J. M., y K. Kosloski. "The Impact of Acculturation on Attitudinal Familism in a Community of Puerto Rican Americans." *Hispanic Journal of Behavioral Sciences* 20, no. 3 (1998):375–390.

Rogler, L. H., y R. S. Cooney. "Puerto Rican Families in New York City: Intergenerational Processes" (monograph 11). Bronx, N.Y.: Hispanic Research Center, Fordham University, 1985.

Szapocznik, J., y W. M. Kurtines. "Family Psychology and Cultural Diversity: Opportunities for Theory, Research and Application" (invited article). *American Psychologist* 48, no. 4 (1993):400–407.

Szapocznik, J., y otros. "The Evolution of Structural Ecosystemic Theory for Working with Latino Families." En *Psychological Interventions and Research with Latino Populations,* edición de J. G. Garcia y M. C. Cea, 166–90. Boston: Allyn and Bacon, 1997.

Van Horn, K. R., y J. C. Marquees. *Social Skills and Social Support Relationships in Brazilian Adolescents.* Artículo presentado en el XXV Interamerican Congress of Psychology, San Juan, Puerto Rico, julio 1995.

Van Horn, K. R., y otros. "Cultural Attitudes and Everyday Activities in Brazilian and U.S. College Students." *Revista interamericana de psicologia Interamerican Journal of Psychology* 33, no. 1 (1999):173–90.

"Weighting the Grandma Factor," Science Times, *New York Times,* 5 noviembre 2002.

Wheeler. T. C., ed. *The Immigrant Experience: The Anguish of Becoming American.* New York: Penguin Books, 1971.

Zayas, L. H., y J. Palleja. "Puerto Rican Familism: Considerations for Family Therapy." *Family Interventions. Family Relations* 37 (1988):260–64.

Capítulo 4:
Cómo Fomentar la Simpatía Dentro del Nuevo Tradicionalismo

Berry, J. D., y otros, eds. "Cultural Transmission and Development." En *Cross Cultural Psychology: Research and Implications,* 17–41. Cambridge University Press. Cambridge, 1992.

Comas-Diaz, L. "Mental Health Needs of Latinos with Professional Status." En *Psychological Interventions and Research with Latino Populations,* edición de J. G. Garcia y M. C. Zea, 142–65. Boston: Allyn and Bacon, 1997.

Gopnik, A., A. Meltzoff, y P. K. Kuhl. *The Scientist in the Crib: What Early Learning Tells Us about the Mind.* New York: Perennial, 1999.

Hakuta, K. *Mirror of Language: The Debate on Bilingualism.* New York: Basic Books, 1985.

Hakuta, K., y E. Garcia. "Bilingualism and Education." *American Psychologist* 44, no. 2 (1989):374–79.

Ladrine, H. "Clinical Implications of Cultural Differences: The Referential Versus the Idexical Self." *Clinical Psychology Review* 12 (1992):401–15.

Marin, G., y B. V. Marin. *Research with Hispanic Populations.* Newburry Park, Calif.: Sage Publications, 1991.

Markus, H. R., y S. Kitayama. "The Cultural Construction of Self and Emotion: Implications for Social Behavior." En *Emotion and Culture Empirical Studies of Mutual Influence,* edición de S. Kitayama y R. Markus, 89–130. Washington D.C., American Psychological Association, 1994.

Rosenberg, M. *Conceiving the Self.* New York: Basic Books, 1979.

Rotheram, M. J., y J. S. Phinney. "Introduction: Definitions and Perspectives in the Study of Childrens' Ethnic Socialization." En *Children's Ethnic socialization: Pluralism and Development,* edición de J. S. Phinney y M. J. Rotheran, 10–28. Newbury Park, Calif.: Sage Publications, 1986.

Saarni, C. *The Development of Emotional Competence.* ____: Guilford Press, 1999.

Triandis, H. C. "The Self and Social Behavior in Differing Cultural Contexts." *Psychological Review* 96 (1989):506–20.

————. "*Simpatia* as a Cultural Script of Hispanic." *Journal of Personality and Social Psychology* 47 (1984):1365–75.

Triandis, H. C., y otros. "Allocentric versus Idiocentric Tendencies: Convergent and Discriminant Validation." *Journal of Research in Personality* 19 (1985):395–415.

Valsiner, J., y P. Hill. "Socialization of American Toddlers for Social Courtesy." En *Child Development in Cultural Context,* edición de J. Valsiner, 163–79. Toronto: Hogrefe, 1989.

Zimbardo, P., y S. L. Radl. *The Shy Child: A Parent's Guide for Overcoming and Preventing Shyness from Infancy to Adulthood.* New York: Doubleday, 1982.

Capítulo 5:
Establecer Límites Nuevos: La Obediencia Dentro del Nuevo Tradicionalismo

Aetna Life y Casualty Company. *Resolving Conflicts through Mediation.* Hartford, Conn.: 1982.

Albert, L. *Cooperative Discipline.* Circle Pines, Minn.: American Guidance Service, 1989.

Bluestein, J. *Twenty-First-Century Discipline.* Albuquerque, N.Mex.: Instructional Support Services, 1998.

Bochner, S. "Cross-Cultural Differences in the Self Concept A Test of Hofstede's Individualism/Collectivism Distinction." *Journal of Cross-Cultural Psychology* 25, no. 2 (junio 1994):273–83.

Chamberlain, P., y G. R. Patterson. "Discipline and Child Compliance in Parenting." En *Handbook of Parenting,* vol. 1, edición de M. H. Bornsein, vol. 1, 205–25. Mahwah, N.J.: Erlbaum, 1995.

Conti, A. "¿Qué hago con estos salvajes? Manual de ayuda para padres desesperados: cómo poner límites a los hijos." Buenos Aires, Argentina: Perfil Libro, 2001.

Díaz-Guerrero, R. "Evolución de la obediencia afiliativa." *Revista Latinoamericana de psicología* 32, no. 3 (2000):467–83.

Gordon, K. A. *The High School Assessment of Academic Self-Concept.* Stanford, Calif.: Stanford University, School of Education, 1991.

————. "Resilient Hispanic Youths, Self-Concept and Motivational Patterns." *Hispanic Journal of Behavioral Sciences* 18. no. 1 (1996):63–73.

Hoffman, M. L. "Parent Discipline and the Child's Consideration for Others." *Child Development* 34 (1963):573–88.

Hyman, I. A. *The Case Against Spanking: How to Discipline Your Child without Hitting.* San Francisco: Jossey-Bass, 1997.

Koenig, L. J. *Smart Discipline: Fast, Lasting Solutions for Your Peace of Mind and Your Child's Self-Esteem.* New York: HarperResource, 2002.

Marsh, H. W., y I. M. Holmes. "Multi-Dimensional Self-Concept: Its Hierarchical Structure and Its Relation to Academic Achievement." *Journal of Educational Psychology* 80 (1990):366–80.

Staub, E. "Cultural-Societal Roots of Violence." *American Psychologist* 51, no. 2 (1996):117–32.

Capítulo 6:
El Mundo del Niño en Edad Preescolar:
Inculcar O.R.G.U.L.L.O. Desde el Primer Día

Anderson, S., y S. Messick. 1974. "Social Competency in Young Children," *Journal of Developmental Psychology* 10 (1974):282–93.

Archer, J. *The Behavioral Biology of Aggression.* ____: Cambridge University Press, 1988.

Azrin, N. H., y R. M. Foxx. "A Rapid Method of Toilet Training the Institutionalized Retarded." *Journal of Applied Behavior Analysis* 4 (1971):89–99.

Bayley, N. *Bayley Scales of Infant Development.* New York: Psychological Corporation, 1969.

Belsky, J. "Infant Day Care: A Cause for Concern." *Zero to Three,* 6 septiembre 1986, 1–7.

Bemporad, J. R., ed. *Child Development in Normality and Psychopathology.* New York: Brunner/Mazel, 1980.

Borba, M. *Parents Do Make a Difference: How to Raise Kids with Solid Character, Strong Minds, and Caring Hearts.* San Francisco: Jossey Bass, 1999.

Bryson, B. *The Mother Tongue: English and How It Got That Way.* New York: Morrow, 1990.

Buriel, R., y M. Hurtado-Ortiz. "Child Care Practices and Preferences of Native- and Foreign-Born Latina Mothers and Euro-American Mothers." *Hispanic Journal of Behavioral Sciences* 22, no. 3 (2000):314–31.

Buxbaum, E. "The Role of a Second Language in the Formation of Ego and Superego." *Psychoanalytic Quarterly* 18 (1949):279–289.

Cancelmo, J. A., y C. Bandini. *Child Care for Love or Money? A Guide to Navigating the Parent-Caregiver Relationship.* Northvale: Jason Aronson, 1999.

Casement, P. J. "Samuel Beckett's Relationship to His Mother Tongue." *International Review of Psycho-Analysis* 9 (1982):35–44.

Fishman, J. A. *Language and Ethnicity in Minority Sociolinguistic Perspective.* Clevedon, England: Multilingual Matters Ltd., 1988.

Fox, R. C., y N. H. Azrin. "Toilet Training" En *Helping Parents Solve Their Children's Behavior Problems,* edición de C. E. Schaefer, y A. R. Eisen, Northvale: Jason Aronson, 1998.

Frija, N. H. *The Emotions,* Cambridge, England: Cambridge University Press, 1996.

Gopaul-McNicol, S., y T. T. Presswood, eds. *Working with Linguistically and Culturally Different Children: Innovative and Educational Approaches.* ____: Allyn and Bacon, 1998.

Greenson, R. R. "The Mother Tongue and the Mother." *International Journal of Psychoanalysis* 31 (1950):18–23.

Grosjean, F. *Life with Two Languages: An Introduction to Bilingualism.* Cambridge, Mass.: Harvard University Press, 1982.

Hakuta, K. *Mirror of Language. The Debate on Bilingualism.* New York: Basic Books, 1985.

Hakuta, K., y E. Garcia. "Bilingualism and Education" *American Psychologist* 44, no. 2 (1989):374–79.

La Roche, M. J., T. Castellano, y M. S. Kalik. "Latina Mothers and Their Toddlers' Behavioral Difficulties." *Hispanic Journal of Behavioral Sciences* 17, no. 3 (1995):375–84.

Miller, W. I. *Humiliation.* Ithaca, N.Y.: Cornell University Press, 1983.

Piontelli, A. "Infant Observation from Before Birth." *International Journal of Psycho-Analysis* 68 (1987):453–63.

Powell, D. R. *Strengthening Parental Contributions to School Readiness and Early School Learning.* Preparado para U.S. Department of Education, Office of Educational Research and Improvement, 1991.

Schaefer, C. E., y A. R. Eisen, eds. *Helping Parents Solve Their Children's Behavior Problems.* ____: Jason Aronson, 1998.

Stern, D. N. *The Interpersonal World of the Infant.* New York: Basic Books, 1985.

Valsiner, J. *Culture and the Development of Children's Action.* New York: John Wiley and Sons, 1987.

Wierzbicka, A. "Does Language Reflect Culture? Evidence from Australian English." *Language in Society* 5 (1986):349–74.

Winnicott, D. W. "The Theory of Parent-Infant Relationship." In *The Maturational Process and the Facilitating Environment*, 37–55. New York: International Universities Press, 1965.

Capítulo 7:
Una Integración de Culturas: Desde el Jardín Infantil Hasta la Escuela Secundaria

Baumrind, D. "Current Patterns of Parental Authority." *Developmental Psychology Monographs* 4, no. 1, pt. 2 (1971).

Berger, E. *Raising Children with Character—Parents, Trust, and the Development of Personal Integrity.* ____: Jason Aronson, 1999.

Brooks R., y S. Goldstein. *Raising Resilient Children.* ____: Contemporary Books, 2001.

Covey, S. *Seven Habits of Highly Successful People.* New York: Simon and Schuster, 1989.

Gopnik, A., A. Meltzoff, y P. K. Kuhl. *The Scientist in the Crib: What Early Learning Tells Us About the Mind.* New York: Perennial, 1999.

Knight, G. P., M. K. Cota, y M. E. Bernal. "The Socialization of Cooperative, Competitive, and Individualistic Preferences Among Mexican American Children: The Mediating Role of Ethnic Identity." *Hispanic Journal of Behavioral Sciences* 15, no. 3 (1993):291–309.

Rutter, M. "School Influence on Children's Behavior and Development." *Pediatrics* 65 (1980):216.

Capítulo 8:
La Adolescencia en Medio de la Diversidad Cultural: Convierta los Años Tormentosos en un Trayecto Tranquilo

Barkley, B. H., y E. Salazar Mosher. 1995. "Sexuality and Hispanic Culture: Counseling with Children and Their Parents." *Journal of Sex Education and Therapy* 21 (1995):255–67.

Benson, E. "The Perils of Going Solo." *Monitor of Psychology,* noviembre 2002, 25–27.

Bernal, M. y G. P. Knight. "Ethnic Identity of Latino Children." In *Psychological Interventions and Research with Latino Populations,* edición de J. G. Garcia y M. C. Zea, 15–38. ____: Allyn and Bacon, 1997.

Best, D., y otros. "Parent Interactions in France, Germany and Italy: The

Effects of Gender and Culture." *Journal of Cross-Cultural Psychology* 25, no. 2 (1994):181–93.

Brown, B. B. "Peer Groups and Peer Cultures." En *At the Threshold: The Developing Adolescent*, edición de S. S. Feldman y G. R. Elliott, 171–96. Cambridge, Mass.: Harvard University Press, 1990.

Coleman, J. S. *The Adolescent Society: The Social Life of the Teenager and Its Impact on Education*. New York: Free Press, 1961.

Connell, J. P., y J. G. Wellborn. "Competence, Autonomy, and Relatedness: A Motivational Analysis of Self-System Processes." En *Self Processes and Development*, vol. 23, edición de M. R. Gunnar y L. A. Srouge, 43–77. Hillsdale, N.J.: Lawrence Erlbaum, 1991.

Marsh, H. W. "The Effects of Participation in Sport During the Last Two Years of High School." *Sociology of Sport Journal* 10 (1993):18–43.

Martinez, I. Z. "¿Quién Soy? Who Am I? Identity Issues for Puerto Rican Adolescents." En *Race, Ethnicity, and Self: Identity in Multicultural Perspective*, edición de E. P. Salett y D. R. Koslow, 89–116. Washington, D.C.: National Multi-Cultural Institute, 1994.

Mehta, P. "The Emergency, Conflicts, and Integration of the Bicultural Self: Psychoanalysis of an Adolescent Daughter of South-Asian Immigrant Parents." En *The Colors of Childhood: Separation-Individuation across Cultural, Racial and Ethnic Differences*, edición de S. Akhtar y S. Kramer. 129–68. Northvale, N.J.: Jason Aronson, 1998.

Okagaki, L., y D. K. Ethnic Moore. 2000. "Identity Beliefs of Young Adults and Their Parents in Families of Mexican Descent." *Hispanic Journal of Behavioral Science* 22, no. 2 (2000):139–62.

Phinney, J. S. "Ethnic Identity in Adolescents and Adults: Review of Research." En *Readings in Ethnic Psychology*, edición de P. B. Organista, K. M. Chun, y G. Marin, 73–99. ___: Routledge, 1998.

Phinney, J. S., B. T. Lochner, y R. Murphy. "Ethnic Identity Development and Psychological Adjustment in Adolescence." En *Ethnic Issues of Adolescent Mental Health*, edición de A. R. Stiffman y L. E. Davis, 53–73. Newbury Park, Calif.: Sage, 1991.

Shulman, S. "Close Relationships and Coping Behavior in Adolescence." *Journal of Adolescence* 16 (1993):267–83.

Capítulo 9:
Cuando el Niño Latino Requiere Ayuda Profesional

"Assuring Cultural Competence in Health Care: Recommendations for National Standards and an Outcomes-Focused Research Agency." *Federal Register* 65, no. 247 (22 diciembre 2000): 80865–79. Disponible online en www.OMHRC.gov/CLAS.

Ben-Amos, B. "Depression and Conduct Disorders in Children and Adolescents: A Review of the Literature." *Bulletin of the Menninger Clinic* 56 (1992):188–208.

Benson, L. T., y T. E. Deeter. "Moderators of the Relation between Stress and Depression in Adolescents." *The School Counselor* 39 (1992):189–194.

Blechman, E. A., y S. E. Culhane. "Aggressive, Depressive, and Prosocial Coping with Affective Challenges in Early Adolescence." *Journal of Early Adolescence* 13, no. 4 (1993):361–82.

Calderone, M. "Adolescent Sexuality: Elements and Genesis." *Pediatrics* 76 (1985):699–703.

Cultural Competence Standards in Managed Care for Four Undeserved / Underrepresented Racial / Ethnic Groups. Informe final de Working Groups on Cultural Competence in Managed Mental Health Care. Rockville, Md.: Center for Mental Health Services, 2000.

Dana, R. H. "Understanding Cultural Identity in Intervention and Assessment: Cultural Care for Multicultural Populations." En *Multicultural Aspects of Counseling Series,* vol. 9, 35–62. ____: Sage Publications, 1998.

Ginorio, A. B., y otros. "Psychological Issues for Latinas." In *Bringing Cultural Diversity to Feminist Psychology,* edición de H. Landrine. Washington, D.C.: American Psychological Association, 1995.

Griego, M. C., B. L. Bucks, S. S. Gilbert, y L. H. Kimberball. *Tortillitas para Mama and Other Nursery Rhymes Spanish and English.* Marso 7 C. Grieco, Betsy L. Bucks New York: Henry Holt, 1981. Ilustrado por Barbara Cooney 1981.

Haffner, D. W. *Facing Facts: Sexual Health for America's Adolescents.* SIECUS report, 1995.

Jackson, V. H., y L. Suar and S. Gilbert and Laurel H. Kimball, Lopez, eds. *Cultural Competency in Managed Behavioral Healthcare.* ____: Manisses Communications Group, 2001.

Johnson-Powell, G., y J. Yamamoto, eds. *Transcultural Child Development*. New York: John Wiley and Sons, 1997.

Jouriles, E. N., L. J. Pfiffner, y K. D. O'Leary. "Marital Conflict, Parenting, and Toddler Conduct Problems." *Journal of Abnormal Child Psychology* 17 (1988):513–25.

Koss-Chioino, J. D. "Depression Among Puerto Rican Women: Culture, Etiology, and Diagnosis." *Hispanic Journal of Behavioral Sciences* 21, no. 3 (1999): 330–50.

Koss-Chioino, J. D., y L. A. Vargas, eds. *Working with Latino Youth (Culture, Development, and Context)*. ____: Jossey-Bass, 1999.

Leaper, C., y D. Valin. "Predictors of Mexican American Mothers' and Fathers' Attitudes Toward Gender Equality." *Hispanic Journal of Behavioral Sciences* 18, no. 3 (1996):343–55.

Luepnitz, D. B. *The Family Interpreted: Feminist Theory in Clinical Practice*. New York: Basic Books, 1988.

Maldonado-Duran, J. M., ed. *Infant and Toddler Mental Health: Models of Clinical Intervention with Infants and Their Families*. ____: American Psychiatric Association, 2002.

Martinez, K. J. "Cultural Sensitivity in Family Therapy Gone Awry." *Hispanic Journal of Behavioral Sciences* 16, no 1 (1994):75–89.

Mental Health: Culture, Race, and Ethnicity Executive Summary. A Supplement to Mental Health: A Report of the Surgeon General. Washington, D.C.: Department of Health and Human Services, U.S. Health Service, 1999.

Portes, P. R., y M. F. Zady. "Self-Esteem in the Adaptation of Spanish-Speaking Adolescents: The Role of Immigration, Family Conflict and Depression." *Hispanic Journal of Behavioral Sciences* 24, no. 3 (2002):296–318.

Prout Thompson, H., y D. T. Brown, eds. *Counseling and Psychotherapy with Children and Adolescents: Theory and Practice for School and Clinical Settings,* 3rd edition. New York: John Wiley and Sons, 1999.

Saldaña, D. *Cultural Competency: A Practical Guide for Mental Health Service Providers*. ____: Hogg Foundation for Mental Health, 2001.

Silver, L. B. *Attention-Deficit/Hyperactivity Disorder: A Clinical Guide to Diagnosis and Treatment for Health and Mental Health Professionals*. Washington, D.C.: American Psychiatric Press, 1999.

Schmitz, M. F., y M. Velez. "Latino Cultural Differences in Maternal Assessment of Attention Deficit/Hyperactivity Symptoms in Children." *Hispanic Journal of Behavioral Sciences* 25, no. 1 (2003):110–22.

Spreen, O., y E. Strauss. *A Compendium of Neuropsychological Tests: Administration, Norms and Commentary,* 2nd ed. New York: Oxford University Press, 1998.

Suzuki, L. A., P. J. Meller, y J. G. Pontertto, eds. *Handbook of Multicultural Assessment Clinical, Psychological, and Educational Applications.* ____: Jossey-Bass, 1996.

Sue, D. W. "Multidimensional Facts of Cultural Competence." *Counseling Psychologists* 29, no. 6 (2001):790–821.

U.S. Department of Health and Human Services. *Mental Health: A Report of the Surgeon General—Executive Summary.* Rockville, Md.: National Institute of Health, 1999.

Vargas, L. A., y J. D. Koss-Chioino, eds. *Working with Culture: Psychotherapeutic Interventions with Ethnic Minority Children and Adolescents.* ____: Jossey-Bass, 1992.

Vazquez, C. I. *Assessing Children Exposed to Lead in a Diverse Context.* ____: Mealey Publications, 2002.

Vazquez, C. I., y L. Myers. "The Case of Alicia." *Journal of Infant, Child and Adolescent Psychotherapy* 2, no. 3 (2002): 121–30. New York: Other Press, 2002.

Velazquez, C., E. Saez Santiago, y J. Rosello. 1991. "Coping Strategies and Depression in Puerto Rican Adolescents: An Exploratory Study." *Cultural Diversity and Ethnic Minority Psychology* 6 (1999):65–75.

Lecturas Recomendadas

Charles Kuralt's America, por Charles Kuralt. 1995. Se trata de un libro divertido que ayuda a familiarizarse con algunos aspectos de la cultura de los Estados Unidos. Leerlo se asemeja a visitar los Estados Unidos o pasar vacaciones allí.

Fiesta Femenina: Celebrating Women in Mexican Folktale por Mary-Joan Gerson, Maya Christina Gonzalez, 2001. Un homenaje a las mujeres en la cultura mexicana.

Focus A Practical Parenting Guide—NYC-Parents In Action, Inc. 20th Anniversary Year. 1998. Se trata de una buena guía sobre diversos aspectos de la crianza que van desde la habilidad para comunicarse, hasta el manejo del consumo de drogas y la búsqueda de ayuda profesional cuando sea necesaria.

Helping Parents, Youth, and Teachers Understand Medications for Behavioral and Emotional Problems, 2003. A Resource Book of Medication Information Handouts. Mina K. Dulcan y Claudia Lizaralde, eds. Es una guía muy práctica que proporciona información a los padres, jóvenes y maestros sobre el tema de los medicamentos.

How to Lose All Your Friends, por Nancy Carlson, New York: Viking Penguin. 1994. Un libro humorístico que señala muy claramente lo que no se debe hacer si se trata de conservar a los amigos.

Las Vacunas de mi bebé (My Baby's Immunization Book), Producido por la National Alliance for Hispanic Health. Washington, D.C., 2003. Una guía bilingüe sobre las vacunas necesarias durante el primer año de vida.

More Than Manners! Raising Today's Kids to Have Kind Manners and Good Hearts, por Letitia Baldrige. New York: Rawson Associates, 1997. Una guía útil para enseñarle a su hijo buenas maneras y una actitud compasiva.

Picture Tales from Mexico, por Dan Storm y Mark Storm, 1995. Relatos culturales de fácil comprensión.

The Shy Child: A Parent's Guide for Overcoming and Preventing Shyness from Infancy to Adulthood, por Phillip Zimbardo y Shirley L. Radl. New York: Doubleday, 1982. Una buena guía para ayudarles a los niños a superar la timidez en sus comienzos.

Teaching Your Child the Language of Social Success, por Marshall P. Duke, Stephen Nowicki, Jr., y Elisabeth A. Martin. Atlanta, Ga.: Peachtree, 1996. Un libro maravilloso como herramienta de aprendizaje para los padres, de modo que puedan enseñarles a sus hijos habilidades sociales no verbales.

The Maria Paradox: How Latinas Can Merge Old World Traditions with New World Self-Esteem, por Rosa Maria Gil y Carmen Inoa Vazquez. Perigee, 1996. Este libro les ayuda a los Latinos a entender aspectos de su cultura que pueden generar estrés y bajar la autoestima debido a la adaptación cultural. Orienta al lector sobre cómo remediar estos problemas y evitar perpetuarlos. Este libro ha sido traducido al español con el título de: *La Paradoja de María.* Random House en Español, 2002.

The New Latins, Fateful Change in South and Central America, por Georgie Anne Geyer. Doubleday, 1970. Una amplia presentación histórica de los cambios culturales en Latinoamérica.

Together, por George Ella Lyon. New York: Orchard Books, 1989. Este libro para niños ilustra el valor del trabajo en equipo.

What to Do. . . . . When Kids Are Mean to Your Child, por Elin McCoy. Pleasantville, N.Y.: Reader's Digest, 1997. Este libro presenta una serie de tácticas útiles para ayudarle a su hijo a manejar el matonismo.

Libros Bilingües Para Niños

Cinderella / Cenicienta, por Francesc Boada, et al, 2001.

Cucú: un cuento folklóriko mexicano (Cuckoo: A Mexican Folktale), por Lois Ehlert, Gloria De Aragon Andujar, 2000.

Cuentos, an Anthology of Short Stories from Puerto Rico, Editado por Kal Wagenheim. Schocken Books, New York, 1978.

Goldilocks and the Three Bears / Ricitos de oro y los tres osos, por Marta, et al. 1998.

La Llorona (The weeping Woman), por Joe Haya, et al. 1987.

Legend of Food Mountain (La Montaña del Alimento), por Harriet Rohmer, Rosalma Zubizarreta, 1987.

Little Gold Star: A Spanish American Cinderella Tale, por Roberto D. San Soucci, Sergio Martínez, 2000.

Momentos mágicos (Magic Moments), por Olga Loya, Carmen Lizardi-Rivera, 1997.

Puerto Rican Tales, Legends of Spanish Colonial Times, por Cayeano Coll y Toste, 1977. Traducido y adaptado por José Ramírez Rivera.

The Bakery Lady / La señora de la panadería, por Pat Mora, Pablo Torrecila, 2001.

Tortillitas Para Mama and Other Nursery Rhymes Spanish and English, selección y traducción de Margot C. Griego, Besy L. Bucks, Sharon S. Gilbert y Laurel H. Kimball. Henry Holt, 1981. Canciones de cuna y rimas provenientes de todos los países de Latinoamérica y que han pasado de generación en generación. Útil para la conservación de la cultura y el idioma.

Únicamente en Español

Cuentos Favoritos de Puerto Rico, por David García. Diseñado e Ilustrado por Gus Anavitae. Puerto Rico Almanacs, Inc., 1992.

Cuentos Folklóricos de Puerto Rico, recogidos y editados por Ricardo E. Alegría. *Colección de Estudios Puertorriqueños,* San Juan, Puerto Rico, 1977.

Juegos Infantiles de Puerto Rico, por Calixta Velez Adorno. Editorial de La Universidad de Puerto Rico, 1991.

La Noche que se cayó la luna: Mito Maya, por Pat Mora y Domi, 2002.

Sitios de Internet Para Padres

www.SpanishToys.com

Este sitio vende programas educativos en español para las edades de 0 hasta la adolescencia.

www.caseyfamilyservices.org

Este sitio contiene información valiosa para los padres, los niños de todas las edades y los profesionales que trabajan con ellos. Se ofrece ayuda para los padres en cuestiones de familias sustitutas, adopción y en asuntos generales de familia. Los niños pueden aprender cómo jugar y cómo conocer a otros niños. Provee asistencia técnica sobre cómo encontrar fuentes y programas que trabajan en investigación y evaluación y noticias de importancia para las familias Latinas.

http://www.saddonline.com/pdf/openinglines_print.pdf

Este folleto está diseñado para ayudarles a los padres a hablar con sus adolescentes acerca de las decisiones de la vida, la presión de los compañeros y el comportamiento destructivo.

http://www.aacap.org/info_families/index.htm

Datos para las familias, proporcionados por la American Academy of Child and Adolescent Psychiatry.

http://www.aboutourkids.org/mh/resources/index.html

Para los padres que buscan fuentes generales y educativas acerca de la salud mental de los adolescentes y los niños. Afiliado a New York University Child Study Center.

http://education.indiana.edu/cas/adol/mental.html

Consta de una serie de fuentes de información en línea para padres, educadores, investigadores, profesionales de la salud y adolescentes en relación con los factores de riesgo de la salud mental de los adolescentes.

http://www.personal.psu.edu/faculty/n/x/nxd10/adolesce.htm

Contiene una extensa guía para los padres acerca de los cambios, transiciones y alteraciones de las relaciones familiares que produce el desarrollo en los adolescentes. Incluye una larga sección sobre los problemas psicológicos que experimentan los adolescentes.

http://www.kidsource.com/LDA/adhd.html

Es una guía para padres acerca del síndrome de déficit de atención e hiperactividad (DDAH).

http://www.futureofchildren.org/usr_doc/vol9no2Art4done.pdf

Contiene una guía para la crianza exitosa en vecindarios de alto riesgo.

http://www.athealth.com/Consumer/newsletter/FPN_7_8.html

Los adolescentes y la salud mental.

http://www.kidsource.com/kidsource/content4/fail.school.what.2.do.html

http://parentingteens.miningco.com/blchat.htm

Sala de *chat* y de apoyo a padres y adolescentes.

http://www.bpkids.org/community/supportgroups/local/

Directorio de Child and Adolescent Bipolar Foundation sobre grupos locales de apoyo a padres.

http://www.strugglingteens.com/cgi-bin/ultimatebb.cgi

Grupo de apoyo en línea para padres de adolescentes en dificultades.

http://www.strugglingteens.com/lr/New_York/
(New York resources) Información general útil para padres.

http://www.parentsinc.org/support.html
Extensa base de datos acerca de apoyo para padres y fuentes de información.

http://www.rcs.k12.va.us/csjh/parent.htm
Base de datos general sobre enlaces hacia fuentes para padres.

http://www.parentsoup.com/, http://www.parentsplace.com/

Fuentes para padres y artículos en línea.

Sitios de Internet Para Niños

Estos sitios ofrecen fuentes de información y pueden ser entretenidos y educativos. Son gratuitos.

http://www.brainpop.com

http://pbskids.org

http://www.monroe.lib.in.us/childrens/ninos.html en español

http://www.nickjr.com

http://www.nick.com

http://www.disney.com

http://www.nationalgeographic.com/kids

http://www.sesameworkshop.org/

http://www.kidswb.com

http://www.yahooligans.com

http://www.ajkids.com/

http://school.discovery.com/students/index.html

Fuentes Para Profesionales de la Salud

http://www.ama-assn.org/ama/pub/category/1981.html
American Medical Association Adolescent Health Resources

http://www.casbrant.ca/family%20support%20services.htm

Parent Adolescent Conflict support group (PAC). Podría ser útil como fuente, guía o modelo para trabajo en equipo.

Center for Cross-Cultural Health: www.crosshealth.com

Es un centro de organización de la información acerca del entrenamiento y la investigación en cuanto a la importancia de la cultura y la salud.

Cross-Cultural Health-Care Program: www.xculture.org

Un programa nacional de entrenamiento en servicios de salud que tiene en cuenta la cultura y el idioma.

http://www.cooperativediscipline.com

Índice de Términos